旅游企业财务管理

微课版

田晓华 主编

清华大学出版社

北京

内 容 简 介

本书是编者在长期从事旅游企业财务管理教学与实践经验的基础上，根据理论与实践相结合的原则，汲取中外财务管理理论的精华，分析旅游企业财务管理活动的共同特征而编写的。本书以旅游企业的资金流转为逻辑主线，将旅游企业财务管理的教学内容分为旅游企业财务管理总论、旅游企业财务分析、货币时间价值和风险衡量、旅游企业筹资管理、旅游企业资金成本与资本结构、旅游企业投资管理、旅游企业营运资金管理、旅游企业利润分配以及旅游企业税费九章。

本书阐述的内容多以旅游企业管理活动为背景而展开，因此，本书既可作为相关院校旅游管理专业教材，也可供旅游企业人员培训和自学所用。

图书在版编目(CIP)数据

旅游企业财务管理：微课版/田晓华主编．—北京：清华大学出版社，2023.6(2024.7 重印)
ISBN 978-7-302-63271-9

Ⅰ．①旅…　Ⅱ．①田…　Ⅲ．①旅游企业－财务管理－高等学校－教材　Ⅳ．①F590.66

中国国家版本馆 CIP 数据核字(2023)第 057293 号

责任编辑：聂军来
封面设计：刘　键
责任校对：袁　芳
责任印制：刘海龙

出版发行：清华大学出版社
　　　　　网　　　址：https://www.tup.com.cn，https://www.wqxuetang.com
　　　　　地　　　址：北京清华大学学研大厦 A 座　　　　邮　　　编：100084
　　　　　社　总　机：010-83470000　　　　　　　　　　邮　　　购：010-62786544
　　　　　投稿与读者服务：010-62776969，c-service@tup.tsinghua.edu.cn
　　　　　质量反馈：010-62772015，zhiliang@tup.tsinghua.edu.cn
　　　　　课件下载：https://www.tup.com.cn，010-83470410
印 装 者：三河市龙大印装有限公司
经　　销：全国新华书店
开　　本：185mm×260mm　　　　印　　张：16　　　　字　　数：377 千字
版　　次：2023 年 6 月第 1 版　　　　　　　　　　印　　次：2024 年 7 月第 2 次印刷
定　　价：49.00 元

产品编号：097296-01

前　言

党的二十大报告指出，实现高质量发展是中国式现代的本质要求之一。旅游业的高质量发展离不开高素质的专业人才，为了满足培养高素质旅游管理专业人才的需要，我们编写了这本《旅游企业财务管理（微课版）》。本书主要面向于应用型本科和高职高专院校的旅游管理专业学生，考虑到学生的关联知识基础，结合财务管理理论知识相对抽象且理解难度较大的特点，教材在内容设计上充分体现易懂性。本书在阐述财务管理理论和方法的同时，插入大量旅游管理和经典财务管理案例、相关链接和案例分析，并在重要知识点处设置微课，将抽象的财务管理知识具体化和生动化，以帮助学生更轻松地掌握财务管理知识、建立科学的理财思维、树立健康的理财观。

为了在旅游企业财务管理的教学中更有效地促进师生沟通，本书深入挖掘财务管理知识与思政教学的结合点，在中华传统文化的基础上凝练课程思政元素，为旅游企业财务管理教师进行课程思政教学提供参考。

本书内容由三部分组成，分别是旅游企业财务管理基础篇、旅游企业财务管理内容篇、旅游企业税费篇。第一篇和第二篇为经典财务管理内容，涵盖了较为完整的旅游企业财务管理体系。编写中，考虑到财务管理与企业税费管理的密切相关性，结合编者多年旅游企业财务管理教学与实践经验，将旅游企业税费篇纳入本书。

旅游企业财务管理基础篇包含三章：第一章为旅游企业财务管理总论、第二章为旅游企业财务分析、第三章为货币时间价值和风险衡量。

旅游企业财务管理内容篇包含四章：第四章为旅游企业筹资管理、第五章为旅游企业资金成本与资本结构、第六章为旅游企业投资管理、第七章为旅游企业营运资金管理以及第八章为旅游企业利润分配。

旅游企业税费篇包含第九章。

本书由田晓华担任主编，张圆担任副主编。第一章到第八章由田晓华编写，第九章由张圆编写。

由于编者水平所限，书中难免存在谬误和不当之处，恳请广大读者不吝赐教，批评指正。

编　者
2022 年 12 月

目 录

基 础 篇

内 容 篇

旅游企业税费篇

基 础 篇

第一章
旅游企业财务管理总论

 引例

"山水旅游第一股"——张家界

张家界旅游集团股份有限公司(简称"张旅集团",股票代码:000430)成立于 1992 年,为中国旅游版块第一家上市公司,被誉为"山水旅游第一股"。公司主要从事旅游资源开发,旅游基础设施建设,旅游配套服务及与旅游有关的高科技开发,提供证券投资咨询服务。注册资金 4.048 176 86 亿元人民币,公司拥有 8 家成员公司,员工 1 100 余人。业务涉及景区经营,道路、索道、游船、观光电车运输及旅行社、旅游酒店、张家界礼物等领域,覆盖旅游产业链前端吃、住、行、游、购、娱等旅游要素,属国有控股综合型旅游企业。

张旅集团自重组以来,不断完善法人治理结构,健全内控管理制度,推行国家质量标准化体系,促进旅游安全和服务的精细化管理,形成了具有自身特色的经营管理文化。公司拥有较完善 SOP/STP/SMP 制度系统、规范的财务管理系统、成熟的市场开发系统、先进的人力资源开发系统、健全的战略绩效考核系统及内控系统。通过了 ISO 9001 国际质量管理体系认证、ISO 14001 国际环境体系认证、OHSAS 18001 国际职业健康安全管理体系认证。

面对旅游市场发展新趋势,作为湖南省旅游龙头企业之一,张旅集团将严格遵循市场经济和旅游产业规律运作,以市场为导向,多元化经营,努力探索科学经营管理模式,构建不断完善和多元化产业链联合体,打造完整服务体系;秉承"创造和保护文化""可持续发展"理念,不断充实和丰富经营项目人性化内涵,致力于国际旅游精品线路营建和民族文化神韵展现,以期吸引更广大的中外游客。

(资料来源:张家界旅游集团股份有限公司 . 中国旅游版块第一家上市公司[R/OL]. http://www.zjj-lyjt. com/index. php? m=content&c=index&a=lists&catid=226. [2022-11-15].)

第一节　旅游企业财务管理

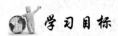 学习目标

(1) 了解旅游企业的组织形式。

（2）了解旅游企业财务管理的内容。

一、旅游企业的概念

旅游是指人们离开自己的常住地到异地开展的以观光游览和休闲度假等为目的的活动。人们参与旅游的目的是多样的,除了观光游览和休闲度假以外,还包括娱乐、运动、商务、探亲访友、参加会议、参加展览、学习与研究等。Theobald(1993)的研究提到,旅游绝对是 20 世纪才开始出现的现象。因为在此之前,人们的出行往往是为了达成非休闲的目的。世界旅游组织将旅游定义为"人员的移动"(Movement of People)。为了讨论方便,我们可将旅游定义为"人们离开常住地的活动"(Go et al. , 1997)。从这个意义上讲,旅游企业通常是指主要和直接为旅游者的旅游活动提供产品和服务的企业,包括旅行社、旅游酒店、旅游景区和旅游交通四大类。除了这四大类企业外,还包括餐饮、会展策划和汽车租赁等。

二、旅游企业的组织形式

旅游企业典型的组织形式有三种,即个人独资旅游企业、合伙制旅游企业和公司制旅游企业。

（一）个人独资旅游企业

个人独资企业是由一个自然人投资,全部资产为投资人个人所有,全部债务由投资者个人承担的经营实体。个人独资企业是非法人企业,不具有法人资格。这种类型的企业通常在旅游中介、旅游公路交通、自由职业、个体餐饮、旅游购物等领域中活动,由以家庭为单位的小旅行社、个体客运、小工艺品作坊、家庭餐馆和小纪念品商店等组成。

个人独资企业具有创立容易、经营管理灵活自由、不需要缴纳企业所得税等优点。

个人独资企业的局限性表现如下。

（1）需要业主对企业债务承担无限责任,当企业的损失超过业主最初对企业的投资时,需要用业主个人的其他财产偿债。

（2）难以从外部获得大量资金用于经营。

（3）个人独资企业所有权的转移比较困难。

（4）企业的生命有限,将随着业主的死亡而自动消亡。

（二）合伙制旅游企业

合伙企业通常是由两个或两个以上的自然人(有时也包括法人或其他组织)合伙经营的企业。它是由各合伙人遵循自愿、平等、公平、诚实信用原则订立合伙协议,共同出资、合伙经营、共享收益、共担风险的营利性组织。合伙企业分为普通合伙企业和有限合伙企业。

（1）普通合伙企业由普通合伙人组成,合伙人对合伙企业债务承担无限连带责任。

（2）有限合伙企业由普通合伙人和有限合伙人组成,普通合伙人对合伙企业债务承担无限连带责任,有限合伙人以其认缴的出资额为限对合伙企业债务承担责任。

合伙企业的生产经营所得和其他所得,按照国家有关规定,由合伙人分别缴纳所得税。

除业主不止一人外,合伙企业的优点和缺点与个人独资企业类似。此外,合伙企业法规定普通合伙人对企业债务须承担无限连带责任。如果一个合伙人没有能力偿还其应分担的债务,其他合伙人须承担连带责任,即有责任替其偿还债务。法律还规定合伙人转让其所有权时需要取得其他合伙人的同意,有时甚至还需要修改合伙协议。

由于合伙企业与个人独资企业存在着共同缺陷,所以一些企业尽管在刚成立时以独资或合伙的形式出现,但是在发展到某一阶段后都将转换成公司的形式。

(三)公司制旅游企业

公司(或称公司制企业)是指由投资人(自然人或法人)依法出资组建,有独立法人财产、自主经营、自负盈亏的法人企业。

公司是经政府注册的营利性法人组织,并且独立于所有者和经营者。根据我国现行的公司法,其形式分为有限责任公司和股份有限公司两种。

1. 有限责任公司

有限责任公司简称有限公司,是指股东以其认缴的出资额为限对公司承担责任,公司以其全部财产为限对公司的债务承担责任的企业法人。根据我国公司法的规定,必须在公司名称中标明"有限责任公司"或者"有限公司"字样。

其中,国有独资公司是有限责任公司的一种特殊形式。它具体是指由国家单独出资、国务院或者地方人民政府授权本级人民政府国有资产监督管理机构履行出资人职责的有限责任公司。国有独资公司的公司章程由国有资产监督管理机构制定,或者由董事会制定报国有资产监督管理机构批准。我国国有独资公司不设股东会,由国有资产监督管理机构行使股东会职权。国有资产监督管理机构可以授权公司董事会行使股东会的部分职权,决定公司的重大事项,但公司的合并、分立、解散、增加或者减少注册资本和发行公司债券,必须由国有资产监督管理机构决定。

2. 股份有限公司

股份有限公司简称股份公司,是指其全部资本分为等额股份,股东以其所持股份为限对公司承担责任,公司以其全部财产对公司的债务承担责任的企业法人。

3. 有限责任公司和股份有限公司的区别

(1)公司设立时对股东人数要求不同。设立有限责任公司的股东人数可以为1人或50人以下;设立股份有限公司,应当有2人以上200人以下为发起人。

(2)股东的股权表现形式不同。有限责任公司的权益总额不做等额划分,股东的股权是通过投资人所拥有的比例来表示的;股份有限公司的权益总额平均划分为相等的股份,股东的股权是用持有多少股份来表示的。

(3)股份转让限制不同。有限责任公司不发行股票,只对股东发放一张出资证明书,股东转让出资需要由股东会或董事会讨论通过;股份有限公司可以发行股票,股票可以依法转让。

4. 公司制企业的优点

(1)容易转让所有权。公司的所有者权益被划分为若干股权份额,每个份额可以单独转让。

（2）有限债务责任。公司债务是法人的债务，不是所有者的债务。所有者对公司承担的责任以其出资额为限。当公司资产不足以偿还其所欠债务时，股东无须承担连带清偿责任。

（3）公司制企业可以无限存续，一个公司在最初的所有者和经营者退出后仍然可以继续存在。

（4）公司制企业融资渠道较多，更容易筹集所需资金。

5. 公司制企业的缺点

（1）组建公司的成本高。公司法对于设立公司的要求比设立独资或合伙企业复杂，并且需要提交一系列法律文件，花费的时间较长。公司成立后，政府对其监管比较严格，需要定期提交各种报告。

（2）存在代理问题。所有者和经营者分开以后，所有者成为委托人，经营者成为代理人，代理人可能为了自身利益而伤害委托人利益。

（3）双重课税。公司作为独立的法人，其利润需缴纳企业所得税，企业利润分配给股东后，股东还需缴纳个人所得税。

以上三种形式的企业组织中，个人独资旅游企业占旅游企业总数的比重很大，但是绝大部分的商业资金是由公司制企业控制的。因此，财务管理通常把公司理财作为讨论的重点。除非特别指明，本书讨论的财务管理均指公司财务管理。

微课

三、旅游企业财务管理

旅游企业财务管理是旅游企业管理的一部分，是有关资金获得和有效使用的经济管理工作。

财务管理主要是资金管理，其对象是资金及其流转。资金流转的起点和终点是现金，其他资产都是现金在流转中的转化形式。因此，财务管理的对象也可说是现金及其流转。

旅游企业资金循环过程的实质是资金从被占用到以货币形态被重新回收的循环过程。首先通过资金筹集，取得货币形态的资金（如现金、银行存款等）；通过资金投放和使用，货币形态的资金转化为实物形态的资金；其次，房屋建筑物、车辆等固定资产形成固定资金，原材料、物料用品等流动资产形成储备资金。通过日常的业务运营，对客服务或销售商品，一方面消耗实物，另一方面取得货币资金和应收账款。应收账款的资金形态为结算资金；通过账款结算，收回应收账款，结算资金又转换为货币资金。收回的货币资金，又进行重新分配，一部分用于补偿业务运营消耗，如支付工资、保险费、维修费等。另一部分资金用于缴纳税金、支付投资者报酬、分配股利等，剩余的资金参与企业下一阶段经营，如此循环往复，使酒店资金在经营中不断得到增加。企业现金循环形式如图 1-1 所示。

四、旅游企业财务管理内容

旅游企业财务管理是旅游企业组织财务活动、处理财务关系的一项经济管理工作。公

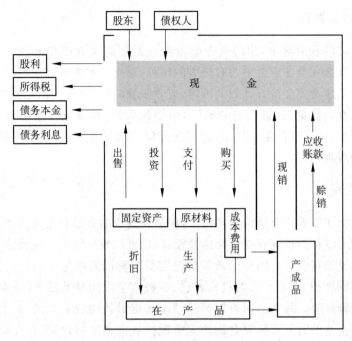

图 1-1　企业现金循环形式

司的基本财务活动可以分为筹资、投资、运营和分配活动四个方面。因此,在本书中将旅游企业财务管理的内容分为筹资管理、投资管理、营运资金管理和利润分配四个部分。

（一）筹资管理

旅游企业要根据其生产经营、发展战略、投资和资本结构等需要,通过筹资渠道和资本市场,运用筹资方式,依法、经济、有效地筹集企业所需资金,进行筹资管理。无论是建立新企业,还是经营现有企业,都需要筹措一定数量的资金。在进行筹资活动时,一方面企业要科学预测筹资的总规模,以保证所需资金;另一方面企业要通过筹资渠道和筹资方式的选择,确定合理的筹资结构,降低资金成本,增加公司的利益,控制相关的风险。筹集资金管理是旅游企业财务管理的一项重要内容。

（二）投资管理

投资是旅游企业生存、发展及进一步获取利润的基本前提。旅游企业取得资金后,必须将其投入使用,以谋求良好的经济效益。在进行投资管理活动时,企业必须考虑投资规模,同时还必须通过投资方向和投资方式的选择确定合适的投资结构,提高投资效益,降低投资风险。不同的投资项目对企业价值和财务风险的影响程度不同。企业的投资分为对内投资和对外投资。对内投资是指旅游企业把筹集到的资金用于本企业的资产上,如购置固定资产、无形资产等;旅游企业把筹集到的资金用于购买股票、债券、出资新组建公司或与其他企业联营等,便形成对外投资。如果投资决策不科学、投资结构不合理,那么投资项目往往不能达到预期效益,影响企业盈利水平和偿债能力。投资决策的正确与否,直接关系到企业的兴衰成败,因此,要做好科学投资管理。

（三）营运资金管理

在日常的生产经营活动中,旅游企业会发生一系列流动资产和流动负债资金的收付。旅游企业的营运资金在全部资金中占有较大的比重,是企业财务管理工作的一项重要内容。营运资金管理主要涉及现金持有计划的确定,应收账款的信用标准、信用条件和收款政策的确定,存货周期、存货数量、订货计划的确定,短期借款计划、商业信用筹资计划的确定等。如何节约资金成本,提高资金使用效率,进行流动资产的投融资,以及如何管理流动负债都需要企业提前做好规划。

（四）利润分配

利润分配是指在旅游企业赚得的利润中,根据投资者的意愿和企业生产经营的需要,企业实现的净利润可以作为投资收益分配给投资者,也可以暂时留存企业形成未分配利润,或者作为投资者的追加投资。利润分配政策的制定受多种因素的影响,包括税法对股利和出售股票收益的不同处理、未来公司的投资机会、各种资金来源及其成本、股东对当期收入和未来收入的相对偏好等。每个公司根据具体情况确定最佳的股利政策,是财务决策的一项重要内容。旅游企业的财务人员要合理确定分配的规模和结构,确保企业取得最大的长期利益。

旅游企业财务管理的上述四部分内容是相互联系、相互制约的。筹资是基础,离开企业生产经营所需的资金筹措,企业就不能生存与发展;而且公司筹资数量还制约着公司投资的规模。企业所筹措的资金只有有效地投放出去,才能实现筹资的目的,并不断增值与发展;反过来投资又决定了企业需要筹资的规模和时间。投资和筹资的成果都需要依赖资金的营运才能实现,筹资和投资在一定程度上决定了公司日常经营活动的特点和方式;但企业日常活动还需要对营运资金进行合理的管理与控制,努力提高营运资金的使用效率与效果。利润分配影响着筹资、投资、营运资金的各个方面,利润分配的来源是企业上述各方面共同作用的结果,同时又会对上述各方面产生反作用。因此,投资管理、筹资管理、营运资金管理、利润分配管理都是企业价值创造的必要环节,是保障企业健康发展、实现可持续增长的重要内容。

❓ 思考

(1) 三种旅游企业组织形式有什么特点?
(2) 旅游企业财务管理的内容是什么?
(3) 旅游企业财务管理的四部分内容之间有什么关系?

第二节　旅游企业财务管理目标

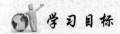 **学习目标**

(1) 理解企业财务管理目标的观点。

（2）理解股东与经营者之间的冲突与协调。

（3）理解股东与债权人之间的冲突与协调。

旅游企业财务管理的目标取决于企业的总目标,并受财务管理自身特点的制约。企业的目标就是创造财富(或价值)。一般而言,企业财务管理的目标就是实现企业创造财富(或价值)。鉴于财务活动直接从价值方面反映企业的商品或者服务提供过程,因而财务管理可为企业的价值创造发挥重要作用。

微课

一、企业财务管理目标观点

企业财务管理目标的综合表达主要有四种:企业利润最大化、股东财富最大化、企业价值最大化、相关者利益最大化。

（一）企业利润最大化

企业利润最大化就是假定企业财务管理以实现利润最大为目标。以利润最大化作为财务管理目标,其主要原因有三点:一是人类从事生产经营活动的目的是创造更多的剩余产品,在市场经济条件下,剩余产品的多少可以用利润这个指标来衡量;二是在自由竞争的资本市场中,资本的使用权最终属于获利最多的企业;三是只有每个企业都最大限度地创造利润,整个社会的财富才可能实现最大化,从而带来社会的进步和发展。

1. 企业利润最大化目标的优点

企业利润最大化目标的主要优点是,企业追求利润最大化,就必须讲求经济核算,加强管理,改进技术,提高劳动生产率,降低产品成本。这些措施都有利于企业资源的合理配置,有利于企业整体经济效益的提高。

2. 企业利润最大化目标的缺陷

以利润最大化作为财务管理目标存在以下缺陷。

（1）没有考虑利润实现时间和资金时间价值。比如,2022年100万元的利润和10年以后同等数量的利润其实际价值是不一样的,10年间还会有时间价值的增加,而且这一数值会随着贴现率的不同而有所不同。

（2）没有考虑风险问题。不同行业具有不同的风险,同等利润值在不同行业中的意义也不相同。比如,风险比较高的高科技企业和风险相对较小的制造业企业无法简单比较。

（3）没有反映创造的利润与投入资本之间的关系。

（4）可能导致企业短期行为倾向,影响企业长远发展。由于利润指标通常按年计算,因此,企业决策也往往会服务于年度指标的完成或实现。

企业利润最大化的另一种表现方式是每股收益最大化。每股收益最大化的观点认为,应当把企业的利润和股东投入的资本联系起来,用每股收益来反映企业的财务目标。

除了反映所创造利润与投入资本之间的关系外,每股收益最大化与利润最大化目标的缺陷基本相同。但如果假设风险相同、每股收益时间相同,每股收益的最大化也是衡量公司业绩的一个重要指标。事实上,许多投资人都把每股收益作为评价公司业绩的重要标准之一。

(二) 股东财富最大化

股东财富最大化是指企业财务管理以实现股东财富最大为目标。在上市公司,股东财富是由其所拥有的股票数量和股票市场价格决定的。在股票数量一定时,股票价格达到最高,股东财富也就达到最大。

1. 与利润最大化相比,股东财富最大化具有以下主要优点

(1) 考虑了风险因素,因为通常股价会对风险做出较敏感的反应。

(2) 在一定程度上能避免企业短期行为,因为不仅目前的利润会影响股票价格,预期未来的利润也会对股价产生重要影响。

(3) 对上市公司而言,股东财富最大化目标比较容易量化,便于考核和奖惩。

2. 以股东财富最大化作为财务管理目标也存在以下缺点

(1) 通常股东财富最大化只适用于上市公司,非上市公司难以应用,因为非上市公司无法像上市公司一样随时准确获得公司股价。

(2) 股价受众多因素影响,特别是企业外部的因素,有些还可能是非正常因素。股价不能完全准确反映企业财务管理状况,如有的上市公司处于破产的边缘,但由于可能存在某些机会,其股票市价可能还在走高。

(3) 它强调更多的是股东利益,而对其他相关者的利益重视不够。

(三) 企业价值最大化

企业价值最大化是指企业财务管理行为以实现企业的价值最大为目标。企业价值可以理解为企业所有者权益和债权人权益的市场价值,或者是企业所能创造的预计未来现金流量的现值。未来现金流量这一概念,包含资金的时间价值和风险价值两个方面的因素。因为未来现金流量的预测包含了不确定性和风险因素,而现金流量的现值是以资金的时间价值为基础对现金流量进行折现计算得出的。

企业价值最大化目标要求企业通过采用最优的财务政策,充分考虑资金的时间价值和风险与收益的关系,在保证企业长期稳定发展的基础上使企业总价值达到最大。

以企业价值最大化作为财务管理目标,具有以下优点。

(1) 考虑了取得收益的时间,并用时间价值的原理进行了计量。

(2) 考虑了风险与收益的关系。

(3) 将企业长期、稳定的发展和持续的获利能力放在首位,能避免企业在追求利润上的短期行为,因为不仅目前利润会影响企业的价值,预期未来的利润对企业价值增加也会产生重大影响。

(4) 用价值代替价格,避免了过多外界市场因素的干扰,有效地规避了企业的短期行为。

但是,以企业价值最大化作为财务管理目标过于理论化,不易操作。对于非上市公司,只有对企业进行专门的评估才能确定其价值,而在评估企业的资产时,由于受评估标准和评估方式的影响,很难做到客观和准确。

（四）相关者利益最大化

在现代企业是多边契约关系的总和的前提下,要确立科学的财务管理目标,就需要考虑哪些利益关系会对企业发展产生影响。在市场经济中,企业的理财主体更加细化和多元化。股东作为企业所有者,在企业中拥有最高的权力,也承担着最大的义务和风险,但是债权人、员工、企业经营者、客户、供应商和政府也为企业承担着风险。因此,企业的利益相关者不仅包括股东,还包括债权人、企业经营者、客户、供应商、员工、政府等。在确定企业财务管理目标时,不能忽视这些相关利益群体的利益。

1. 相关者利益最大化目标的内容

(1) 强调风险与收益的均衡,将风险限制在企业可以承受的范围内。

(2) 强调股东的首要地位,并强调企业与股东之间的协调关系。

(3) 强调对企业经营者的监督和控制,建立有效的激励机制以便企业战略目标的顺利实现。

(4) 关心本企业普通职工的利益,创造优美和谐的工作环境和提供合理恰当的福利待遇,培养职工长期努力为企业工作。

(5) 不断加强与债权人的关系,培养可靠的资金供应者。

(6) 关心客户的长期利益,以便保持销售收入的长期稳定增长。

(7) 加强与供应商的协作,共同面对市场竞争,并注重企业形象的宣传,遵守承诺,讲究信誉。

(8) 与政府部门保持良好关系。

2. 以相关者利益最大化作为财务管理目标的优点

(1) 有利于企业长期稳定发展。这一目标注重企业在发展过程中考虑并满足各利益相关者的利益关系。在追求长期稳定发展的过程中,站在企业的角度上进行投资研究,避免只站在股东的角度进行投资可能导致的一系列问题。

(2) 体现了合作共赢的价值理念,有利于实现企业经济效益和社会效益的统一。由于兼顾了企业、股东、政府、客户等的利益,企业不仅是一个单纯谋利的组织,还承担了一定的社会责任。企业在寻求其自身的发展和利益最大化过程中,由于需维护客户及其他利益相关者的利益,就会依法经营、依法管理,正确处理各种财务关系,自觉维护和确实保障国家、集体和社会公众的合法权益。

(3) 这一目标本身是一个多元化、多层次的目标体系,较好地兼顾了各利益主体的利益。这一目标可使企业各利益主体相互作用、相互协调,并在使企业利益、股东利益达到最大化的同时,也使其他利益相关者利益达到最大化。也就是将企业财富这块"蛋糕"做到最大的同时,保证每个利益主体所得的"蛋糕"更多。

(4) 体现了前瞻性和现实性的统一。比如,企业作为利益相关者之一,有其一套评价指标,如未来企业收益贴现值;股东的评价指标可以使用股票市价;债权人可以寻求风险最小、利息最大;工人可以确保工资福利;政府可考虑社会效益等。不同的利益相关者有各自的指标,只要合理合法、互利互惠、相互协调,就可以实现所有相关者利益最大化。

二、股东、经营者和债权人的冲突与协调

股东和债权人都为旅游企业提供了财务资源,但是他们处在企业之外,只有经营者即管理当局在企业里直接从事财务管理工作。股东、经营者和债权人之间构成了企业最重要的财务关系。旅游企业是所有者即股东的企业,财务管理的目标是指股东的目标。股东委托经营者代表他们管理企业,为实现他们的目标而努力,但经营者和股东的目标并不完全一致。

(一)股东和经营者

1. 经营者的目标

在股东和经营者分离以后,股东的目标是使企业财富最大化,会千方百计地要求经营者尽最大的努力去完成这个目标。经营者也是最大合理效用的追求者,其具体行为目标与委托人不一致。他们的目标如下。

(1)增加报酬,包括物质和非物质的报酬,如工资、奖金等,提高荣誉和社会地位。

(2)增加闲暇时间,包括较少的工作时间、工作时间里较多的空闲和有效工作时间中较小的劳动强度等。

上述两个目标之间有矛盾,增加闲暇时间可能减少当前或未来的报酬,努力增加报酬会牺牲闲暇时间。

(3)避免风险。经营者努力工作可能得不到应有的报酬,他们的行为和结果之间有不确定性,经营者总是力图避免这种风险,希望付出一份劳动便得到一份报酬。

2. 经营者对股东目标的背离

经营者的目标和股东不完全一致,经营者有可能为了自身的目标而背离股东的利益。这种背离表现在两个方面。

(1)道德风险。经营者为了自己的目标,不是尽最大努力实现企业财务管理的目标。因为他们没必要为提高股价而冒险,股价上涨的好处将归于股东,如若失败,他们的"身价"将下跌。他们不做什么错事,只是不十分努力,以增加自己的闲暇时间。这样做不构成法律和行政责任问题,只是道德问题,股东很难追究他们的责任。

(2)逆向选择。经营者为了自己的目标而背离股东的目标。例如,装修豪华的办公室,买高档汽车等;借口工作需要乱花股东的钱;或者蓄意压低股票价格,以自己的名义借款买回,导致股东财富受损,个人从中渔利。

3. 防止经营者背离股东目标的方法

(1)监督。经营者背离股东的目标,其条件是双方的信息不一致,主要是经营者了解的信息比股东多。避免"道德风险"和"逆向选择"的出路是股东获取更多的信息,对经营者进行监督,在经营者背离股东目标时,减少其各种形式的报酬,甚至解雇他们。

但是,全面监督在实际上是行不通的。股东是分散的或者远离经营者,得不到充分的信息;经营者比股东有更大的管理优势,比股东更清楚什么是对全业更有利的行动方案;全面监督管理行为的代价是很高的,很可能超过它所带来的收益。因此,股东支付审计费请注册

会计师,往往仅审计财务报表,而不要求全面审查所有管理行为人。股东对于情况的了解和对经营者的监督总是必要的,但受到合理成本的限制,不可能事事都监督。监督可以减少经营者违背股东意愿的行为,但不能解决全部问题。

(2)激励。激励就是将经营者的报酬与其绩效直接挂钩,以使经营者自觉采取能提高所有者财富的措施。激励通常有两种方式。

① 股票期权。它是允许经营者以预先确定的条件购买本企业一定数量股份的权利,当股票的市场价格高于约定价格,经营者就会因此获取收益。经营者为了获得更大的股票涨价益处,就必然主动采取能够提高股价的行动,从而增加所有者财富。

② 绩效股。它是企业运用每股收益、资产收益率等指标来评价经营者绩效,并视其绩效大小给予经营者数量不等的股票作为报酬。如果经营者绩效未能达到规定目标,经营者将丧失原先持有的部分绩效股。这种方式使经营者不仅为了多得绩效股而不断采取措施提高经营绩效,而且为了使每股市价最大化,也会采取各种措施使股票市价稳定上升,从而增加所有者财富。即使由于客观原因股价并未提高,经营者也会因为获取绩效股而获利。

(二)股东和债权人

当公司向债权人借入资金后,两者也形成一种委托代理关系。债权人把资金交给企业,其目标是到期收回本金,并获得约定的利息收入;公司借款的目的是扩大经营,投入有风险的生产经营项目,两者的目标并不一致。债权人事先知道借出资金是有风险的,并把这种风险的相应报酬纳入利率。通常要考虑的因素有:公司现有资产的风险、预计新添资产的风险、公司现有的负债比率、公司未来的资本结构等。

但是,借款合同一旦成为事实,资金到了企业,债权人就失去了控制权,股东可以通过经营者为了自身利益而伤害债权人的利益,其常用方式如下。

第一,股东未经债权人的同意,投资比债权人预期风险要高的新项目。如果高风险的计划成功,超额的利润归股东所有;如果计划不幸失败,公司无力偿债,债权人与股东将共同承担由此造成的损失。尽管《中华人民共和国企业破产法(试行)》(以下简称《破产法(试行)》)规定,债权人先于股东分配破产财产,但多数情况下,破产财产不足以偿债。所以,对债权人来说,超额利润肯定拿不到,产生损失时却有可能要分担。

第二,股东为了提高公司的利润,未征得债权人的同意而迫使管理当局发新债,致使旧债券的价值下降,使旧债权人蒙受损失。旧债券价值下降的原因是发新债后公司负债比率加大,公司破产的可能性增加,如果企业破产,旧债权人和新债权人要共同分配破产后的财产,使旧债券的风险增加、价值下降。

债权人为了防止利益被伤害,除了寻求立法保护,如破产时优先接管、优先于股东分配剩余财产等外,通常采取以下措施。

(1)在借款合同中加入限制性条款,如规定资金的用途、规定不得发行新债或限制发行新债的数额等。

(2)发现公司有剥夺其财产意图时,拒绝进一步合作,不再提供新的借款或提前收回借款。

三、企业目标与社会责任

企业的目标和社会的目标在许多方面是一致的。企业在追求自己的目标时,也会使社会受益。例如,企业为了生存必须生产出符合顾客需要的产品,以满足社会需求;企业为了发展或扩大规模,自然会增加职工人数,这有助于解决社会的就业问题;企业为了获利必须提高劳动生产率,改进产品质量,改善服务,从而提高社会生产效率和公众的生活质量。

企业的目标和社会的目标也有不一致的地方。例如,企业为了获利,可能生产伪劣产品,可能不顾工人的健康和利益,也可能造成环境污染,还可能损害其他企业的利益等。

股东只是一部分人,他们在谋求自己利益的时候,不应损害他人的利益,而是应该承担一定的社会责任。

企业的社会责任是指企业在谋求所有者或股东权益最大化之外所负有的维护和增进社会利益的义务。具体来说,企业社会责任主要包括以下内容。

(一)对员工的责任

企业除了向员工支付报酬的法律责任外,还负有为员工提供安全工作环境、职业教育等保障员工利益的责任。企业对员工承担的社会责任有:按时足额发放劳动报酬,并根据社会发展逐步提高工资水平;提供安全健康的工作环境,加强劳动保护,实现安全生产,积极预防职业病;建立公司职工的职业教育和岗位培训制度,不断提高职工的素质和能力;完善工会、职工董事和职工监事制度,培育良好的企业文化。

(二)对债权人的责任

债权人是企业的重要利益相关者,企业应依据合同的约定以及法律的规定对债权人承担相应的义务,保障债权人合法权益。这既是公司的民事义务,也可视为公司应承担的社会责任。公司对债权人承担的社会责任主要有:按照法律、法规和公司章程的规定,真实、准确、完整、及时地披露公司信息;诚实守信,不滥用公司人格;主动偿债,不无故拖欠;确保交易安全,切实履行合法订立的合同。

(三)对消费者的责任

公司的价值实现,很大程度上取决于消费者的选择,企业理应重视对消费者承担的社会责任。企业对消费者承担的社会责任主要有:确保产品质量,保障消费安全;诚实守信,确保消费者的知情权;提供完善的售后服务,及时为消费者排忧解难。

(四)对社会公益的责任

企业对社会公益的责任主要涉及慈善、社区等。企业对慈善事业的社会责任是指承担扶贫济困和发展慈善事业,表现为企业对不确定的社会群体(尤指弱势群体)进行帮助。捐赠是其最主要的表现形式,受捐赠的对象主要有社会福利院、医疗服务机构、教育事业、贫困地区、特殊困难人群等。此外,还包括雇用残疾人、生活困难的人、缺乏就业竞争力的人到企业工作以及举办与公司营业范围有关的各种公益性的社会教育宣传活动等。

（五）对环境和资源的责任

企业对环境和资源的社会责任可以概括为两大方面：一是承担可持续发展与节约资源的责任；二是承担保护环境和维护自然和谐的责任。

此外，企业还有义务和责任遵从政府的管理、接受政府的监督。企业要在政府的指引下合法经营、自觉履行法律规定的义务，同时尽可能地为政府献计献策、分担社会压力、支持政府的各项事业。

一般而言，对一个利润或投资收益率处于较低水平的公司，在激烈竞争的环境下，是难以承担增加其成本的社会责任的。而对于那些利润超高的公司，它们可以适当地承担一定的社会责任。因为对利润超高的公司来说，适当地从事一些社会公益活动，有助于提高公司的知名度，有助于促进其业务活动的开展。但不管怎样，任何企业都无法长期单独负担因承担社会责任而增加的成本。过分地强调社会责任而使企业价值减少，就可能导致整个社会资金运用的次优化，从而使社会经济发展步伐减缓。事实上，大多数社会责任都必须通过立法以强制的方式让每一个企业平均负担。然而，企业是社会的经济细胞，也应关注并自觉改善自身的生态环境。

？思考

（1）思考企业目标与社会责任的关系。

（2）如何协调股东与经营者之间的关系？

（3）如何协调股东与债权人之间的关系？

第三节　旅游企业财务管理环节

学习目标

（1）了解旅游企业财务管理的工作环节。

（2）了解旅游企业财务管理各环节的内容。

财务管理环节是旅游企业财务管理的工作步骤与一般工作程序。一般而言，旅游企业财务管理包括以下几个环节。

一、预测、计划与预算

（一）财务预测

财务预测是根据旅游企业财务活动的历史资料，考虑现实的要求和条件，对旅游企业未来的财务活动作出较为具体的预计和测算的过程。财务预测可以测算各项生产经营方案的经济效益，为决策提供可靠的依据；可以预计财务收支的发展变化情况，以确定经营目标；可以测算各项定额和标准，为编制计划、分解计划指标服务。

财务预测的方法主要有定性预测和定量预测两类。定性预测法主要是利用直观材料，依靠主观判断和综合分析能力，对事物未来的状况和趋势作出预测的一种方法；定量预测法主要是根据变量之间存在的数量关系建立数学模型来进行预测的方法。

（二）财务计划

财务计划是根据旅游企业整体战略目标和规划，结合财务预测的结果，对财务活动进行规划，并以指标形式落实到每一计划期间的过程。财务计划主要通过指标和表格，以货币形式反映在一定的计划期内旅游企业生产经营活动所需要的资金及其来源、财务收入和支出、财务成果及其分配的情况。

确定财务计划指标的方法一般有平衡法、因素法、比例法和定额法等。

（三）财务预算

财务预算是根据财务战略、财务计划和各种预测信息，确定预算期内各种预算指标的过程。它是财务战略的具体化，是财务计划的分解和落实。

财务预算的编制方法通常包括固定预算与弹性预算、增量预算与零基预算、定期预算与滚动预算等。

二、决策与控制

（一）财务决策

财务决策是指按照财务战略目标的总体要求，利用专门的方法对各种备选方案进行比较和分析，从中选出最佳方案的过程。财务决策是财务管理的核心，财务决策直接关系到旅游企业的兴衰。

财务决策的方法主要有两类：一类是经验判断法，是根据决策者的经验来判断选择，常用的方法有淘汰法、排队法、归类法等；另一类是定量分析方法，常用的方法有优选对比法、数学微分法、线性规划法、概率决策法等。

（二）财务控制

财务控制是指利用有关信息和特定手段，对旅游企业的财务活动施加影响或调节，以便实现计划所规定的财务目标的过程。

财务控制的方法通常有前馈控制、过程控制、反馈控制等。财务控制措施一般包括预算控制、运营分析控制和绩效考评控制等。

三、分析与考核

（一）财务分析

财务分析是指根据旅游企业财务报表等信息资料，采用专门方法，系统分析和评价企业财务状况、经营成果以及未来趋势的过程。

财务分析的方法通常有比较分析法、比率分析法和因素分析法等。

（二）财务考核

财务考核是指将报告期实际完成数与规定的考核指标进行对比,确定有关责任单位和个人完成任务的过程。财务考核与奖惩紧密联系,既是贯彻责任制原则的要求,也是构建激励与约束机制的关键环节。

考核的形式多种多样,既可以用绝对指标、相对指标、完成百分比考核,也可以采用多种财务指标进行综合评价考核。

？ 思考

(1) 旅游企业财务管理有哪些环节?

(2) 旅游企业财务管理的各个环节之间有什么关联?

第四节　旅游企业财务管理环境

学习目标

(1) 理解技术环境对旅游企业财务管理的影响。

(2) 理解经济环境对旅游企业财务管理的影响。

(3) 理解金融环境对旅游企业财务管理的影响。

(4) 理解法律环境对旅游企业财务管理的影响。

财务管理环境是指对旅游企业财务活动和财务管理产生影响作用的企业内外条件的统称,财务管理环境主要包括技术环境、经济环境、金融环境、法律环境等。

一、技术环境

财务管理的技术环境是指财务管理得以实现的技术手段和技术条件,它决定着财务管理的效率和效果。会计信息系统是财务管理技术环境中的一项重要内容。在旅游企业内部,会计信息主要是供管理层决策使用,而在企业外部,会计信息则主要是为企业的投资者、债权人等提供服务。随着数据科学、机器人流程自动化等机器智能技术不断应用到财务管理领域(如财务共享等),财务管理的技术环境更容易实现资源共享,便于不同信息使用者获取、分析和利用,进行投资和相关决策。

二、经济环境

在影响财务管理的各种外部环境中,经济环境是最为重要的。这里所说的经济环境是指旅游企业进行财务活动的宏观经济状况。

(一)经济发展状况

经济发展的速度对旅游企业理财有重大影响。近几年,我国经济增长比较快。旅游企业为了跟上这种发展并在其行业中维持其地位,至少要有同样的增长速度,并相应增加固定资产、流动资产、人力资源等。这种增长需要大规模地筹集资金,需要财务人员借入大额款项或增发股票。

经济发展的波动对旅游企业理财有极大影响。这种波动最先影响的是企业销售额。销售额下降会阻碍企业现金的流转,那就需要筹资以维持运营。销售增加会引起企业经营失调,例如,资产短缺,需要筹资以扩大经营规模。尽管政府会试图减少不利的经济波动,但事实上经济有时"过热",有时需要"调整"。因此,财务人员对这种波动要有所准备,筹措并分配足够的资金,用于调整生产经营。

(二)通货膨胀

通货膨胀对旅游企业财务活动的影响是多方面的。主要表现在以下几个方面。

(1)引起资金占用的大量增加,从而增加企业的资金需求。

(2)引起企业利润虚增,造成企业资金由于利润分配而流失。

(3)引起利率上升,加大企业筹资成本。

(4)引起有价证券价格下降,增加企业的筹资难度。

(5)引起资金供应紧张,增加企业的筹资困难。

为了降低通货膨胀对旅游企业造成的不利影响,旅游企业应当采取措施予以防范。在通货膨胀初期,货币面临贬值的风险时,企业进行投资可以避免风险,实现资本保值;与客户应签订长期购货合同,以减少物价上涨造成的损失;取得长期负债,保持资金成本的稳定。在通货膨胀持续期,旅游企业可以采用比较严格的信用条件,减少企业债权;调整财务政策,防止和减少企业资本流失等。

(三)利息率波动

银行贷款利率的波动以及与此相关的股票和债券价格的波动,既是旅游企业的机会,也是对企业的挑战。

在为过剩资金选择投资方案时,利用这种机会可以获得营业以外的额外收益。例如,在购入长期债券后,由于市场利率下降,按固定利率计息的债券价格上涨,企业可以通过出售债券获得较预期更多的现金流入。当然,如果出现相反的情况,企业会蒙受损失。

在选择筹资来源时,情况与此类似。在预期利率将持续上升时,以当前较低的利率发行长期债券,可以节省资金成本。当然,如果后来事实上利率下降了,企业要承担比市场利率更高的资金成本。

(四)宏观经济政策

不同的宏观经济政策对旅游企业财务管理影响不同。金融政策中的货币发行量、信贷规模会影响旅游企业投资的资金来源和投资的预期收益；财税政策会影响旅游企业的资本结构和对投资项目的选择等；价格政策会影响资金的投向和投资的回收期及预期收益；会计制度的改革会影响会计要素的确认和计量，进而对企业财务活动的事前预测、决策及事后的评价产生影响等。

三、金融环境

（一）金融机构

金融机构主要是指银行和非银行金融机构。银行是指经营存款、贷款、汇兑、储蓄等金融业务，承担信用中介的金融机构，包括各种商业银行和政策性银行，如中国工商银行、中国农业银行、中国银行、中国建设银行、国家开发银行、中国农业发展银行等。非银行金融机构主要包括保险公司、信托投资公司、证券公司、财务公司、金融资产管理公司、金融租赁公司等机构。

（二）金融性资产

金融性资产是指现金或有价证券等可以进入金融市场交易的资产。一般认为，金融性资产具有以下特征。

1. 流动性

流动性是指金融性资产能够在短期内不受损失地变为现金的属性。流动性高的金融性资产的特征是容易兑现和市场价格波动小。

2. 收益性

收益性是指某项金融性资产投资收益率的高低。

3. 风险性

风险性是指某种金融性资产不能恢复其原投资价格的可能性。金融性资产的风险主要有违约风险和市场风险。违约风险是指由于证券的发行人破产而导致永远不能偿还的风险；市场风险是指由于投资的金融性资产的市场价格波动而产生的风险。

上述三种属性相互联系、互相制约。流动性和收益性成反比，收益性和风险性成正比。现金的流动性最高，但持有现金不能获得收益；股票的收益性好，但风险大；政府债券的收益性不如股票，但其风险小。企业在投资时，期望流动性高、风险小而收益高，但实际上很难找到这种机会。

（三）金融市场

金融市场是指资金供应者和资金需求者双方通过一定的金融工具进行交易进而融通资金的场所。

1. 金融市场的分类

金融市场可以按照不同的标准进行分类。

1）短期资金市场和长期资金市场

以期限为标准,金融市场可分为短期资金市场和长期资金市场。短期资金市场是指以期限在1年以内的金融工具为媒介,进行短期资金融通的市场,包括同业拆借市场、票据市场、大额定期存单市场和短期债券市场等。长期资金市场是指以期限在1年以上的金融工具为媒介,进行长期资金交易活动的市场,包括股票市场、债券市场、期货市场和融资租赁市场等。

2）发行市场和流通市场

以功能为标准,金融市场可分为发行市场和流通市场。发行市场又称为一级市场,它主要处理金融工具的发行与最初购买者之间的交易;流通市场又称为二级市场,它主要处理现有金融工具转让和变现的交易。

3）资本市场、外汇市场和黄金市场

以融资对象为标准,金融市场可分为资本市场、外汇市场和黄金市场。资本市场以货币和资本为交易对象;外汇市场以各种外汇金融工具为交易对象;黄金市场则是集中进行黄金买卖和金币兑换的交易市场。

4）地方性金融市场、全国性金融市场和国际性金融市场

以地理范围为标准,金融市场可分为地方性金融市场、全国性金融市场和国际性金融市场。

2. 金融市场的组成

金融市场由主体、客体和参加人组成。

（1）金融市场的主体是指银行和非银行金融机构,它们是金融市场的中介机构,是连接筹资人和投资人的桥梁。

（2）金融市场的客体是指金融市场上的买卖对象,如商业票据、政府债券、公司股票等各种信用工具。

（3）金融市场的参加人是指客体的供给者和需求者,如企业、事业单位、政府部门、城乡居民等。

四、法律环境

（一）法律环境的范畴

法律环境是指旅游企业与外部发生经济关系时应遵守的有关法律、法规和规章(简称法规),主要包括《中华人民共和国公司法》《中华人民共和国证券法》《中华人民共和国民法典》、税法、《企业财务通则》《企业内部控制基本规范》《管理会计指引》等。市场经济是法治经济,旅游企业的经济活动总是在一定法律规范内进行的。法律既约束企业的非法经济行为,也为旅游企业从事各种合法经济活动提供保护。

国家相关法律法规按照对财务管理内容的影响,可以分为以下几类。

（1）影响旅游企业筹资的各种法规主要有:《中华人民共和国公司法》《中华人民共和国证券法》《中华人民共和国民法典》等。这些法规可以从不同方面规范或制约企业的筹资活动。

（2）影响旅游企业投资的各种法规主要有：《中华人民共和国证券法》《中华人民共和国公司法》《企业财务通则》等。这些法规从不同角度规范企业的投资活动。

（3）影响旅游企业收益分配的各种法规主要有：税法、《中华人民共和国公司法》《企业财务通则》等。这些法规从不同方面对企业收益分配进行了规范。

（二）法律环境对企业财务管理的影响

法律环境对旅游企业的影响是多方面的，影响范围包括企业组织形式、公司治理结构、投（融）资活动、日常经营、收益分配等。比如《中华人民共和国公司法》规定，企业可以采用独资、合伙、公司制等企业组织形式。企业组织形式不同，业主（股东）权利责任、企业投融资、收益分配、纳税、信息披露等不同，公司治理结构也不同。上述不同种类的法律、法规、规章，分别从不同方面约束企业的经济行为，对企业财务管理产生影响。

？ 思考

（1）经济环境从哪些方面影响旅游企业财务管理活动？

（2）旅游企业财务管理活动应遵循哪些法律法规？

 **案例分析**

日本企业的财务管理

一、案例资料

资本是企业进行生产经营的前提条件，股东的投资是企业的最初投资。作为企业支柱和经营源泉的资本进入企业以后，经过循环周转，促使资本不断增值，以保护企业得以存在和发展。

（一）财务管理

日本企业的财务活动具体表现为资本的筹集和运用，资本筹集和运用的计划和控制即是财务管理。记录和核算作为财务对象的资本变动情况时，所使用的方法和手段是财务会计，而在进行财务管理时则主要使用管理会计。

（二）资本的筹集和运用

日本企业资本筹集的来源有外部金融和内部金融之分。其形式如下。

（1）外部金融主要有商业信用、信贷金融、证券金融等。

（2）内部金融主要有发行股票增资、保留利润、计提折旧费及财产处理等。

日本企业资本运用的具体表现形式主要有：货币储备、赊销投资、库存投资、有形资产投资、无形资产投资、公司对外投资、创业投资、科研开发投资、资本筹集投资。

（三）财务部门的职能

（1）筹集和运用资金。企业进行生产经营需要一定量的资金，而这些资金的筹集和运用是以财务部门为中心实现的。

（2）承担财务会计工作。财务会计通过记录、收集、处理资本变动情况，提出企业经营活动的有关情况，客观真实地反映企业财务状况及经营成果，保护企业财产。

（3）承担管理会计工作。日本企业的会计工作，除了财务会计，还有管理会计。根据日本相关法律规定，财务会计具有强制性，而管理会计没有法定强制性，其是否设置由企业自行决定。

如前所述，财务会计是为研究企业以往经营状况提供情报。管理会计则不同，它是为研究企业未来如何发展提供会计情报。管理会计的重要任务就是为企业进行合理决策提供切实可靠的情报。

（四）财务管理的范围

财务管理是企业管理的重要组成部分，其范围主要包括以下三个方面。

（1）财务政策。它是企业组织和进行资本筹集与运用业务工作的指南。

（2）财务计划。它是企业财务政策的具体化，把企业在计划期内财务活动的内容、程序和目标、数据具体表现出来。

（3）财务控制。它是在财务计划实施过程中对财务活动所进行的指导、限制和调整。

（五）企业财务管理组织机构

日本企业财务管理机构的组织形式取决于企业内部管理的模式及其规模的大小和经营内容的复杂程度。日本大部分企业实行统一核算、统一管理的高度集中型模式。这一模式的管理组织形式特点是，实行统一指挥、垂直领导、权力高度集中于最高领导层。

企业内部各个职能部门之间实行高度专业化的分工，分别担任生产、销售和财务等专门职能，并自成独立系统，层层传达，执行企业最高管理者的命令，最高管理者通过这些职能部门实现其对企业的管理。与这一管理组织形式相适应的大、中、小型企业的财务管理组织机构。

二、讨论问题

（1）怎样看待日本企业财务管理体制？你认为日本的这种体制是否合理？

（2）日本企业财务管理体制在中国能不能运用？为什么？

（资料来源：崔飚，黄辉. 财务管理案例［M］. 北京：经济科学出版社，2018.）

课 后 习 题

一、单项选择题

1. 与普通合伙企业相比，下列各项汇总，属于股份有限公司缺点的是（　　）。

    A. 筹资渠道少   B. 承担无限责任

    C. 企业组建成本高   D. 所有权转移困难

2. 根据相关者利益最大化财务管理目标理论，承担最大风险并可能获得最大报酬的是（　　）。

    A. 股东   B. 债权人   C. 经营者   D. 供应商

3. 某上市公司针对经常出现中小股东质询管理层的情况，拟采取措施协调所有者与经营者的矛盾。下列各项中，不能实现上述目的的是（　　）。

    A. 强化内部人控制   B. 解聘总经理

C. 加强对经营者的监督　　　　　　　　D. 将经营者的报酬与其绩效挂钩

4. 甲、乙两企业均投入 100 万元的资本,本年获利均为 20 万元,甲企业的获利已经全部转化为现金,而乙企业则全部是应收账款。在财务分析时认为两个企业都获利 20 万元,经营效果相同,那么得出此结论的原因是(　　)。

A. 没有考虑利润的取得时间　　　　　　B. 没有考虑利润取得所承担风险的大小

C. 没有考虑所获利润和投入资本的关系　D. 没有考虑所获利润与规模大小关系

5. 将企业长期稳定的发展放在首位,以便创造更多的价值是(　　)财务管理目标所涉及的观点。

A. 利润最大化　　　　　　　　　　　　B. 企业规模最大化

C. 企业价值最大化　　　　　　　　　　D. 相关者利益最大化

6. 下列各项中,符合企业相关者利益最大化财务管理目标要求的是(　　)。

A. 强调股东的首要地位　　　　　　　　B. 强调债权人的首要地位

C. 强调员工的首要地位　　　　　　　　D. 强调经营者的首要地位

7. 下列各项企业财务管理目标中,能够同时考虑资金的时间价值和投资风险因素的是(　　)。

A. 产值最大化　　　　　　　　　　　　B. 利润最大化

C. 每股收益最大化　　　　　　　　　　D. 企业价值最大化

8. 下列属于通过采取激励方式协调所有者与经营者利益冲突的方法是(　　)。

A. 股票期权　　　B. 解聘　　　C. 接收　　　D. 监督

9. 下列各项中,会降低债权人债权价值的是(　　)。

A. 改善经营环境　　B. 扩大赊销比重　　C. 举借新债　　D. 发行新股

10. 下列各项中,不属于企业对员工承担的社会责任的是(　　)。

A. 按时足额发放劳动报酬,并根据社会发展逐步提高工资水平

B. 提供安全健康的工作环境,加强劳动保护,实现安全生产,积极预防职业病

C. 完善工会、职工董事和职工监事制度,培育良好的企业文化

D. 诚实守信,确保消费者的知情权

11. 利用专门的方法对各种备选方案进行比较和分析,从中选出最佳方案的过程是(　　)。

A. 财务计划　　B. 财务决策　　C. 财务控制　　D. 财务分析

12. 下列说法中,不正确的是(　　)。

A. 财务预测的方法主要有定性预测和定量预测两类

B. 财务预算的方法主要有经验判断法和定量分析方法

C. 财务控制的方法通常有前馈控制、过程控制、反馈控制

D. 确定财务计划指标的方法一般有平衡法、因素法、比例法和定额法等

二、多项选择题

1. 在以下企业组织形式中,不会导致双重课税的有(　　)。

A. 个人独资企业　　B. 合伙企业　　　C. 有限责任公司　　D. 股份有限公司

2. 公司制企业相对于合伙企业和个人独资企业,其特点有(　　)。

    A. 组建公司的成本低   B. 不存在代理问题

    C. 双重课税   D. 公司制企业可以无限存续

3. 股东财富最大化目标与利润最大化目标相比较,其优点有(   )。

    A. 考虑了风险因素

    B. 更多地强调了各利益相关者的利益

    C. 可以避免企业追求短期行为

    D. 对于任何公司而言,股东财富最大化目标都容易量化,便于考核和奖惩

4. 旅游企业财务管理的内容有(   )。

    A. 筹资管理   B. 投资管理   C. 营运资金管理   D. 利润分配

5. 下列各项中,可用来协调公司债权人与所有者矛盾的方法有(   )。

    A. 规定借款用途   B. 规定借款的信用条件

    C. 要求提供借款担保   D. 收回借款或停止借款

6. 所有者通过经营者损害债权人利益的常见形式有(   )。

    A. 未经债权人同意发行新债券

    B. 未经债权人同意举借新债

    C. 投资于比债权人预计风险要高的新项目

    D. 不尽力增加企业价值

7. 下列属于企业需要承担的社会责任的有(   )。

    A. 按时足额发放劳动报酬,并根据社会发展逐步提高工资水平

    B. 主动偿债,不无故拖欠

    C. 及时支付股利,确保股东的利益

    D. 确保产品质量,保障消费安全

8. 下列关于通货膨胀对企业财务活动的影响的叙述,正确的是(   )。

    A. 引起利润上升   B. 引起资金占用量的增加

    C. 加大企业的筹资成本   D. 引起有价证券价格上升

9. 在某公司财务目标研讨会上,张经理主张"贯彻合作共赢的价值理念,做大企业的财富蛋糕";李经理认为"既然企业的绩效按年度考核,财务目标就应当集中体现当年利润指标";王经理提出"应将企业长期稳定的发展放在首位,以便创造更多的价值"。上述观点涉及的财务管理目标有(   )。

    A. 利润最大化   B. 企业规模最大化

    C. 企业价值最大化   D. 相关者利益最大化

10. 公司制企业可能存在经营者和股东之间的利益冲突,解决这一冲突的方式有(   )。

    A. 解聘   B. 接收   C. 收回借款   D. 授予股票期权

三、判断题

1. 作为财务管理目标,股东财富最大化和企业价值最大化通常都只适用于上市公司。

                                                  (   )

2. 从财务管理的角度来看,企业价值所体现的资产的价值既不是其成本价值,也不是

其现时的会计收益。　　　　　　　　　　　　　　　　　　　　　　（　　）

3. 利润最大化、股东财富最大化、企业价值最大化及相关者利益最大化等财务管理目标,都以股东财富最大化为基础。　　　　　　　　　　　　　　　　　　　　（　　）

4. 就上市公司而言,将股东财富最大化作为财务管理目标的缺点之一是不容易被量化。　　　　　　　　　　　　　　　　　　　　　　　　　　　　　　　（　　）

5. 过分强调社会责任而使企业价值减少,就可能导致整个社会资金运用的次优化,从而使社会经济发展步伐减缓。　　　　　　　　　　　　　　　　　　　　　　（　　）

6. 企业的社会责任是企业在谋求所有者权益最大化之外所承担的维护和增进社会利益的义务,一般划分为企业对社会公益的责任和对债权人的责任两大类。　　　（　　）

7. 企业财务管理的目标理论包括利润最大化、股东财富最大化、公司价值最大化和相关者利益最大化等理论,其中,公司价值最大化、股东财富最大化和相关者利益最大化都是以利润最大化为基础的。　　　　　　　　　　　　　　　　　　　　　　　（　　）

8. 为了防范通货膨胀风险,公司应当签订固定价格的长期销售合同。　　（　　）

9. 在影响财务管理的各种外部环境中,经济环境是最为重要的,它决定着财务管理的效率和效果。　　　　　　　　　　　　　　　　　　　　　　　　　　　（　　）

10. 发行市场又称为一级市场,它主要处理金融工具的发行与最初购买者之间的交易。
　　　　　　　　　　　　　　　　　　　　　　　　　　　　　　　　（　　）

第二章
旅游企业财务分析

 引例

美团接连打赢三大"战役"

在移动互联网时代，美团无疑是幸运的。在过去的十年内，正是凭借着三次成功收购，才有了美团在 O2O 领域的翘楚地位。

2015 年 10 月，美团与最大竞争对手大众点评网完成合并，从此美团点评横空出世。而大众点评创始人与同事相拥而泣的画面成了本次合并最为经典的背景。

2016 年 9 月，美团网对外宣布已完成了对第三方支付公司的全资收购。由于第三方支付牌照的紧俏性，致使美团这家互联网新秀对为数不多的第三方支付公司展开了激烈的追逐，最终拿下了这一张重要的第三方支付船票。

2018 年 4 月，在共享经济遭遇寒冬之际，美团以 27 亿美元的实际作价(12 亿美元现金及 15 亿美元股权)收购了摩拜单车，从而在出行领域抢下市场份额。

如今，再次回首这三大动作，我们不禁要赞叹美团独到的战略眼光和并购能力。不知道如此庞大的美团，在未来十年内能焕发出多大的动力。

(资料来源：新财董. 并购中的关键问题，你都捋清楚了吗？[R/OL]. https://zhuanlan.zhihu.com/p/371380369.(2021-05-11)[2022-11-15].)

每一次并购活动都需要全面了解并购对象，做出合理评价，包括并购对象所处的行业状态、公司治理架构、业务发展情况等，尤其是公司的获利能力、营运能力、财务风险、成长性和发展前景等情况，还要根据这些资料分析并购将对美团产生何种影响。

这些内容很多都与本章的知识相关。财务分析是识别财务报表数据是否合理以及评价和分析企业经营状况的重要工具。当你真正理解了其中的奥妙和真谛，就会发现这不是单纯地与一些冷冰冰的数字打交道，而是剖析所有公开的信息，以探寻企业可能存在的问题或挖掘其蕴含的价值。

现在，你准备好跟我们一起进入这个奇妙的数字世界了吗？

第一节　旅游企业财务分析概述

学习目标

（1）理解财务分析的概念。

（2）了解财务分析的内容。

（3）掌握财务分析的方法。

（4）理解财务报表分析的局限性。

微课

一、旅游企业财务分析的意义和内容

旅游企业财务分析是根据旅游企业财务报表等信息资料，采用专门方法，系统分析和评价企业财务状况、经营成果以及发展趋势的过程。

旅游企业财务分析以旅游企业财务报告及其他相关资料为主要依据，对企业的财务状况和经营成果进行评价和剖析，反映企业在运营过程中的利弊得失和发展趋势，从而为改进企业财务管理工作和优化经济决策提供重要财务信息。

（一）旅游企业财务分析的意义

财务分析对不同的信息使用者具有不同的意义。具体来说，财务分析的意义主要体现在以下几个方面。

（1）可以判断旅游企业的财务实力。通过对资产负债表和利润表有关资料进行分析，计算相关指标，可以了解旅游企业的资产结构和负债水平是否合理，从而判断企业的偿债能力、营运能力及盈利能力等财务实力，揭示旅游企业在财务状况方面可能存在的问题。

（2）可以评价和考核旅游企业的经营业绩，揭示财务活动存在的问题。通过指标的计算、分析和比较，能够评价和考核企业的盈利能力和资金周转状况，揭示其经营管理的各个方面和各个环节问题，找出差距，得出分析结论。

（3）可以挖掘旅游企业潜力，寻求提高企业经营管理水平和经济效益的途径。旅游企业进行财务分析的目的不仅是发现问题，更重要的是分析问题和解决问题。通过财务分析，保持和进一步发挥生产经营管理中成功的经验，对存在的问题提出解决的策略和措施，以达到扬长避短、提高经营管理水平和经济效益的目的。

（4）可以评价旅游企业的发展趋势。通过各种财务分析，可以判断旅游企业的发展趋势，预测其生产经营的前景及偿债能力，为企业领导层进行生产经营决策、投资者进行投资决策和债权人进行信贷决策提供重要的依据，避免因决策错误给其带来重大的损失。

（二）旅游企业财务分析的内容

旅游企业财务分析信息的需求者主要包括企业所有者、企业债权人、企业经营决策者和政府等。不同主体出于不同的利益考虑,对财务分析信息有着各自不同的要求。

(1) 旅游企业所有者作为投资人,关注其资本的保值和增值状况,因此较为重视企业盈利能力指标,主要进行企业盈利能力分析。

(2) 旅游企业债权人因不能参与企业剩余收益分享,所以重点关注的是其投资的安全性,因此更重视企业偿债能力指标,主要进行企业偿债能力分析,同时也关注企业盈利能力分析。

(3) 旅游企业经营决策者必须对企业经营理财的各个方面,包括营运能力、偿债能力、盈利能力及发展能力的全部信息予以详细的了解和掌握,进行各方面综合分析,并关注企业财务风险和经营风险。

(4) 政府兼具多重身份,既是宏观经济管理者,又是国有企业的所有者和重要的市场参与者,因此政府对企业财务分析的关注点因具身份不同而异。

为了满足不同需求者的需求,旅游企业的财务分析一般应包括:偿债能力分析、营运能力分析、盈利能力分析、发展能力分析和现金流量分析等方面。

二、财务分析的方法

常用的财务分析的方法有比较分析法、比率分析法和因素分析法。

(一) 比较分析法

(1) 比较分析法是按照特定的指标系将客观事物加以比较,从而认识事物的本质和规律并作出正确的评价。财务报表的比较分析法是指对两个或两个以上的可比数据进行对比,找出企业财务状况、经营成果中的差异与问题。

根据比较对象的不同,比较分析法分为趋势分析法、横向比较法和预算差异分析法。趋势分析法的比较对象是本企业的历史;横向比较法比较的对象是同类企业,如行业平均水平或竞争对手;预算差异分析法的比较对象是预算数据。在财务分析中,最常用的比较分析法是趋势分析法。

(2) 趋势分析法是通过对比两期或连续数期财务报告中的相同指标,确定其增减变动的方向、数额和幅度,来说明企业财务状况或经营成果变动趋势的一种方法。采用这种方法,可以分析引起变化的主要原因、变动的性质,并预测企业未来的发展趋势。

采用比较分析法时,应当注意以下问题:用于对比的各个时期的指标,其计算口径必须保持一致;应剔除偶发性项目的影响,使分析所利用的数据能反映正常的生产经营状况;应运用例外原则对某项有显著变动的指标作重点分析,研究其产生的原因,以便采取对策,趋利避害。

(二) 比率分析法

比率分析法是通过计算各种比率指标来确定财务活动变动程度的方法。比率指标的类型主要有构成比率、效率比率和相关比率三类。

1. 构成比率

构成比率又称结构比率,是某项财务指标的各组成部分数值占总体数值的百分比,反映部分与总体的关系。

例如,企业资产中流动资产、固定资产和无形资产占资产总额的百分比(即资产构成比率),企业负债中流动负债和长期负债占负债总额的百分比(即负债构成比率)等。利用构成比率,可以考察总体中某个部分的形成和安排是否合理,以便协调各项财务活动。

2. 效率比率

效率比率是某项财务活动中所费与所得的比率,反映投入与产出的关系。利用效率比率指标,可以进行得失比较,考察经营成果,评价经济效益。

例如,将利润项目与营业成本、营业收入、资本金等项目加以对比,可以计算出成本利润率、营业利润率和资本金利润率等指标,从不同角度观察比较企业盈利能力的高低及其增减变化情况。

3. 相关比率

相关比率是以某个项目和与其有关但又不同的项目加以对比所得的比率,反映有关经济活动的相互关系。利用相关比率指标,可以考察企业相互关联的业务安排是否合理,以保障经营活动顺畅进行。

例如,将流动资产与流动负债进行对比,计算出流动比率,可以判断企业的短期偿债能力;将负债总额与资产总额进行对比,可以判断企业长期偿债能力。

采用比率分析法时,应当注意:对比项目的相关性;对比口径的一致性;衡量标准的科学性。

(三)因素分析法

因素分析法是依据分析指标与其影响因素的关系,从数量上确定各因素对分析指标影响方向和影响程度的一种方法。

企业的活动是一个有机整体,每个指标的高低都会受到若干因素的影响。从数量上测定各因素的影响程度,可以帮助人们抓住主要矛盾或更有说服力地评价经营状况。

三、旅游企业财务分析的一般步骤

旅游企业财务分析的内容非常广泛。不同的人、不同的目的、不同的数据范围,应采用不同的方法。财务分析不是一种有固定程序的工作,不存在唯一的通用分析程序,而是一个研究和探索过程。

分析的具体步骤和程序,是根据分析目的、一般分析方法和特定分析对象,由分析人员个别设计的。

财务报表分析的一般步骤如下。

(1)明确分析的目的。

(2)收集有关的信息。

(3) 根据分析目的把整体分成各个部分,并予以适当安排,使之符合需要。

(4) 深入研究各部分的特殊本质。

(5) 进一步研究各个部分的联系。

(6) 解释结果,提供对决策有帮助的信息。

四、旅游企业财务分析的局限性

财务分析对了解旅游企业的财务状况和经营成绩,评价企业的偿债能力和经营能力,帮助制定经济决策,有着显著的作用。但由于各种因素的影响,财务分析也存在着一定的局限性。在分析中,应注意这些局限性的影响,以保证分析结果的正确性。

(一) 资料来源的局限性

1. 报表数据的时效性问题

财务报表中的数据,均是旅游企业过去经济活动的结果和总结,用于预测未来发展趋势,只有参考价值,并非绝对合理。

2. 报表数据的真实性问题

在旅游企业形成其财务报表之前,信息提供者往往对信息使用者所关注的财务状况以及对信息的偏好进行仔细分析与研究,并尽力满足信息使用者对企业财务状况和经营成果信息的期望。其结果极有可能使信息使用者所看到的报表信息与企业实际状况相距甚远,从而误导信息使用者的决策。

相关链接

富士软片(Fujifilm)原本被认为是由传统摄影胶卷事业转型为更多元化经营的成功典范。2017年4月,富士软片旗下的新西兰分公司,被指控长期对营收造假,估计累积虚增约220亿日元净利。该案爆发后,富士软片市值在一天内减少6.5亿美元。

2017年10月,日本著名钢铁厂神户制钢所被指控窜改钢材、铜材、铝材等金属数据的资料,以达到被要求的高质量水平,许多汽车大厂客户如丰田等都深受其害。该案爆发后,神户制钢所得股价大跌,短短几天内,股价从1 368日元跌到805日元,市值减少约18亿美元。

(资料来源:刘顺仁. 财报就像一本故事书[M]. 太原:山西人民出版社,2019.)

3. 报表数据的可靠性问题

财务报表虽然是按照会计准则编制的,但不一定能准确地反映企业的客观实际。例如,报表数据未按通货膨胀进行调整;某些资产以成本计价,并不代表其现在的真实价值;许多支出在记账时存在灵活性,既可以作为当期费用,也可以作为资本项目在以后年度摊销;很多资产以估计值入账,但未必客观;偶然事件可能歪曲本期的损益,不能反映盈利的正常水平。

4. 报表数据的可比性问题

根据会计准则的规定,不同的企业或同一个企业的不同时期都可以根据情况采用不同的会计政策和会计处理方法,这使得报表上的数据在企业不同时期和不同企业之间的对比在很多时候失去意义。

5. 报表数据的完整性问题

由于报表本身的原因,其提供的数据是有限的。对于报表使用者来说,可能有不少需要的信息在报表或附注中根本找不到。

(二)财务分析方法的局限性

对于比较分析法来说,在实际操作时,比较的双方必须具备可比性才有意义。对于比率分析法来说,比率分析是针对单个指标进行分析,综合程度较低,在某些情况下无法得出令人满意的结论;比率指标的计算一般都是建立在以历史数据为基础的财务报表之上的,这使比率指标提供的信息与决策之间的相关性大打折扣。对于因素分析法来说,在计算各因素对综合经济指标的影响额时,主观假定各因素的变化顺序而且规定每次只有一个因素发生变化,这些假定往往与事实不符。并且,无论何种分析法均是对过去经济事项的反映。随着环境的变化,这些比较标准也会发生变化。而在分析时,如果分析者只注重数据的比较,忽略经营环境的变化,那么这样得出的分析结论也是不全面的。

(三)财务分析指标的局限性

1. 财务指标体系不严密

每一个财务指标只能反映企业的财务状况或经营状况的某一方面,每一类指标都过分强调本身所反映的方面,导致整个指标体系不严密。

2. 财务指标所反映的情况具有相对性

在判断某个具体财务指标或根据一系列指标形成对企业的综合判断时,必须注意财务指标本身所反映情况的相对性。因此,在利用财务指标进行分析时,必须掌握好对财务指标的"信任度"。

3. 财务指标的评价标准不统一

例如,人们一般认为流动比率指标值为2比较合理,速动比率为1比较合适,但许多成功企业的流动比率都低于2;不同行业的速动比率也有很大差别,如采用大量现金销售的企业,几乎没有应收账款,速动比率大大低于1是很正常的。相反,一些应收账款较多的企业,速动比率可能要大于1。因此,在不同企业之间用财务指标进行评价时没有一个统一标准,不便于不同行业间的对比。

4. 财务指标的比较基础不统一

在对财务指标进行比较分析时,需要选择比较的参照标准,包括同业数据、本企业历史数据和计划预算数据。横向比较时需要使用同业标准。同业平均数只有一般性的指导作用,不一定有代表性,也不一定是合理性的标志。选择同行业一组有代表性的企业计算平均数作为同业标准,可能比整个行业的平均数更有意义。近年来,分析人员更重视以竞争对手的数据为分析基础。不少企业实行多种经营,没有明确的行业归属,对此类企业进行同业比较更加困难。

趋势分析应以本企业历史数据作为比较基础,而历史数据代表过去,并不代表合理性。经营环境变化后,今年比上年利润提高了,并不一定说明已经达到了应该达到的水平,甚至不一定说明管理有了改进。会计标准、会计规范的改变会使财务数据失去直接可比性,而要恢复可比性成本很大,甚至缺乏必要的信息。

实际与计划的差异分析应以预算为比较基础。实际和预算出现差异,可能是执行中有问题,也可能是预算不合理,两者的区分并非易事。

总之,对比较基础本身要准确理解,并且要在限定意义上使用分析结论,避免简单化和绝对化。

? 思考

(1) 旅游企业财务分析的意义是什么?

(2) 如何理解财务报表分析的局限性?

第二节 旅游企业财务报表分析

🌐 学习目标

(1) 了解旅游企业三张财务报表。

(2) 掌握旅游企业偿债能力分析。

(3) 掌握旅游企业营运能力分析。

(4) 掌握旅游企业盈利能力分析。

(5) 掌握旅游企业发展能力分析。

(6) 掌握旅游企业现金流量分析。

旅游企业财务报表分析方法主要是财务比率分析法,旨在通过财务报表数据的相对关系揭示旅游企业经营管理的各方面问题。

微课

一、旅游企业财务报表概述

为便于说明,本节各项财务指标的计算,将主要采用东海旅游公司的资产负债表、利润表和现金流量表作为示例。

(一) 资产负债表

资产负债表是旅游企业的主要财务报表之一,是反映旅游企业在特定日期财务状况的会计报表。它是根据"资产=负债+所有者权益",按照一定的分类标准和次序,把资产、负债及所有者权益各项目进行适当排列并对有关数据进行整理编制而成的。资产负债表中的数据为时点数,反映企业在某一时点上的资产、负债及所有者权益的基本状况,属静态报表。我国企业的资产负债表多采用账户式结构,资产负债表结构如表 2-1 所示。

表 2-1　东海旅游公司资产负债表

20×1 年 12 月 31 日　　　　　　　　　　　　　单位:万元

资　　产	年初数	年末数	负债及股东权益	年初数	年末数
流动资产:			流动负债:		
货币资金	260	335	短期借款	310	235
交易性金融资产	40	70	应付票据	35	30
应收票据	50	65	应付账款	510	555
应收账款	2 000	1 005	应交税费	55	70
其他应收款	120	120	其他应付款	295	180
存货	605	1 640	一年内到期的非流动负债	260	350
年内到期的非流动资产	345	300	其他流动负债	25	35
其他流动资产	100	65	流动负债合计	1 490	1 455
流动资产合计	3 520	3 600	非流动负债:		
非流动资产:			长期借款	2 260	2 770
可供出售金融资产	100	200	应付债券	1 210	1 310
持有至到期投资	200	200	其他非流动负债	705	385
长期应收款	0	0	非流动负债合计	4 175	4 465
长期股权投资	160	235	负债合计	5 665	5 920
固定资产	6 190	6 775	所有者权益:		
在建工程	100	185	实收资本	3 000	3 000
无形资产	100	120	资本公积	90	140
其他非流动资产	25	70	盈余公积	380	460
非流动资产合计	6 875	7 785	未分配利润	1 260	1 865
			所有者权益合计	4 730	5 465
资产总计	10 395	11 385	负债和所有者权益总计	10 395	11 385

　　从资产负债表的结构来看,它主要包括资产、负债与所有者权益三大类项目,资产负债表的左侧反映企业的资产状况;资产依次为流动资产和非流动资产。资产负债表的右侧反映了企业的负债和所有者权益状况,它反映了企业资金的来源,即从债权人借入资金和所有者投入资金情况。

相关链接

威尼斯商人

　　萨拉里诺(年轻的商人):"吹凉我的粥的一口气,也会吹痛我的心,只要我想到海面的一阵暴风将造成怎样一场灾祸。我一看见沙漏的时计,就想起海边的沙滩,仿佛看见我那艘满载货物的商船倒插在沙里,船底朝天,它那高高的桅樯吻着它的葬身之地。要是我到教堂去,看见那石块筑成的神圣殿堂,我怎么会不立刻想起那些危险的礁石,它们只要略微碰一碰我那艘好船的船舷,就会把满船的香料倾泻在水里,让汹涌的波涛披戴着我的绸缎绫罗。方才还是价值连城的,转瞬间尽归乌有。"

(刘老师点评:对企业的经理人而言,难以捉摸的景气与剧烈的竞争对资产价值的杀伤力,恐怕不亚于海面上无情的风暴或浅滩上的礁石!)

安东尼奥(年长的商人):"我买卖的成败并不完全寄托在一艘船上,更不依赖着一处地方;我的全部财产,也不会因为这一年的盈亏而受到影响,所以我的货物并不能使我忧愁。"

(刘老师点评:他显然做了点风险分散的工作,而且他的财务实力也经得起可能的损失。讲究义气的安东尼奥,一心想出资帮助好友巴萨尼奥追求一位名叫鲍西娅的富家千金,但问题是……)

安东尼奥:"你知道我的全部财产都在海上。我现在既没有钱,也没有可以变换现款的货物。所以我们还是去试一试我的信用,看它在威尼斯城里有些什么效力吧! 我一定凭着我这一点面子,能借多少就借多少!"

(刘老师点评:只有财产而没有足够的现金,还是会周转不灵的! 是他找上威尼斯当地最有钱,但一直饱受歧视的犹太籍银行家夏洛克。)

夏洛克(银行家):"啊,不,不,不,不! 我说安东尼奥是个好人,我的意思是说,他是个有身价的人。可是他的财产还有些问题,他有一艘商船开到特里坡利斯,另外一艘开到西印度群岛,我在交易所里还听人说起,他有第三艘船在墨西哥,第四艘到英国去了,此外还有遍布海外各国的买卖。可是船不过是几块木板钉起来的东西,水手也不过是些血肉之躯。岸上有旱老鼠,水里也有水老鼠;有陆地的强盗,也有海上的强盗,还有风波礁石各种危险。"

(刘老师点评:看来,要当个称职的银行家,对潜在客户的经营现况,还真要下点功夫。在夏洛克眼里,所谓的资产都充满了风险。最后,他们谈成了一笔 3 000 金币的借款。为了报复过去被安东尼奥歧视的羞辱,夏洛克要求签订如下契约,当安东尼奥无法如期还款时,夏洛克可以割下他身上任何部位的一磅肉! 这项条件看起来十分残酷,但现在的资本市场难道会比夏洛克仁慈? 当企业传出可能有财务危机的消息时,不论是否属实,这家公司都可能被银行全面抽银根,其影响绝对不亚于一场暴风雨,经理人失去的也绝对不止一磅肉!

400 多年来,为了应付如威尼斯商人面临的资产与负债管理问题,我们仰赖所谓的"资产负债表"。)

(资料来源:刘顺仁. 财报就像一本故事书[M]. 太原:山西人民出版社,2019.)

(二) 利润表

利润表是旅游企业用货币量度全面、总括地反映其在一定期间生产经营成果的一种财务报表,是以"利润=收入-费用"为依据编制而成的。它全面揭示了企业在某一特定时期实现的各种收入、发生的各种费用、成本或支出以及企业实现的利润或发生的亏损情况。因此,利润表是动态报表。

我国企业的利润表采用多步式格式,分为营业收入、营业利润、利润总额、净利润,分步反映净利润的形成过程。利润表结构见表 2-2。

表2-2　东海旅游公司利润表

20×1年度　　　　　　　　　　　　　　　单位:万元

项　目	上年累计数	本年累计数
一、营业收入	15 090	15 260
减:营业成本	13 230	13 025
税金及附加	150	150
销售费用	120	110
管理费用	240	210
财务费用	560	590
资产减值损失	0	0
加:其他收益	0	0
投资收益	210	130
公允价值变动收益	110	190
二、营业利润	1 110	1 495
加:营业外收入	60	95
减:营业外支出	190	30
三、利润总额	980	1 560
减:所得税费用	245	390
四、净利润	735	1 170

　　旅游企业利润表所提供的会计信息,对于财务报表的使用者来说,具有重要作用。通过分析利润表可以评价和考核企业的经营业绩、经营成果和获利能力,可以为企业经营成果的分配提供重要依据,可以分析和预测企业未来的现金流量,有助于企业管理当局进行经济决策。

(三)现金流量表

　　现金流量表是反映旅游企业在一定会计期间现金和现金等价物流入和流出的报表。它以现金的收支为基础,是对资产负债表和利润表的重要补充,为报表使用决策提供更有用的现金信息。现金流量表采用报告式结构,分类反映经营活动产生的现金流量、投资活动产生的现金流量和筹资活动产生的现金流量,最后汇总反映企业某一时间现金及现金等价物净增加额。现金流量表的结构如表2-3所示。

表2-3　东海旅游公司现金流量表

20×1年度　　　　　　　　　　　　　　　单位:万元

项　目	本年累计数
一、经营活动产生的现金流量	
销售商品、提供劳务收到的现金	3 850
收到的税费返还	260

项　　目	本年累计数
收到的其他与经营活动有关的现金	0
经营活动现金流入小计	4 110
购买商品、接受劳务支付的现金	2 240
经营租赁所支付的现金	350
支付给职工以及为职工支付的现金	420
支付的各项税费	360
支付的其他与经营活动有关的现金	0
经营活动现金流出小计	3 370
经营活动产生的现金流量净额	740
二、投资活动产生的现金流量	
收回投资所收到的现金	0
取得投资收益所收到的现金	190
处置固定资产、无形资产和其他长期资产而收回的现金净额	280
收到的其他与投资活动有关的现金	0
投资活动现金流入小计	470
购建固定资产、无形资产和其他长期资产所支付的现金	860
投资支付的现金	780
支付的其他与投资活动有关的现金	220
投资活动现金流出小计	1 860
投资活动产生的现金流量净额	−1 390
三、筹资活动产生的现金流量	
吸收投资收到的现金	0
取得借款收到的现金	800
收到的其他与筹资活动有关的现金	0
筹资活动现金流入小计	800
偿还债务支付的现金	200
分配股利、利润或偿付利息支付的现金	25
支付的其他与筹资活动有关的现金	0
筹资活动现金流出小计	225
筹资活动产生的现金流量净额	575
四、汇率变动对现金及现金等价物的影响	0
五、现金及现金等价物净增加额	75

通过分析现金流量表,可以获取公司的现金流量信息,从而对公司整体财务状况做出客观评价;能够说明公司一定时间内现金流入和流出的原因,有助于评价企业的偿债能力、支付能力和周转能力以及分析公司未来获取现金的能力,并可预测公司未来财务状况的发展情况;同时,现金流量比传统的利润指标更能说明企业的盈利质量。

微课

二、旅游企业偿债能力分析

偿债能力是指旅游企业偿还本身所欠债务的能力。对偿债能力进行分析有利于债权人做出正确的借贷决策;有利于投资者做出正确的投资决策;有利于旅游企业经营者做出正确的经营决策;有利于正确评价企业的财务状况。

偿债能力的衡量方法有两种:一种是比较可供偿债资产与债务的存量,资产存量超过债务存量较多,则认为偿债能力较强;另一种是比较经营活动现金流量和偿债所需现金,如果产生的现金超过需要的现金较多,则认为偿债能力较强。

债务一般按到期时间分为短期债务和长期债务,偿债能力分析也由此分为短期偿债能力分析和长期偿债能力分析。

(一)短期偿债能力分析

旅游企业在短期(一年或一个营业周期)内需要偿还的负债主要指流动负债,因此短期偿债能力衡量的是对流动负债的清偿能力。企业的短期偿债能力取决于短期内企业产生现金的能力,即在短期内能够转化为现金的流动资产数量。所以,短期偿债能力比率也称变现能力比率或流动性比率,主要考察的是流动资产对流动负债的清偿能力。旅游企业短期偿债能力的衡量指标主要有营运资金、流动比率、速动比率和现金比率。

1. 营运资金

营运资金是指流动资产超过流动负债的部分。其计算公式如下:

营运资金=流动资产-流动负债

根据东海旅游公司的财务报表数据:

本年末营运资金=3 600-1 455=2 145(万元)

上年末营运资金=3 520-1 490=2 030(万元)

计算营运资金使用的"流动资产"和"流动负债",通常可以直接取自资产负债表。资产负债表项目区分为流动项目和非流动项目,并且会按照流动性强弱排序,以方便计算营运资金和分析流动性。营运资金越多则偿债越有保障,当流动资产大于流动负债时,营运资金为正,说明企业财务状况稳定,不能偿债的风险较小;反之,当流动资产小于流动负债时,营运资金为负,此时,企业部分非流动资产以流动负债作为资金来源,企业不能偿债的风险很大。因此,企业必须保持正的营运资金,以避免流动负债的偿付风险。

营运资金是绝对数,不适用于不同企业之间的比较。例如,A公司和B公司有相同的营运资金(表2-4)。是否意味着它们具有相同的偿债能力呢?

表 2-4　A 公司和 B 公司营运资金　　　　　　　　　　　单位:万元

项　目	A 公司	B 公司
流动资产	1 000	2 400
流动负债	200	1 600
营运资金	800	800

尽管 A 公司和 B 公司营运资金都为 800 万元,但是 A 公司的偿债能力明显好于 B 公司,原因是 A 公司的营运资金占流动资产的比例是 4/5,即流动资产中只有 1/5 用于偿还流动负债;而 B 公司的营运资金占流动资产的比例是 1/3,即流动资产的绝大部分(2/3)用于偿还流动负债。

因此,在实务中直接使用营运资金作为偿债能力的衡量指标受到局限,偿债能力更多地通过债务的存量比率来评价。

2. 流动比率

流动比率是旅游企业流动资产与流动负债之比。其计算公式为

流动比率＝流动资产÷流动负债

流动比率表明每 1 元流动负债有多少流动资产作为保障,通常流动比率越大短期偿债能力越强。一般认为,企业合理的最低流动比率是 2。这是因为流动资产中变现能力最差的存货金额约占流动资产总额的一半,剩下的流动性较大的流动资产至少要等于流动负债,企业短期偿债能力才会有保证。但随着企业的经营方式和金融环境的变化,流动比率有下降的趋势,现在有许多成功企业的流动比率低于 2。

运用流动比率进行分析时,要注意以下两个方面。

(1) 流动比率高不意味着短期偿债能力一定很强。因为流动比率假设全部流动资产可变现清偿流动负债。实际上,各项流动资产的变现能力并不相同而且变现金额可能与账面金额存在较大差异。因此,流动比率是对短期偿债能力的粗略估计,还需进一步分析流动资产的构成项目。

(2) 计算出来的流动比率只有和同行业平均流动比率、本企业历史流动比率进行比较,才能知道这个比率是高还是低。这种比较通常并不能说明流动比率高或低的原因,若要找出过高或过低的原因还必须分析流动资产和流动负债所包括的内容以及经营上的因素。

一般情况下,营业周期、流动资产中的应收账款和存货的周转速度是影响流动比率的主要因素。营业周期短、应收账款和存货的周转速度快的企业其流动比率低一些也是可以接受的。

根据表 2-1,东海旅游公司年初与年末的流动资产分别为 3 520 万元、3 600 万元,流动负债分别为 1 490 万元、1 455 万元,则该公司流动比率为

年初流动比率＝3 520÷1 490≈2.36

年末流动比率＝3 600÷1 455≈2.47

东海旅游公司年初、年末流动比率均大于 2,说明该企业具有较强的短期偿债能力。

流动比率的缺点是该比率比较容易被人为操纵,并且没有揭示流动资产的构成内容,只能大致反映流动资产整体的变现能力。但流动资产中包含像存货这类变现能力较差的资

产,如能将其剔除,其所反映的短期偿债能力更加可信,这个指标就是速动比率。

3. 速动比率

速动比率是旅游企业速动资产与流动负债之比,其计算公式为

$$速动比率＝速动资产÷流动负债$$

构成流动资产的各项目,流动性差别很大。其中货币资金、以公允价值计量且其变动计入当期损益的金融资产和各种应收款项,可以在较短时间内变现,称为速动资产;另外的流动资产,包括存货、预付款项、一年内到期的非流动资产和其他流动资产等,属于非速动资产。速动资产主要剔除了存货,原因是:流动资产中存货的变现速度比应收账款要慢得多;部分存货可能已被抵押;存货成本和市价可能存在差异。由于剔除了存货等变现能力较差的资产,速动比率比流动比率能更准确、可靠地评价企业资产的流动性及偿还短期债务的能力。例如,某企业虽然近几年来的流动比率远低于一般认为的最低流动比率,但其速动比率一直保持在 1 的水平,可见其短期偿债能力并不像单看流动比率时那么弱。

速动比率表明每 1 元流动负债有多少速动资产作为偿债保障。一般情况下,速动比率越大,短期偿债能力越强。由于通常认为存货占流动资产的一半左右,因此剔除存货影响的速动比率至少是 1。速动比率过低,企业面临偿债风险;但速动比率过高,会因占用现金及应收账款过多而增加企业的机会成本。影响此比率可信性的重要因素是应收账款的变现能力。因为,应收账款的账面金额不一定都能转化为现金,而且对于季节性强的旅游企业,其应收账款金额存在着季节性波动,根据某一时点计算的速动比率不能客观反映其短期偿债能力。此外,使用该指标应考虑行业的差异性,如大量使用现金结算的企业其速动比率大大低于 1 是正常现象。

根据表 2-1,东海旅游公司年初速动资产为 2 470 万元(260＋40＋50＋2 000＋120),年末速动资产为 1 595 万元(335＋70＋65＋1 005＋120)。东海旅游公司的速动比率为

$$年初速动比率＝2\ 470÷1\ 490≈1.66$$
$$年末速动比率＝1\ 595÷1\ 455≈1.10$$

东海旅游公司年初、年末的速动比率都比一般公认标准高,说明其短期偿债能力较强,但进一步分析可以发现,在东海旅游公司的速动资产中应收账款比重很高(分别占 80％和 63％),而应收账款不一定能按时收回,所以我们还必须计算分析现金比率。

4. 现金比率

现金资产包括货币资金和交易性金融资产等。现金资产与流动负债的比值称为现金比率,现金比率计算公式为

$$现金比率＝(货币资金＋交易性金融资产)÷流动负债$$

现金比率剔除了应收账款对偿债能力的影响,最能反映企业直接偿付流动负债的能力,表明每 1 元流动负债有多少现金资产作为偿债保障。由于流动负债是在一年内(或一个营业周期内)陆续到期清偿,所以并不需要企业时时保留相当于流动负债金额的现金资产。经验研究表明,0.2 的现金比率就可以接受。而这一比率过高,就意味着企业过多资源占用在盈利能力较低的现金资产上从而影响了企业盈利能力。

根据表 2-1,东海旅游公司的现金比率为

$$年初现金比率＝(260＋40)÷1\ 490≈0.20$$

$$年末现金比率＝(335＋70)÷1\ 455≈0.28$$

东海旅游公司虽然流动比率和速动比率都较高,但现金比率偏低,说明该公司短期偿债能力还是有一定风险,应缩短应收账期,加大应收账款催账力度,以加速应收账款资金的周转。

(二)长期偿债能力分析

长期偿债能力是指旅游企业在较长的期间偿还债务的能力。企业在长期内,不仅需要偿还流动负债,还需要偿还非流动负债,因此,长期偿债能力衡量的是对企业所有负债的清偿能力。旅游企业对所有负债的清偿能力取决于其总资产水平,因此,长期偿债能力比率考察的是企业资产、负债和所有者权益之间的关系。其财务指标主要有四项:资产负债率、产权比率、权益乘数和利息保障倍数。

1.资产负债率

资产负债率是企业负债总额与资产总额之比。其计算公式为

$$资产负债率＝负债总额÷资产总额×100$$

资产负债率反映总资产中有多大比例是通过负债取得的,它可以衡量企业清算时资产对债权人权益的保障程度。当资产负债率高于50%时,表明企业资产来源主要依靠的是负债,财务风险较大。当资产负债率低于50%时,表明企业资产的主要来源是所有者权益,财务比较稳健。这一比率越低,表明企业资产对负债的保障能力越高,企业的长期偿债能力越强。

事实上,利益主体不同,看待该指标的立场也不同。从债权人的立场看,债务比率越低越好,企业偿债有保证,贷款不会有太大风险。从股东的立场看,其关心的是举债的效益。在全部资本利润率高于借款利息率时,负债比率越大越好,因为股东所得到的利润就会越大,从经营者的角度看,其进行负债决策时,更关注如何实现风险和收益的平衡。资产负债率较低表明财务风险较低,但同时也意味着可能没有充分发挥财务杠杆的作用,盈利能力也较低;而较高的资产负债率表明较大的财务风险和较高的盈利能力。只有当负债增加的收益能够涵盖其增加的风险时,经营者才能考虑借入负债。而在风险和收益实现平衡条件下,是选择较高的负债水平还是较低的负债水平,则取决于经营者的风险偏好等多种因素。

对该指标进行分析时,应结合以下几个方面:结合营业周期分析,营业周期短的企业,资产周转速度快,可以适当提高资产负债率;结合资产构成分析,流动资产占的比率比较大的企业可以适当提高资产负债率;结合企业经营状况分析,兴旺期间的旅游企业可适当提高资产负债率;结合客观经济环境分析,如利率和通货膨胀率水平,当利率提高时,会加大企业负债的实际利率水平,增加企业的偿债压力,这时企业应降低资产负债率;结合资产质量和会计政策分析;结合行业差异分析,不同行业资产负债率有较大差异。根据表2-1,东海旅游公司的资产负债率为

$$年初资产负债率＝5\ 665÷10\ 395×100\%≈54.50\%$$
$$年末资产负债率＝5\ 920÷11\ 385×100\%≈52.00\%$$

东海旅游公司年初资产负债率约为54.50%和年末资产负债率约为52.00%有所下降,

表明企业负债水平下降,但偿债能力强弱还需结合行业水平进一步分析。如果旅游行业平均资产负债率为40%,说明尽管东海旅游资产负债率下降,财务风险有所降低,相对于行业水平而言其财务风险仍然较高,长期偿债能力有待增强。

2. 产权比率

产权比率又称资本负债率,是负债总额与所有者权益之比,它是企业财务结构稳健与否的重要标志。其计算公式为

$$产权比率 = 负债总额 ÷ 所有者权益 × 100\%$$

产权比率不仅反映了由债权人提供的资本与所有者提供资本的相对关系,即企业财务结构是否稳定;而且反映了债权人资本受股东权益保障的程度,或者是企业清算时对债权人利益的保障程度。一般来说,产权比率越低,说明企业长期偿债能力越强,债权人权益保障程度越高。在分析时同样需要结合企业的具体情况加以分析,当企业的资产收益率大于负债利息率时,负债经营有利于提高资金收益率,获得额外的利润,这时的产权比率可适当高些。产权比率高,是高风险、高报酬的财务结构;产权比率低,是低风险、低收益的财务结构。

根据表2-1,东海旅游公司的产权比率为

$$年初产权比率 = 5\ 665 ÷ 4\ 730 × 100\% ≈ 119.77\%$$
$$年末产权比率 = 5\ 920 ÷ 5\ 465 × 100\% ≈ 108.33\%$$

由计算可知,东海旅游公司年末的产权比率降低了,表明年末该公司举债经营程度降低,财务风险有所减小。

产权比率与资产负债率对评价偿债能力的作用基本一致,只是资产负债率侧重于分析债务偿付安全性的物质保障程度,产权比率则侧重于揭示财务结构的稳健程度以及自有资金对偿债风险的承受能力。

3. 权益乘数

权益乘数是总资产与股东权益的比值。其计算公式为

$$权益乘数 = 总资产 ÷ 股东权益$$

权益乘数表明股东每投入1元钱可实际拥有和控制的金额。在企业存在负债的情况下,权益乘数大于1。企业负债比例越高,权益乘数越大。产权比率和权益乘数是资产负债率的另外两种表现形式,是常用的反映财务杠杆水平的指标。

根据表2-1,东海旅游公司的权益乘数为

$$年初权益乘数 = 10\ 395 ÷ 4\ 730 ≈ 2.20$$
$$年末权益乘数 = 11\ 385 ÷ 5\ 465 ≈ 2.08$$

4. 利息保障倍数

利息保障倍数是指企业息税前利润与应付利息之比,又称已获利息倍数,用以衡量偿付借款息的能力。其计算公式为:

$$利息保障倍数 = 息税前利润 ÷ 应付利息$$
$$= (净利润 + 利润表中的利息费用 + 所得税) ÷ 应付利息$$

式中:"息税前利润"是指利润表中扣除利息费用和所得税前的利润;"应付利息"是指

本期发生的全部应付利息,不仅包括财务费用中的利息费用,还包括计入固定资产成本的资本化利息。资本化利息虽然不在利润表中扣除,但仍然是要偿还的。利息保障倍数主要是衡量企业支付利息的能力,没有足够大的息税前利润,利息的支付就会发生困难。

利息保障倍数反映支付利息的利润来源(息税前利润)与利息支出之间的关系,该比率越高,长期偿债能力越强。从长期看,利息保障倍数至少要大于1(国际公认标准为3),也就是说,息税前利润至少要大于应付利息,企业才具有偿还债务利息的可能性。如果息保障倍数过低,企业将面临亏损、偿债的安全性与稳定性下降的风险。在短期内,利息保障倍数小于1也仍然具有利息支付能力,因为计算息税前利润时减去的一些折旧和摊销费用并不需要支付现金。但这种支付能力是暂时的,当企业需要重置资产时,势必发生支付困难。因此,在分析时需要比较企业连续多个会计年度(如5年)的利息保障倍数,以说明企业付息能力的稳定性。

根据表2-2利润表中财务费用全部为利息费用,资本化利息为0,则东海旅游公司利息保障倍数为

$$上年利息保障倍数＝(980＋560)÷560≈2.75$$
$$本年利息保障倍数＝(1\ 560＋590)÷590≈3.64$$

从以上计算结果看,东海旅游公司的利息保障倍数增加,利息支付能力有所上升,偿债能力有所上升,但还需要与其他企业特别是本行业平均水平进行比较来分析评价。

(三)影响偿债能力的其他因素

1. 可动用的银行贷款指标或授信额度

当旅游企业存在可动用的银行贷款指标或授信额度时,这些数据不反映在财务报表内,但由于可以随时增加旅游企业的支付能力,因此可以提高企业的偿债能力。

2. 资产质量

在财务报表内反映的资产金额为资产的账面价值,但由于财务会计的局限性,资产的账面价值与实际价值可能存在差异,如资产可能被高估或低估,一些资产无法进入财务报表等。此外,资产的变现能力也会影响偿债能力。如果旅游企业存在很快变现的长期资产,会增加企业的短期偿债能力。

3. 或有事项和承诺事项

如果旅游企业存在债务担保或未决诉讼等或有事项,会增加企业的潜在偿债压力。同样各种承诺支付事项,也会加大企业偿债义务。

4. 经营租赁

当旅游企业存在经营租赁时,意味着企业要在租赁期内分期支付租赁费用,即有固定的、经常性的支付义务。但是经营租赁的负债未反映在资产负债表中,因此经营租赁作为一种表外融资方式,会影响企业的偿债能力,特别是经营租赁期限较长、金额较大时。因此,如果旅游企业存在经营租赁时,应考虑租赁费用对偿债能力的影响。

三、旅游企业营运能力分析

微课

旅游企业营运能力主要指资产运用、循环的效率高低。一般而言,资金周转速度越快,说明旅游企业的资金管理水平越高,资金利用效率越高,企业可以以较少的投入获得较多的收益。因此,营运能力指标是通过投入与产出(主要指收入)之间的关系反映的。旅游企业营运能力分析主要包括流动资产营运能力分析、固定资产营运能力分析和总资产营运能力分析三个方面。

(一) 流动资产营运能力分析

反映流动资产营运能力的指标主要有应收账款周转率、存货周转率和流动资产周转率。

1. 应收账款周转率

应收账款在流动资产中有着举足轻重的地位,及时收回应收账款,不仅能增强企业的短期偿债能力,也能反映出企业管理应收账款的效率。反映应收账款周转情况的比率有应收账款周转率(次数)和应收账款周转天数。

应收账款周转次数,是一定时期内商品或产品营业收入与应收账款平均余额的比值,表明一定时期内应收账款平均收回的次数。其计算公式为

$$应收账款周转次数＝营业收入÷应收账款平均余额$$

$$应收账款平均余额＝(期初应收账款＋期末应收账款)÷2$$

应收账款周转天数指应收账款周转一次(从销售开始到收回现金)所需要的时间,其计算公式为

$$应收账款周转天数＝360 天÷应收账款周转次数$$

通常,应收账款周转次数越高(或周转天数越短)表明应收账款管理效率越高。

在计算和使用应收账款周转率指标时应注意的问题如下。

(1) 营业收入指扣除销售折扣和折让后的销售净额。从理论上讲,应收账款是由赊销引起的,其对应的收入应为赊销收入,而非全部营业收入。但是赊销数据难以取得,且可以假设现金销售是收账时间为零的应收账款,因此只要保持计算口径的历史一致性,使用销售净额不影响分析。营业收入数据使用利润表中的"营业收入"。

(2) 应收账款包括会计报表中"应收票据"及"应收账款"等全部赊销账款在内,因为应收票据是销售形成的应收款项的另一种形式。

(3) 应收账款应为未扣除坏账准备的金额。应收账款在财务报表上按净额列示,计提坏账准备会使财务报表上列示的应收账款金额减少,而营业收入不变。其结果是,计提坏账准备越多,应收账款周转率越高、周转天数越少,对应收账款实际管理欠佳的企业反而会得出应收账款周转情况更好的错误结论。

(4) 应收账款期末余额的可靠性问题。应收账款是特定时点的存量,容易受季节性、偶然性和人为因素的影响。在用应收账款周转率进行业绩评价时,最好使用多个时点的平均数,以减少这些因素的影响。

应收账款周转率反映了旅游企业应收账款周转速度的快慢及应收账款管理效率的高

低。在一定时期内周转次数多(或周转天数少)表明:企业收账迅速,信用销售管理严格;应收账款流动性强,从而增强企业短期偿债能力;可以减少收账费用和坏账损失,相对增加企业流动资产的投资收益。

通过比较应收账款周转天数及企业信用期限,可评价客户的信用程度,调整企业信用政策。

根据表2-1、表2-2,东海旅游公司年度营业收入为15 260万元,应收账款、应收票据年末数分别为1 005万元和65万元,年初数分别为2 000万元和50万元,假设年初、年末坏账准备均为0。该公司应收账款周转率指标计算如下:

$$应收账款周转次数=\frac{15\ 260}{1\ 005+65+2\ 000+50}\times 2\approx 9.78(次)$$

$$应收账款周转天数=360\div 9.78\approx 37(天)$$

运用应收账款周转率指标评价企业应收账款管理效率时,应将计算出的指标与该企业前期、与行业平均水平或其他类似企业相比较来进行判断。

2. 存货周转率

在流动资产中,存货所占比重较大,存货的流动性将直接影响旅游企业的流动比率。存货周转率的分析同样可以通过存货周转次数和存货周转天数反映。

存货周转率(次数)是指一定时期内旅游企业营业成本与存货平均资金占用额的比率,是衡量和评价企业购入存货、投入生产、销售收回等各环节管理效率的综合性指标。其计算公式为

$$存货周转次数=营业成本\div 存货平均余额$$

$$存货平均余额=(期初存货+期末存货)\div 2$$

式中,营业成本为利润表中"营业成本"的数值。

存货周转天数是指存货周转一次(即存货取得到存货销售)所需要的时间。计算公式为

$$存货周转天数=360\div 存货周转次数$$

根据表2-1、表2-2,东海旅游公司年度营业成本为13 025万元,期初存货为605万元,期末存货为1 640万元,该公司存货周转率指标为

$$存货周转次数=\frac{13\ 025}{605+1\ 640}\times 2\approx 11.60(次)$$

$$存货周转天数=360\div 11.60\approx 31(天)$$

一般来讲,存货周转速度越快,存货占用水平越低,流动性越强,存货转化为现金或应收账款的速度就越快,这样会增强企业的短期偿债能力及盈利能力。通过存货周转速度分析,有利于找出存货管理中存在的问题,尽可能降低资金占用水平。在具体分析时,应注意:存货周转率的高低与企业的经营特点有密切联系,应注意行业的可比性;该比率反映的是存货整体的周转情况,不能说明企业经营各环节的存货周转情况和管理水平;应结合应收账款周转情况和信用政策进行分析。

3. 流动资产周转率

流动资产周转率是反映旅游企业流动资产周转速度的指标。流动资产周转率(次数)是一定时期营业收入净额与企业流动资产平均占用额之间的比率。其计算公式为

流动资产周转次数＝营业收入÷流动资产平均余额

流动资产周转天数＝360天÷流动资产周转次数

流动资产平均余额＝(期初流动资产＋期末流动资产)÷2

在一定时期内,流动资产周转次数越多,表明以相同的流动资产完成的周转额越多,流动资产利用效果越好。流动资产周转天数越少,表明流动资产在经历生产销售各阶段所占用的时间越短,可相对节约流动资产,增强企业盈利能力。

根据表2-1和表2-2,东海旅游公司年底营业收入为15 260万元,流动资产期初数为3 520万元,期末数为3 600万元,则该公司流动资产周转指标计算如下:

$$流动资产周转次数＝\frac{15\ 260}{3\ 520＋3\ 600}×2≈4.29(次)$$

$$流动资产周转天数＝360÷4.29≈84(天)$$

(二) 固定资产营运能力分析

反映固定资产营运能力的指标为固定资产周转率。固定资产周转率(次数)是指旅游企业年营业收入与固定资产平均额的比率。它是反映企业固定资产周转情况,从而衡量固定资产利用效率的一项指标。其计算公式为

固定资产周转率＝营业收入÷平均固定资产

平均固定资产＝(期初固定资产＋期末固定资产)÷2

固定资产周转率高(即一定时期内固定资产周转次数多),说明企业固定资产投资得当,结构合理,利用效率高;反之,如果固定资产周转率不高,则表明固定资产利用效率不高,提供的生产成果不多,企业的营运能力不强。

根据表2-1和表2-2,东海旅游公司20×1年的营业收入为15 260万元,年初固定资产为6 190万元,年末固定资产为6 775万元。则固定资产周转率计算如下:

$$固定资产周转率＝\frac{15\ 260}{6\ 190＋6\ 775}×2≈2.35(次)$$

(三) 总资产营运能力分析

反映总资产营运能力的指标是总资产周转率。总资产周转率(次数)是旅游企业营业收入与资产平均总额的比率。计算公式为

总资产周转次数＝营业收入÷平均资产总额

平均总资产＝(期初总资产＋期末总资产)÷2

这一比率用来衡量旅游企业资产整体的使用效率。总资产由各项资产组成,在营业收入既定的情况下,总资产周转率的驱动因素是各项资产。因此,对总资产周转情况的分析应结合各项资产的周转情况,以发现影响企业资金周转的主要因素。

根据表2-1、表2-2,东海旅游公司20×1年的营业收入分别为15 260万元,年初资产总额为10 395万元,年末为11 385万元。则该公司的总资产周转率计算如下:

$$总资产周转次数＝\frac{15\ 260}{10\ 395＋11\ 385}×2≈1.40$$

总之,各项资产的周转率指标用于衡量各项资产赚取收入的能力,经常与旅游企业盈利

能力的指标结合在一起,以全面评价企业的盈利能力。

微课

四、旅游企业盈利能力分析

无论是投资人、债权人还是经理人员,都会非常重视和关心企业的盈利能力。盈利能力是指企业获取利润、实现资金增值的能力。因此,盈利能力指标主要通过收入与利润之间的关系、资产与利润之间的关系反映。反映企业盈利能力的指标主要有营业毛利率、营业净利率、总资产净利率和净资产收益率。

(一)营业毛利率

营业毛利率是营业毛利与营业收入之比,其计算公式如下:
$$营业毛利率＝营业毛利÷营业收入×100\%$$
$$营业毛利＝营业收入－营业成本$$

营业毛利率反映产品每1元营业收入所包含的毛利润是多少,即营业收入扣除营业成本后还有多少剩余可用于弥补各期费用和形成利润。营业毛利率越高,表明产品的盈利能力越强。将营业毛利率与行业水平进行比较,可以反映企业产品的市场竞争地位。营业毛利率高于行业水平的企业意味着实现一定的收入占用了更少的成本,表明它们在资源、技术或劳动生产率方面具有竞争优势。而营业毛利率低于行业水平的企业则意味着在行业中处于竞争劣势。此外,将不同行业的营业毛利率进行横向比较,也可以说明行业间盈利能力的差异。

根据表2-2,可计算东海旅游公司营业毛利率如下:
$$营业毛利率＝(15\ 260－13\ 025)÷15\ 260×100\%≈14.65\%$$

(二)营业净利率

营业净利率是旅游企业的净利润与营业收入之比,其计算公式为
$$营业净利率＝净利润÷营业收入×100\%$$

营业净利率反映每1元营业收入最终赚取了多少利润,用于反映产品最终的盈利能力。在利润表上,从营业收入到净利润需要扣除营业成本、期间费用、税金等项目。因此,将营业净利率按利润的扣除项目进行分解可以识别影响营业净利率的主要因素。

根据表2-2,可计算营业净利率如下:
$$20×0\ 年营业净利率＝735÷15\ 090×100\%≈4.87\%$$
$$20×1\ 年营业净利率＝1\ 170÷15\ 260×100\%≈7.67\%$$

从上述计算分析可以看出,20×1年各项营业净利率指标均比上年有所上升。说明企业盈利能力有所上升,企业应查明原因,持续提高盈利水平。

(三)总资产净利率

总资产净利率是指净利润与平均总资产的比率,反映每1元资产创造的净利润。其计算公式为

$$总资产净利率＝净利润÷平均总资产×100\%$$

总资产净利率衡量的是旅游企业资产的盈利能力。总资产净利率越高,表明企业资产的利用效果越好。影响总资产净利率的因素是营业净利率和总资产周转率。

$$总资产净利率＝\frac{净利润}{平均总资产}＝\frac{净利润}{营业收入}×\frac{营业收入}{平均总资产}＝营业净利率×总资产周转率$$

因此,企业可以通过提高营业净利率、加速资金周转来提高总资产净利率。

根据表 2-1 和表 2-2,东海旅游公司 20×1 年净利润为 1 170 万元,年初总资产为 10 395 万元,年末总资产为 11 385 万元,则东海旅游公司总资产净利率计算如下:

$$20×1 年总资产净利率＝1 170÷[(10 395＋11 385)÷2]×100\%≈10.74\%$$

(四)净资产收益率

净资产收益率又称权益净利率或权益报酬率,是净利润与平均所有者权益的比值,表示每 1 元权益资本赚取的净利润,反映权益资本经营的盈利能力。其计算公式为

$$净资产收益率＝净利润÷平均净资产×100\%$$

该指标是企业盈利能力指标的核心,也是杜邦财务指标体系的核心,更是投资者关注的重点。一般来说,净资产收益率越高,所有者和债权人的利益保障程度越高。如果企业的净资产收益率在一段时期内持续增长,说明权益资本盈利能力稳定上升。但净资产收益率不是一个越高越好的概念,分析时要注意企业的财务风险。

$$净资产收益率＝\frac{净利润}{平均净资产}＝\frac{净利润}{平均总资产}×\frac{平均总资产}{平均净资产}＝资产净利率×权益乘数$$

通过对净资产收益率的分析可以发现,改善资产盈利能力和增加企业负债都可以提高净资产收益率。而如果不改善资产盈利能力,单纯通过加大举债力度提高权益乘数进而提高净资产收益率的做法则十分危险。因为,企业负债经营的前提是有足够的盈利能力保障偿还债务本息,单纯增加负债对净资产收益率的改善只具有短期效应,最终将因盈利能力无法涵盖增加的财务风险而使企业面临财务困境。因此,只有企业净资产收益率上升同时财务风险没有明显加大,才能说明企业财务状况良好。例如,某公司 2017 年和 2018 年的净资产收益率分别为 30.2% 和 32.2%,分析发现这 2% 的增长主要是因为资产净利率从 21.55% 上升到 23.67%,而权益乘数从 1.4 降到了 1.36,可见其 2018 年的财务状况较好。

根据表 2-1 和表 2-2,东海旅游公司 20×1 年净利润为 1 170 万元,年初所有者权益为 4 730 万元,年末所有者权益为 5 465 万元,则东海旅游公司净资产收益率计算如下:

$$净资产收益率＝\frac{1 170}{(4 730＋5 465)÷2}×100\%≈22.95\%$$

五、旅游企业发展能力分析

衡量旅游企业发展能力的指标主要有:营业收入增长率、总资产增长率、营业利润增长率、所有者权益增长率和经营现金净流量增长率等。

（一）营业收入增长率

营业收入增长率指标反映的是相对化的营业收入增长情况,是衡量旅游企业经营状况和市场占有能力、预测企业经营业务拓展趋势的重要指标。在实际分析时应考虑企业历年的销售水平、市场占有情况、行业未来发展及其他影响旅游企业发展的潜在因素,或结合企业前三年的营业收入增长率趋势性分析判断。其计算公式为

营业收入增长率＝本年营业收入增长额÷上年营业收入×100％

本年营业收入增长额＝本年营业收入－上年营业收入

计算过程中,营业收入可以使用利润表中的"营业收入"数据。营业收入增长率大于零,表明企业本年营业收入有所增长。该指标值越高,表明企业营业收入的增长速度越快,企业市场前景越好。

根据表 2-2,东海旅游公司 20×1 年营业收入为 15 260 万元,其上一年度营业收入为15 090万元。则东海旅游公司营业收入增长率为

$$20×1 \text{ 年营业收入增长率} = \frac{15\ 260 - 15\ 090}{15\ 090} × 100\% ≈ 1.13\%$$

（二）总资产增长率

总资产增长率是旅游企业本年资产增长额同年初资产总额的比率,反映企业本期资产规模的增长情况。其计算公式为

总资产增长率＝本年资产增长额÷年初资产总额×100％

本年资产增长额＝年末资产总额－年初资产总额

总资产增长率越高,表明企业一定时期内资产经营规模扩张的速度越快。但在分析时,需要关注资产规模扩张的质和量的关系,以及企业的后续发展能力,避免盲目扩张。

根据表 2-1,东海旅游公司 20×1 年初资产总额为 10 395 万元,年末资产总额为 11 385 万元。则东海旅游公司总资产增长率为

20×1 年总资产增长率＝(11 385－10 395)÷10 395×100％≈9.52％

（三）营业利润增长率

营业利润增长率是旅游企业本年营业利润增长额与上年营业利润总额的比率,反映旅游企业营业利润的增减变动情况。其计算公式为

营业利润增长率＝本年营业利润增长额÷上年营业利润总额×100％

本年营业利润增长额＝本年营业利润－上年营业利润

根据表 2-2,东海旅游公司 20×1 年营业利润为 1 495 万元,其上年度营业利润为 1 030 万元。则东海旅游公司营业利润增长率为

20×1 年营业利润增长率＝(1 495－1 030)÷1 030×100％≈45.15％

（四）所有者权益增长率

所有者权益增长率是旅游企业本年所有者权益增长额与年初所有者权益的比率,反映

企业当年资本的积累能力。其计算公式为

所有者权益增长率＝本年所有者权益增长额÷年初所有者权益×100％

本年所有者权益增长额＝年末所有者权益－年初所有者权益

所有者权益增长率越高,表明企业的资本积累越多,应对风险、持续发展的能力越强。

根据表 2-1,东海旅游公司 20×1 年年初所有者权益为 4 730 万元,20×1 年年末所有者权益为 5 465 万元。则东海旅游公司所有者权益增长率为

20×1 年所有者权益增长率＝(5 465－4 730)÷4 730×100％＝15.54％

(五) 经营现金净流量增长率

经营现金净流量增长率是指当期经营活动现金净流量相对于上期经营活动现金净流量的增长比率,反映了旅游企业经营活动产生现金能力的变化。其计算公式为

经营现金净流量增长率＝经营现金净流量增长额÷上期经营活动现金净流量×100％

经营现金净流量增长额＝当期经营活动现金净流量－上期经营活动现金净流量

经营现金流量是企业现金流量的重要来源。经营现金流量作为旅游企业日常经营活动的结果,对企业的长期发展有重要意义。如果经营现金流量不足,则企业的投资和筹资活动都会受到限制,无法扩大经营规模。经营活动现金净流量增长率反映了企业经营活动产生现金能力的变化,使管理者能够发现经营活动对企业现金的影响,从而及时发现问题。

假设东海旅游公司上年经营现金净流量为 690 万元,计算东海旅游公司的经营现金净流量增长率。

根据表 2-3 中的数据,可计算如下:

经营现金净流量增长率＝(740－690)÷690×100％≈7.25％

六、旅游企业现金流量分析

旅游企业中与现金流量相关的分析主要包括以下几个方面。

1. 经营现金使用效率

经营现金使用效率是由旅游企业经营活动现金流入与经营活动现金流出进行对比所确定的比率,它反映了每 1 元现金所能收回的现金数额。其计算公式为

经营现金使用效率＝经营活动现金流入÷经营活动现金流出

该比值越大,说明企业经营活动的现金使用效率越高,在企业没有其他大规模投资的情况下,现金正常流转不成问题。如果该比值小于 1,则表明企业短期内缺乏足够的现金用以维持再生产的正常进行,甚至没有现金偿还短期债务。

根据表 2-3 中的数据,东海旅游公司的经营现金使用效率可计算如下:

经营现金使用效率＝4 110÷3 770≈1.09

2. 现金利润比率

现金利润比率是由现金及现金等价物净增加额与净利润进行对比所确定的比率。其计算公式为

现金利润比率＝现金及现金等价物净增加额÷净利润

现金利润比率反映了净利润中有多大部分是有现金保证的。由于一些应收或应付项目的存在,利润往往无法直观地反映旅游企业实际能够支配的现金数量,在利润很高的前提下也可能出现企业现金不足、支付困难的情况;相反,如果企业有充足的现金,即使某经营期间利润为负,短期内也不会出现无力偿还债务的情况,能够支持企业扭转困境。

该指标值越大,说明企业的净利润中现金部分越大,企业的支付能力越强。

根据表 2-2、表 2-3 中的数据,东海旅游公司的现金利润比率可计算如下:

$$经营现金使用效率=75÷1\ 170≈0.06$$

3. 营业现金比率

营业现金比率是指旅游企业经营活动现金流量净额与企业营业收入的比值。其计算公式为

$$营业现金比率=经营活动现金流量净额÷营业收入$$

根据表 2-2 和表 2-3 中的数据,东海旅游公司营业收入为 15 260 万元,经营活动现金流量净额为 740 万元,则东海旅游公司营业现金比率为

$$营业现金比率=740÷15\ 260≈0.05$$

该比率反映每 1 元营业收入得到的经营活动现金流量净额,其数值越大越好。

4. 全部资产现金回收率

全部资产现金回收率是通过旅游企业经营活动现金流量净额与平均总资产之比来反映的,它说明企业全部资产产生现金的能力。其计算公式为

$$全部资产现金回收率=经营活动现金流量净额÷平均总资产×100\%$$

根据表 2-1 和表 2-2 中的数据,东海旅游公司 20×1 年年初总资产为 10 395 万元,年末总资产为 11 385 万元,经营活动现金流量净额为 740 万元,则东海旅游公司全部资产现金回收率为

$$全部资产现金回收率=\frac{740}{(11\ 385+10\ 390)÷2}×100\%≈6.80\%$$

如果同行业平均全部资产现金回收率为 7%,说明 A 公司资产产生现金的能力较弱。

相关链接

帕乔利密码变成"望远镜"

帕乔利所提倡的会计方法,可以把复杂的经济活动及企业竞争的结果,转换成以货币为表达单位的会计数字,这就是所谓的"帕乔利密码"。

沃尔玛的创办人沃尔顿(Sam Walton)在自传中提到他从对财报的分析中体会到的商业智谋:"如果某个货品的进价是 8 角,我发现定价 1 元时,比定价 1.2 元时的销售量大约多了 3 倍,所以总获利还是增加了。真是简单,这就是折价促销的基本原理!"在沃尔玛 1971 年上市后的第一份财务报表中,沃尔顿就清楚地说:"我们要持续保持真正低价的政策,并确定我们是全国所有从业者中毛利率最低者之一。"由于坚持这个低价策略,沃尔玛的营收由 1971 年的 7 800 万美元,增长到 2017 年的 4.859 亿美元;获利则由 290 万美元增长到 143 亿美元。因此,智者可以把帕乔利密码当成"望远镜",协助企业形成长期的竞争策略。

亚马逊的创办人贝佐斯提醒我们，更有弹性地看待财报。也就是说，新创公司的财报要看商业模式布局的合理性，看公司的成长是否完成阶段性任务（milestones），而不是单纯看营收、获利等经营成果。因为重视长期布局，亚马逊的营收由 1997 年的 1.4 亿美元，增长到 2016 年的 1 360 亿美元；1997 年亏损 2 759 万美元，到了 2016 年获利 23.71 亿美元（沃尔玛为 150.8 亿美元）。沃尔玛上市后获利快速而成长稳定，亚马逊的获利轨迹看起来相对逊色，但亚马逊却远远超过沃尔玛的市场价值。想要了解为什么资本市场愿意支持亚马逊这种获利看似不佳的公司，一定要仔细阅读贝佐斯每年精心撰写的致股东信以及其中创业家所谓的"大故事"。在信中，他仔细解释亚马逊在长期布局下所做的尝试以及对提升顾客经验的狂热追求。例如，在 2010 年的信函中，贝佐斯提到在当年亚马逊内部制的 452 个目标中，与提升顾客经验有关的目标就高达 360 个。令人意外的是，净利、毛利及营业利益等财务指标，居然都没出现过。沃尔玛心目中顾客的良好经验，就是"低价"。而亚马逊的顾客经验，基于以数码科技为核心的"虚实"整合能力，包括在线信息、相关厂商联结以及便捷的物流等，非常多元化，"低价"只是其中一环，也因此需要更长期的布局。长期支持亚马逊的投资人，能看见其潜力，可以说是戴着"超级望远镜"。

（资料来源：刘顺仁. 财报就像一本故事书［M］. 太原：山西人民出版社，2019.）

？ 思考

（1）影响旅游企业偿债能力的报表外因素有哪些？

（2）使用财务比率分析应注意哪些事项？

第三节　旅游企业财务报表分析的应用

学习目标

（1）了解上市公司财务报告分析的类别。

（2）理解上市公司的财务比率。

（3）掌握杜邦分析体系。

一、旅游上市公司财务报告分析

（一）上市公司财务报告的类别

微课

旅游企业如果其股票上市交易，就要承担公开披露信息的义务。按照规定，上市公司信息披露的主要公告有四类：招股说明书、上市公告、定期报告及临时公告。这些报告虽然包括许多非财务信息，但是大部分信息具有财务性质或与财务有关，因而具有财务报告的性质，我们统称为上市公司财务报告。

1. 招股说明书

招股说明书是股票发行人向证监会申请公开发行股票的申报材料的必备部分,是向公众发布的旨在公开募集股份的书面文件。

招股说明书的主要财务信息包括投资风险和对策、筹集资金的运用、股利分配政策、验资证明、经营业绩、股本、债务、盈利预测以及主要的财务会计资料。

2. 上市公告

股票获准在证券交易所交易之后,上市公司应当公布上市公告书。上市公告书包括招股说明书的主要内容,此外还有股票获准在证券交易所交易的日期和批准文号股票发行情况;公司创立大会或者股东大会同意公司股票在交易所交易的决议;董事、监事和高级管理人员简历及其持有本公司证券的情况;公司近三年或者成立以来的经营业绩和财务状况以及下一年的盈利预测文件;证券交易所要求载明的其他事项。

3. 定期报告

定期报告分为年度报告和中期报告。

(1)年度报告内容包括公司简介、会计数据和业务数据摘要、董事长或总经理的业务报告、董事会报告、监事会报告、股东会简介、财务报表、年度内发生的重大事件及其披露情况要览。

(2)中期报告的内容包括财务报告、经营情况的回顾和展望、重大事件的说明、发行在外股票的变动和股权结构的变化、股东大会简介等。

4. 临时公告

临时公告包括重大事件公告和公司收购公告。

1) 重大事件公告

所谓"重大事件",是指一些事件的发生对上市公司原有的财务状况和经营成果已经或将要产生较大影响,并影响到上市公司的股票市价。

对于这些重大事件,上市公司应立即报告证券交易所和证监会,并向社会公布说明事件的性质。

通常,重大事件包括:公司的经营方针和经营范围的重大变化;公司订立重要合同,而该合同可能对公司的财务状况和经营成果产生重要影响;发生重大债务和未能清偿到期重大债务的违约情况;发生重大亏损或者遭受超过净资产 10% 的重大损失;减资、合并、分立、解散及申请破产;涉及公司的重大诉讼以及法院依法撤销股东大会、董事会决议等。

对于未做规定但确属可能对公司股票价格产生重大影响的事件也应当视为重大事件。

最常见的重大事件公告是"公司股份变动公告"和"配股说明书"。

2) 公司收购公告

按《中华人民共和国证券法》规定,通过证券交易所的证券交易,投资者持有一个上市公司已发行的股份的 5% 时,应当向证监会和证券交易所作出书面报告,通知该上市公司,并予以公告。投资者在持有一个上市公司已发行股份的 5% 之后,通过证券交易所的证券交易,其持股比例每增减 5%,应当再进行报告和公告。报告和公告的主要内容是持股人的名称、住所;所持股票的名称和数量;持股达到法定比例的日期。

通过证券交易所的证券交易,投资人持有一个上市公司已发行股份的30%时,继续进行收购的,收购人要向证监会提出收购报告书,然后向该上市公司所有股东发出收购要约。收购报告和收购要约的主要内容包括收购目的、预定收购的股份数额、收购的期限和价格、收购所需资金额及资金保证以及开始收购时收购人所持有的股份比例。

(二) 旅游上市公司的财务比率

旅游上市公司公开披露的财务信息很多,投资人要想通过众多的信息正确把握企业的财务现状和未来,没有其他任何工具可以比正确使用财务比率更重要。

对于旅游上市公司,最重要的财务指标是每股收益、每股净资产和净资产收益率。证券信息机构定期公布按照这三项指标高低排序的上市公司排行榜,可见其重要性。净资产收益率前面已经讨论过,下面主要介绍每股收益和每股净资产的计算与分析。

1. 每股收益

每股收益是指本年净收益与年末普通股份总数的比值。其计算公式为

$$每股收益＝净利润÷年末普通股份总数$$

例 2-1

A 公司是一个旅游上市公司,本年利润分配和年末股东权益的有关资料如表 2-5 所示。该公司当年净利润 1 500 万元,发行在外的普通股为 2 500 万股。所以:

$$A 公司每股收益＝1 500÷250＝0.6(元/股)$$

表 2-5　利润分配和年末股东权益情况　　　　　　　　　　单位:万元

本年利润分配资料:	
净利润	1 500
加:年初未分配利润	600
可分配利润	2 100
减:提取法定盈余公积金	225
可供股东分配的利润	1 875
减:已分配优先股股利	0
提取任意盈余公积金	75
已分配普通股股利	1 000
未分配利润	**800**
股本(每股1元,市价6元)	2 500
资本公积	2 600
盈余公积	1 400
未分配利润	8 00
所有者权益合计	7 300

如果公司发行了不可转换优先股,则计算时要扣除优先股数及其分享的股利,以使每股收益反映普通股的收益状况。

$$每股收益＝(净利润－优先股股利)÷发行在外的普通股股数$$

有的公司具有复杂的股权结构,除普通股和不可转换的优先股以外,还有可转换优先股、可转换债券、购股权证等。可转换债券的持有者,可以通过转换使自己成为普通股东,从而造成公司普通股总数增加;购股权证持有者,可以按预定价格购买普通股,也会使公司的普通股增加。普通股增加会使每股收益变小,称为"稀释"。计算这种转换和认购对每股收益的影响是比较复杂的,我国绝大多数的上市公司属于简单股权结构,所以证监会目前未对复杂结构下每股收益计算的具体方法作出规定。按照证监会目前的规定,发行普通股以外的其他种类股票(如优先股等)的公司,应按国际惯例计算该指标,并说明计算方法和参照依据。

每股收益是衡量上市公司盈利能力最常用的财务指标。它反映普通股的获利水平。在分析时,可以进行公司间的比较,以评价该公司的相对盈利能力;可以进行不同时期的比较,了解该公司盈利能力的变化趋势;可以进行经营实绩和盈利预测的比较,掌握该公司的管理能力。

2. 市盈率

市盈率是指普通股每股市价为每股收益的倍数,其计算公式为

$$市盈率(倍数)=普通股每股市价÷普通股每股收益$$

例如,A 公司的普通股每股收益为 0.60 元,每股市价为 6 元,依上式计算:

$$A 公司市盈率=6÷0.60=10(倍)$$

市盈率是人们普遍关注的指标,该比率反映投资人对每 1 元净利润所愿支付的价格,可以用来估计股票的投资报酬和风险:它是市场对公司的共同期望指标,市盈率越高,表明市场对公司的未来越看好。在市价确定的情况下,每股收益越高,市盈率越低,投资风险越小;反之亦然。在每股收益确定的情况下,市价越高、市盈率越高,风险越大;反之亦然。仅从市盈率高低的横向比较看,高市盈率说明公司能够获得社会信赖,具有良好的前景;反之亦然。

使用市盈率指标时应注意:该指标不能用于不同行业公司的比较,充满扩展机会的新兴行业市盈率普遍较高,而成熟工业的市盈率普遍较低,这并不能说明后者的股票没有投资价值。在每股收益很小或亏损时,市价不会降至零,很高的市盈率往往不说明任何问题。

由于一般的期望报酬率为 5%~20%,所以正常的市盈率为 5~20 倍。通常,投资者要结合其他有关信息,才能运用市盈率指标判断股票的价值。

3. 每股股利

每股股利是指股利总额与期末普通股股份总数之比。其计算公式为

$$每股股利=股利总额÷年末普通股股份总数$$

式中:股利总额是指用于分配普通股现金股利的总额。

例如,A 公司每股股利=1 000÷2 500=0.4(元/股)。

4. 股利支付率

股利支付率是指普通股净收益中股利所占的比重,它反映公司的股利分配政策和支付股利的能力。其计算公式为

$$股利支付率=普通股每股股利÷普通股每股收益×100\%$$

例如,A 公司股利支付率=0.4÷0.60×100%≈67%。

5. 每股净资产

每股净资产是指期末净资产(即股东权益)与年度末普通股份总数的比值,也称为每股账面价值或每股权益。其计算公式为

$$每股净资产 = 年度末股东权益 \div 年度末普通股股数$$

式中:"年度末股东权益"是指扣除优先股权益后的余额。

例如,A 公司每股净资产 = 7 300 ÷ 2 500 = 2.92(元/股)。

每股净资产反映发行在外的每股普通股所代表的净资产成本即账面权益。在投资分析时,只能有限地使用它,因其是用历史成本计量的,既不反映净资产的变现价值,也不反映净资产的产出能力。例如,某公司的资产只有一块前几年购买的土地,并且没有负债,公司的净资产是土地的原始成本。现在土地的价格比过去翻了几番,引起股票价格上升,而其账面价值不变。这个账面价值,既不说明土地现在可以卖多少钱,也不说明公司使用该土地能获得什么。

在理论上,每股净资产提供了股票的最低价值,如果公司的股票价格低于净资产的成本,成本又接近变现价值,说明公司已无存在价值,清算是股东最好的选择。

6. 市净率

把每股净资产和每股市价联系起来,可以说明市场对公司资产质量的评价。反映每股市价和每股净资产关系的比率,称为市净率。计算公式为

$$市净率(倍数) = 每股市价 \div 每股净资产$$

例如,A 公司市净率 = 6 ÷ 2.92 ≈ 2.05(倍)。

市净率可用于投资分析。每股净资产是股票的账面价值,它是用成本计量的;每股市价是这些资产的现在价值,它是证券市场上交易的结果。投资者认为市价高于账面价值时企业资产的质量好,有发展潜力;反之则资产质量差,没有发展前景。优质股票的市价都超出每股净资产许多,一般说来市净率达到 3 可以树立较好的公司形象。市价低于每股净资产的股票,就像售价低于成本的商品一样,属于"处理品"。当然,"处理品"也不是没有购买价值,问题在于该公司今后是否有转机,或者购入后经过资产重组能否提高获利能力。

二、杜邦财务分析体系

杜邦财务分析体系,简称杜邦体系,是利用各主要财务比率指标间的内在联系,对企业财务状况及经济效益进行综合系统分析评价的方法。该体系是以净资产收益率为起点,以总资产净利率和权益乘数为基础,重点揭示企业盈利能力及权益乘数对净资产收益率的影响,以及各相关指标间的相互影响和作用关系。因其最初由美国杜邦企业成功应用,故得名。

相关链接

杜邦的故事

1800 年元旦的早晨,一个名叫杜邦的法国人,带领全家 13 口人,搭乘帆船"美国鹰号",

横渡大西洋前往美国。

杜邦曾经是个外交官,因协调法国和美国的关系有功,被封为贵族,加官晋爵。1789年,法国爆发大革命,路易十六被处死,杜邦也被株连下狱。拿破仑上台后,杜邦因为是"旧王党分子",所以带领家人仓皇上船。

杜邦一家来到美国,受到欢迎。费城各大报纸都报道了杜邦一家抵美的消息。退职后一直隐居的乔治·华盛顿也发表谈话说:"皮埃尔·杜邦先生,他一直站在美国一方,在对英战争的巴黎条约上,有功于美国。"副总统杰弗逊称杜邦先生是"法国最有才能的人"。

在炸药库边安家的杜邦公司的创始人厄留梯尔·杜邦,曾当过化学家助手、学习过火药制造技术。他仔细考察了美国的火药生产,发现与欧洲相比,美国的火药质次而价昂。因此,他决定投资火药生产。杜邦在白兰地酒河边买了一块地,于1802年4月在这里建起了当时美国最大的火药厂。公司发行股票18股,每股2 000美元,共集资3.6万美元。杜邦公司由此诞生。

杜邦公司成立时,正值美国独立战争结束不久,政府急需大量的军火。由于总统托马斯·杰斐逊的推荐,美国联邦政府便成了杜邦公司最大的买主。1805年7月,美国陆军部长宣布,伊雷内的火药公司承包政府的全部火药生产。

杜邦明白,公司一开始,便吃上了高危行业这碗饭。

从1802年到1880年,杜邦的主营业务始终没能脱离黑火药的生产。火药时刻会爆炸,尽管杜邦在厂房选址及车间设计上,充分考虑到将可能的爆炸造成的损失减少到最小,但接二连三的重大伤亡事故仍然发生,以至于他的几位亲人也没能逃脱厄运。其中,最大的事故发生在1818年,100多名员工中,有40多人伤亡,企业一度濒临破产。

杜邦为彻底消灭安全事故,把自己的家安在企业仓库边,表示出"不安全,毋宁死"的决心,并推出一系列严格有效的措施。自此之后,安全观念已成为杜邦独特企业文化的一部分:每次公司召开会议,主持人首先要做"安全提示"。除了实行严格的安全管理外,杜邦公司也实行了严密的财务分析方法,就是我们今天所说的杜邦分析法。

经常是一次爆炸、一次透水、一场大火,很多的企业就轰然倒地。杜邦的故事告诉我们,成功的企业都具有强烈的危机意识,他们凭借严密的制度化"危"为"机",他们的做法是"怀抱炸弹",进行着"末日管理"。正是这种深深的忧患意识和一系列的"预警"措施,他们实现了持续的成功。

(资料来源:李帅达.杜邦家族传奇[M].杭州:浙江人民出版社,2012.)

杜邦分析法将净资产收益率(权益净利率)分解如图2-1所示。其分析关系式为

净资产收益率＝营业净利率×总资产周转率×权益乘数

运用杜邦分析法需要抓住以下几点。

(1)净资产收益率是一个综合性最强的财务分析指标,是杜邦分析体系的起点。

财务管理的目标之一是使股东财富最大化,净资产收益率反映了企业所有者投入资本的盈利能力,说明了企业筹资、投资、资产营运等各项财务及其管理活动的效率,而不断提高净资产收益率是使所有者权益最大化的基本保证。所以,净资产收益率是企业所有者、经营者都十分关心的。而净资产收益率高低的决定因素主要有三个,即营业净利率、总资产周转

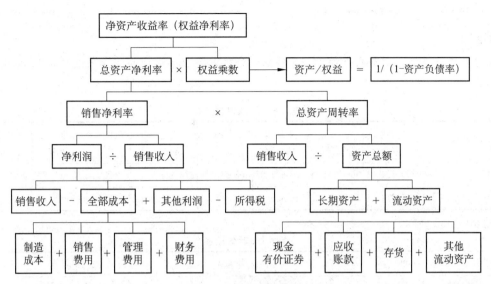

图 2-1 杜邦分析体系

率和权益乘数。这样,在进行分解之后,就可以将净资产收益率这一综合性指标发生升降变化的原因具体化,比只用一项综合性指标更能说明问题。

(2)营业净利率反映了企业净利润与营业收入的关系,它的高低取决于营业收入与成本总额的高低。

要想提高营业净利率,一要扩大营业收入,二要降低成本费用。扩大营业收入既有利于提高营业净利率,又有利于提高总资产周转率。降低成本费用是提高营业净利率的一个重要因素,从杜邦分析体系图(图 2-1)可以看出成本费用的基本结构是否合理,从而找出降低成本费用的途径和加强成本费用控制的办法。如果企业财务费用支出过高,就要进一步分析其负债比率是否过高;如果企业管理费用过高,就要进一步分析其资金周转情况等。从图 2-1 中还可以看出,提高营业净利率的另一途径是提高其他利润。为了详细了解企业成本费用的发生情况,在具体列示成本总额时,还可根据重要性原则,将那些影响较大的费用单独列示,以便为寻求降低成本的途径提供依据。

(3)影响总资产周转率的一个重要因素是资产总额。

资产总额由流动资产与长期资产组成,它们的结构合理与否将直接影响资产的周转速度。一般来说,流动资产直接体现企业的偿债能力和变现能力,而长期资产则体现了企业的经营规模、发展潜力。两者之间应该有一个合理的比例关系。如果发现某项资产比重过大,影响资金周转,就应深入分析其原因,例如企业持有的货币资金超过业务需要,就会影响企业的盈利能力;如果企业占有过多的存货和应收账款,则既会影响盈利能力,又会影响偿债能力。因此,还应进一步分析各项资产的占用数额和周转速度。

(4)权益乘数主要受资产负债率指标的影响。

资产负债率越高,权益乘数就越高,说明企业的负债程度比较高,给企业带来了较多的杠杆利益,同时也带来了较大的风险。

例 2-2

某旅游企业有关财务数据如表 2-6 所示。分析该企业净资产收益率变化的原因如表 2-7 所示。

表 2-6 基本财务数据 单位:元

年度	净利润	营业收入	平均资产总额	平均负债总额	全部成本	制造成本	销售费用	管理费用	财务费用
2018	10 284.04	411 224.01	306 222.94	205 677.07	403 967.43	373 534.53	10 203.05	18 667.77	1 562.08
2019	12 653.92	757 613.81	330 580.21	215 659.54	736 747.24	684 261.91	21 740.96	25 718.20	5 026.17

表 2-7 财务比率

项 目	2018 年度	2019 年度
净资产收益率/%	10.22	11.00
权益乘数	3.05	2.88
资产负债率/%	67.2	65.2
总资产净利率/%	3.35	3.82
营业净利率/%	2.5	1.67
总资产周转率/次	1.34	2.29

(1) 对净资产收益率的分析。该旅游企业的净资产收益率在 2018 年至 2019 年出现了一定程度的好转,从 2018 年的 10.22% 增加至 2019 年的 11.00%。企业的投资者在很大程度上依据这个指标来判断是否投资或是否转让股份,考察经营者业绩和决定股利分配政策。这些指标对企业的管理者也至关重要。

净资产收益率＝权益乘数×总资产净利率

2018 年:10.22%＝3.05×3.35%

2019 年:11.00%＝2.88×3.82%

通过分解可以明显地看出,该企业净资产收益率的变动是资本结构(权益乘数)变动和资产利用效果(总资产净利率)变动两方面共同作用的结果,而该企业的总资产净利率太低,表明资产利用效果较差。

(2) 对总资产净利率的分析。

总资产净利率＝营业净利率×总资产周转率

2018 年:3.35%＝2.5%×1.34

2019 年:3.82%＝1.67%×2.29

通过分解可以看出 2019 年该旅游企业的总资产周转率有所提高,说明资产的利用得到了比较好的控制,显示出比上一年较好的效果,表明该企业利用其总资产产生营业收入的效率在增加。总资产周转率提高的同时营业净利率减少,阻碍了总资产净利率的增加。

（3）对营业净利率的分析。

营业净利率＝净利润÷营业收入

2018 年:2.5%≈10 284.04÷411 224.01

2019 年:1.67%≈12 653.92÷757 613.81

该旅游企业 2019 年大幅度提高了营业收入,但是净利润的提高幅度却很小,分析其原因是成本费用增多,从表 2-6 可知:全部成本从 2018 年的 403 967.43 万元增加到 2019 年的 736 747.24 万元,与营业收入的增加幅度大致相当。

（4）对全部成本的分析。

全部成本＝制造成本＋销售费用＋管理费用＋财务费用

2018 年:403 967.43＝373 534.53＋10 203.05＋18 667.77＋1 562.08

2019 年:736 747.24＝684 261.91＋21 740.96＋25 718.20＋5 026.17

本例中,导致该旅游企业净资产收益率小的主要原因是全部成本过大。也正是因为全部成本的大幅度提高导致了净利润提高幅度不大,而营业收入大幅度增加,就引起了营业净利率的降低,显示出该企业销售盈利能力的降低。总资产净利率的提高应当归功于总资产周转率的提高,营业净利率的减少却起到了阻碍的作用。

（5）对权益乘数的分析。

权益乘数＝资产总额÷权益总额

2018 年:3.05≈306 222.94÷(306 222.94－205 677.07)

2019 年:2.88≈330 580.21÷(330 580.21－215 659.54)

该旅游企业下降的权益乘数,说明企业的资本结构在 2018—2019 年发生了变动,2019 年的权益乘数较 2018 年有所减小。权益乘数越小,企业负债程度越低,偿还债务能力越强,财务风险有所降低。这个指标同时也反映了财务杠杆对利润水平的影响。该企业的权益乘数一直处于 2~5,即负债率在 50%~80%,属于激进战略型企业。管理者应该准确把握企业所处的环境,准确预测利润,合理控制负债带来的风险。

（6）结论:对于该旅游企业,最为重要的就是要努力降低各项成本,在控制成本上下功夫,同时要保持较高的总资产周转率。这样可以使营业净利率得到提高,进而使总资产净利率有大的提高。

❓思考

（1）市盈率的含义是什么?

（2）杜邦财务分析体系为什么选择净资产收益率为起点?

 案例分析

张家界旅游集团股份有限公司财务报表分析

表 2-8～表 2-10 为张家界旅游集团股份有限公司 2021 年 12 月 31 日的资产负债表、2021 年度的利润表和现金流量表。请计算分析张家界旅游集团股份有限公司的偿债能力、

营运能力、获利能力和发展能力,并尝试综合分析张家界旅游集团股份有限公司的财务状况和发展趋势。

表 2-8　张家界旅游集团股份有限公司资产负债表

2021 年 12 月 31 日　　　　　　　　　　　　　　　　单位:元

项　目	年初数	年末数	项　目	年初数	年末数
流动资产:			流动负债:		
货币资金	8 392 121.18	857 018.73	短期借款		30 041 868.75
交易性金融资产			应付票据		
衍生金融资产			应付账款	599 814.77	25 793 768.16
应收票据			预收款项	603 563.17	394 608.82
应收账款	172 260.00		合同负债	74 998.06	41 749.52
应收款项融资			应付职工薪酬	4 890 109.93	4 455 041.14
预付款项	49 861.23	148 593.75	应交税费	788 592.87	751 597.56
其他应收款	314 862 369.24	316 817 005.58	其他应付款	14 522 366.93	10 430 279.77
其中:应收股利	113 970 000.00	66 638 354.16	应付股利	2 363.83	2 363.83
应收利息			一年内到期的非流动负债		2.95 000.00
存货	152 088.95	151 910.65	其他流动负债	2 249.94	1 252.48
持有待售资产			流动负债合计	21 481 695.67	72 205 166.20
一年内到期的非流动资产			非流动负债:		
其他流动资产		96 593.04	长期借款		
流动资产合计	323 628 700.60	318 071 121.75	应付债券		
非流动资产:			租赁负债		590 063.71
债权投资			长期应付款		
长期应收款			长期应付职工薪酬		
长期股权投资	1 183 875 581.05	1 183 875 581.05	递延收益	2 716 261.03	2 236 920.79
其他权益工具投资	43 705 200.00	31 508 400.00	递延所得税负债	4 375 100.00	1 404 900.00
其他非流动金融资产			其他非流动负债		
投资性房地产	10 623 532.12	9 855 337.84	非流动负债合计	7 091 361.03	4 231 884.50
固定资产	14 577 185.25	12 731 019.22	负债合计	28 573 056.70	76 437 050.70
在建工程	101 824.70	39 828 944.77	所有者权益:		
使用权资产		865 416.87	股本	404 817 686.00	404 817 686.00
无形资产	14 805 810.08	13 690 365.40	资本公积	959 905 738.57	959 905 738.57
开发支出			其他综合收益	13 125 300.00	4 214 700.00
长期待摊费用	2 011 401.79	1 598 068.30	专项储备	1 459 382.13	1 269 532.93
递延所得税资产			盈余公积	22 199 957.47	22 199 957.47
其他非流动资产		3 725 460.00	未分配利润	163 248 114.72	146 905 049.53
非流动资产合计	1 269 700 534.99	1 297 678 593.45	所有者权益合计	1 564 756 178.89	1 539 312 664.50
资产总计	1 593 329 235.59	1 615 749 715.20	负债和所有者权益总计	1 593 329 235.59	1 615 749 715.20

表 2-9　张家界旅游集团股份有限公司利润表　　　　　　　　单位:元

项　　目	2020 年度	2021 年度
一、营业收入	20 160 910.18	25 625 219.59
减:营业成本	12 799 980.43	12 712 279.49
税金及附加	331 657.33	575 652.71
销售费用	3 040 644.00	1 649 704.39
管理费用	16 089 388.09	17 875 546.38
财务费用	−7 049 899.52	−8 383 429.74
加:其他收益	581 898.10	498 990.74
投资收益(损失以"−"号填列)	83 473 410.15	2 541 000.00
公允价值变动收益(损失以"−"号填列)		
信用减值损失(损失以"−"号填列)	−7 376 881.32	−19 980 692.85
资产减值损失(损失以"−"号填列)	−3 367 640.00	
资产处置收益(损失以"−"号填列)		−148 778.81
二、营业利润(亏损以"−"号填列)	68 259 926.78	−15 894 014.56
加:营业外收入	51 638.03	21 137.86
减:营业外支出	879 067.70	470 188.49
三、利润总额(亏损总额以"−"号填列)	67 432 497.11	−16 343 065.19
减:所得税费用	51 316.46	
四、净利润(净亏损以"−"号填列)	67 381 180.65	−16 343 065.19

表 2-10　张家界旅游集团股份有限公司现金流量表　　　　　单位:元

项　　目	2021 年度	2020 年度
一、经营活动产生的现金流量:		
销售商品、提供劳务收到的现金	26 299 704.97	20 593 249.92
收到的税费返还		
收到其他与经营活动有关的现金	752 738.79	294 483.55
经营活动现金流入小计	27 052 443.76	20 887 733.47
购买商品、接受劳务支付的现金	3 317 382.57	3 219 550.81
支付给职工以及为职工支付的现金	16 411 448.58	16 004 821.80
支付的各项税费	5 039 694.86	7 789 107.12
支付其他与经营活动有关的现金	6 747 216.60	7 358 509.10
经营活动现金流出小计	31 515 742.61	34 371 988.83
经营活动产生的现金流量净额	−4 463 298.85	−13 484 255.36
二、投资活动产生的现金流量:		
收回投资收到的现金	316 000.00	1 637 654.63
取得投资收益收到的现金	49 872 645.84	13 465 000.00
处置固定资产、无形资产和其他长期资产收回的现金净额	184 897.34	

续表

项　　目	2021 年度	2020 年度
处置子公司及其他营业单位收到的现金净额		
收到其他与投资活动有关的现金	136 472 220.83	65 691 933.42
投资活动现金流入小计	186 845 764.01	80 794 588.05
购建固定资产、无形资产和其他长期资产支付的现金	19 830 348.86	5 008 569.00
投资支付的现金		50 000.00
取得子公司及其他营业单位支付的现金净额		
支付其他与投资活动有关的现金	194 550 000.00	94 500 000.00
投资活动现金流出小计	214 380 348.86	99 558 569.00
投资活动产生的现金流量净额	−27 534 584.85	−18 763 980.95
三、筹资活动产生的现金流量:		
吸收投资收到的现金		
取得借款收到的现金	30 000 000.00	
收到其他与筹资活动有关的现金	6 000 000.00	10 000 000.00
筹资活动现金流入小计	36 000 000.00	10 000 000.00
偿还债务支付的现金		
分配股利、利润或偿付利息支付的现金	742 218.75	
支付其他与筹资活动有关的现金	10 795 000.00	
筹资活动现金流出小计	11 537 218.75	
筹资活动产生的现金流量净额	24 462 781.25	10 000 000.00
四、汇率变动对现金及现金等价物的影响		
五、现金及现金等价物净增加额	−7 535 102.45	−22 248 236.31
加:期初现金及现金等价物余额	8 392 121.18	30 640 357.49
六、期末现金及现金等价物余额	857 018.73	8 392 121.18

（资料来源:张家界旅游集团股份有限公司. 张家界:2021 年年度报告[R/OL]. https://vip. stock. finance. sina. com. cn/corp/view/vCB_AllBulletinDetail. php?stockid＝000430&id＝8058584. (2022-04-25)[2022-11-12].）

课 后 习 题

一、单项选择题

1. 产权比率越高,通常反映的信息是(　　)。
　　A. 财务结构越稳健　　　　　　　　B. 长期偿债能力越强
　　C. 财务杠杆效应越强　　　　　　　D. 股东权益的保障程度越高

2. 下列比率指标的不同类型中,流动比率属于(　　)。
　　A. 构成比率　　　　B. 动态比率　　　C. 相关比率　　　D. 效率比率

3. 下列各项中,不属于速动资产的是( )。

    A. 现金　　　　　　B. 产成品　　　　　C. 应收账款　　　　D. 交易性金融资产

4. 下列财务比率中,属于效率比率的是( )。

    A. 速动比率　　　　B. 成本利润率　　　C. 资产负债率　　　D. 产权比率

5. 假定其他条件不变,下列各项经济业务中,会导致公司总资产净利率上升的是( )。

    A. 收回应收账款　　　　　　　　　　B. 用资本公积转增股本

    C. 用银行存款购入生产设备　　　　　D. 用银行存款归还银行借款

6. 某公司 2018 年年初所有者权益为 1.25 亿元,2018 年年末所有者权益为 1.50 亿元。该公司 2018 年的资本积累率是( )。

    A. 16.67%　　　　　B. 20.00%　　　　　C. 25.00%　　　　　D. 120.00%

7. 下列各项财务指标中,能够提示公司每股股利与每股收益之间关系的是( )。

    A. 市净率　　　　　B. 股利支付率　　　C. 每股市价　　　　D. 每股净资产

8. 下列各项财务指标中,能够综合反映企业成长性和投资风险的是( )。

    A. 市盈率　　　　　B. 每股收益　　　　C. 销售净利率　　　D. 每股净资产

9. 下列关于杜邦分析体系的说法中,不正确的是( )。

    A. 杜邦分析体系以净资产收益率为起点

    B. 总资产净利率和权益乘数是杜邦分析体系的核心

    C. 决定净资产收益率高低的主要因素是销售净利率、总资产周转率和权益乘数

    D. 要想提高销售净利率,只能降低成本费用

10. 在上市公司的杜邦财务分析体系中,最具有综合性的财务指标是( )。

    A. 营业净利率　　　　　　　　　　　B. 净资产收益率

    C. 总资产净利率　　　　　　　　　　D. 总资产周转率

11. 某企业 2017 年和 2018 年的营业净利率分别为 7% 和 8%,资产周转率分别为 2 和 1.5,两年的资产负债率相同,与 2017 年相比,2018 年的净资产收益率变动趋势为( )。

    A. 上升　　　　　　B. 下降　　　　　　C. 不变　　　　　　D. 无法确定

12. 应用比率分析法进行财务分析时,应注意的问题不包括( )。

    A. 对比项目的相关性　　　　　　　　B. 对比口径的一致性

    C. 剔除偶发性项目的影响　　　　　　D. 衡量标准的科学性

13. 下列指标中,可用于衡量企业短期偿债能力的是( )。

    A. 已获利息倍数　　B. 或有负债比率　　C. 带息负债比率　　D. 流动比率

14. 企业大量减少速动资产可能导致的结果是( )。

    A. 减少资金的机会成本　　　　　　　B. 增加资金的机会成本

    C. 增加财务风险　　　　　　　　　　D. 提高流动资产的收益率

15. 下列经济业务会使企业的流动比率变动的是( )。

    A. 销售产成品　　　　　　　　　　　B. 购买原材料

    C. 购买短期债券　　　　　　　　　　D. 用库存商品对外进行长期投资

16. 下列关于资产负债率的说法,不正确的是( )。

A. 它是一个反映长期偿债能力的指标,计算时不需要考虑短期债务

B. 它可以衡量企业在清算时保护债权人利益的程度

C. 该比率越低企业偿债越有保证,贷款越安全

D. 它反映在企业总资产中有多大比例是通过借债来筹资的

17. 下列指标中,其数值大小与偿债能力大小同方向变动的是(　　)。

A. 产权比率　　　　　　　　　　　B. 资产负债率

C. 已获利息倍数　　　　　　　　　D. 应收账款周转次数

18. 下列有关盈利能力分析和发展能力分析的有关说法中,错误的是(　　)。

A. 企业可以通过提高销售净利率、加速资金周转来提高总资产净利率

B. 一般来说,净资产收益率越高,股东和债权人的利益保障程度越高

C. 销售收入增长率大于1,说明企业本年销售收入有所增长

D. 资本积累率越高,表明企业的资本积累越多,应对风险、持续发展的能力越强

19. (　　)是企业财务结构稳健与否的重要标志。

A. 资产负债率　　B. 速动比率　　C. 现金比率　　D. 流动比率

20. 人们一般将(　　)视为企业能否成功地达到其利润目标的计量标志。

A. 每股收益　　B. 每股净资产　　C. 每股股利　　D. 市盈率

二、多项选择题

1. 在一定时期内,应收账款周转次数多、周转天数少表明(　　)。

A. 收账速度快　　　　　　　　　　B. 信用管理政策宽松

C. 应收账款流动性强　　　　　　　D. 应收账款管理效率高

2. 下列各项中,影响应收账款周转率指标的有(　　)。

A. 应收票据　　　　　　　　　　　B. 应收账款

C. 预付账款　　　　　　　　　　　D. 销售折扣与折让

3. 一般而言,存货周转次数增加,其所反映的信息有(　　)。

A. 盈利能力下降　　　　　　　　　B. 存货周转期延长

C. 存货流动性增强　　　　　　　　D. 资产管理效率提高

4. 市盈率是评价上市公司盈利能力的指标,下列表述正确的有(　　)。

A. 市盈率越高,意味着期望的未来收益较之当前报告收益就越高

B. 市盈率高意味着投资者对该公司的发展前景看好,愿意出较高的价格购买该公司股票

C. 成长性较好的高科技公司股票的市盈率通常要高一些

D. 市盈率过高,意味着这种股票具有较高的投资风险

5. 股利发放率是上市公司财务分析的重要指标,下列关于股利发放率的表述中,正确的有(　　)。

A. 可以评价公司的股利分配政策　　B. 反映每股股利与每股收益之间的关系

C. 股利发放率越高,盈利能力越强　　D. 是每股股利与每股净资产之间的比率

6. 下列各项因素中,影响企业偿债能力的有(　　)。

A. 经营租赁　　B. 或有事项　　C. 资产质量　　D. 授信额度

7. 下列财务指标中,可以反映长期偿债能力的有(　　)。

    A. 总资产周转率　　B. 权益乘数　　　　C. 产权比率　　　　　D. 资产负债率

8. 下列财务比率不反映企业短期偿债能力的有(　　)。

    A. 现金比率　　　　　　　　　　　B. 资产负债率

    C. 产权比率　　　　　　　　　　　D. 利息保障倍数

9. 乙企业目前的流动比率为1.5,若赊购材料一批,将会导致乙企业(　　)。

    A. 速动比率降低　　　　　　　　　B. 流动比率降低

    C. 营运资本增加　　　　　　　　　D. 存货周转次数增加

10. 下列财务比率反映企业长期偿债能力的有(　　)。

    A. 权益乘数　　　　　　　　　　　B. 利息保障倍数

    C. 应收账款周转率　　　　　　　　D. 资产负债率

11. 下列经济业务会影响到权益乘数的有(　　)。

    A. 接受所有者投资　　　　　　　　B. 购买固定资产

    C. 可转换债券转换为普通股　　　　D. 赊购原材料

12. 下列财务比率属于反映企业营运能力的有(　　)。

    A. 应收账款周转率　　　　　　　　B. 流动比率

    C. 固定资产周转率　　　　　　　　D. 总资产周转率

13. 下列经济业务会影响企业应收账款周转率的有(　　)。

    A. 收回应收账款　　　　　　　　　B. 销售产成品

    C. 销售退回　　　　　　　　　　　D. 偿还应付账款

14. 以下方法中,能够用来提高销售净利率的有(　　)。

    A. 扩大销售收入　　　　　　　　　B. 提高资产周转率

    C. 降低成本费用　　　　　　　　　D. 提高其他利润

15. 下列业务中,能够降低企业偿债能力的有(　　)。

    A. 企业采用经营租赁方式租入大型机械设备

    B. 企业从银行取得信贷额度1 000万元

    C. 企业向战略投资者进行定向增发

    D. 企业对其他公司的借款担保

三、判断题

1. 在财务分析中,企业经营者应对企业财务状况进行全面的综合分析,并关注企业财务风险和经营风险。　　　　　　　　　　　　　　　　　　　　　　　　　(　　)

2. 财务分析中的效率指标,是某项财务活动中所费与所得之间的比率,反映投入与产出的关系。　　　　　　　　　　　　　　　　　　　　　　　　　　　　　　(　　)

3. 如果固定资产增加幅度高于营业收入增长幅度,则会引起固定资产周转速度加快,表明企业的运营能力有所提高。　　　　　　　　　　　　　　　　　　　　　(　　)

4. 现金比率不同于速动比率之处主要在于剔除了应收账款对短期偿债能力的影响。　　　　　　　　　　　　　　　　　　　　　　　　　　　　　　　　　　　(　　)

5. 净收益营运指数是收益质量分析的重要指标,一般而言,净收益营运指数越小,表明

企业收益质量越好。 （　　）

6. 市盈率是反映股票投资价值的重要指标,该指标数值越大,表明投资者越看好该股票的投资预期。 （　　）

7. 通过横向和纵向对比,每股净资产指标可以作为衡量上市公司股票投资价值的依据之一。 （　　）

8. 比较分析法中的定基动态比率,是用分析期数额除以前期数额计算得到的。 （　　）

9. 在财务分析中,将通过对比两期或连续数期财务报告中的相同指标,确定其增减变动的方向、数额和幅度,来说明企业财务状况或经营成果的变动趋势的方法称为比率分析法。 （　　）

10. 在选择财务指标的比较标准时,同业标准是经常使用的标准,它一定有代表性,且一定具有合理性。 （　　）

11. 用银行存款购置固定资产可以降低总资产周转率。 （　　）

12. 2017 年甲公司实现净利润 100 万元,营业收入为 1 000 万元,平均所有者权益总额为 600 万元,预计 2018 年净利润增长 5%,其他因素不变,则该公司 2018 年净资产收益率为 17.5%。 （　　）

13. 市盈率是股票每股市价与每股收益的比率,反映普通股股东为获取每股收益所愿意支付的股票价格。 （　　）

14. 上市公司盈利能力的成长性和稳定性是影响其市盈率的重要因素。 （　　）

第三章
货币时间价值和风险衡量

 **引例**

瑞士田纳西镇巨额账单案例

如果你突然收到一张 1 260 亿美元的账单,你一定会大吃一惊。而这样的事情就发生在瑞士的田纳西镇的居民身上。纽约布鲁克林法院判决瑞士田纳西镇应向美国投资者支付这笔钱。最初,田纳西镇居民以为这是一件小事,但当收到账单时,他们被这张巨额账单惊呆了。他们的律师指出,若高级法院支持这一判决,为偿还债务,所有田纳西镇的居民在余生中不得不靠吃麦当劳等廉价快餐度日。

田纳西镇的问题源于 1966 年的一笔存款。斯兰黑不动产公司在内部交换银行(田纳西镇的一个银行)存入一笔 6 亿美元的存款,存款协议要求银行按每周 1% 的利率(复利)付息。(该银行第二年破产!)1994 年,纽约布鲁克林法院做出判决:从存款日到田纳西镇对该银行进行清算的 7 年中,这笔存款应按每周 1% 的复利计息,而在银行清算后的 21 年中,每年按 8.54% 的复利计息。

(资料来源:王化成.财务管理[M].5 版.北京:中国人民大学出版社,2017.)

？思考

(1) 请思考 1 260 亿美元是如何计算出来的?

(2) 如利率为每周 1%,按复利计算,6 亿美元增加到 12 亿美元需要多长时间?

(3) 本案例对你有何启示?

第一节　货币的时间价值

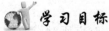 **学习目标**

(1) 理解货币时间价值的含义。

(2) 掌握复利终值和复利现值的计算。

微课

（3）理解年金的概念。

（4）掌握年金终值和年金现值的计算。

一、货币时间价值的含义

货币的时间价值是现代财务管理的基础理念之一，因其非常重要，并涉及所有理财活动，故有人称其为理财的"第一原则"。货币的时间价值是指货币经历一定时间的投资和再投资所增加的价值，也称为资金的时间价值。

当货币投入企业生产经营后，其数额随着时间的持续会不断增长。企业资金循环和周转的起点是投入货币资金，企业用货币购买所需的资源，然后生产出新的产品，产品出售时得到的货币量大于最初投入的货币量。资金的循环和周转以及实现货币增值都需要或多或少的时间，每完成一次循环，货币就增加一定的数量，周转的次数越多，增值额也越大。因此，随着时间的延续，货币总量在循环和周转中按几何级数增长，使货币具有时间价值。

从量上来看，货币的时间价值有相对数和绝对数两种表达方式。相对数即时间价值率，指在没有风险和没有通货膨胀条件下的社会平均资金利润率；绝对数即时间价值额，指资金在循环和周转中实现的增值额。在实际中，人们习惯用相对数字来表示货币的时间价值，通常把不存在通货膨胀时短期国库利率视为货币的时间价值。

例 3-1

货币时间价值

我们生活中有这样一种现象，即现在的 1 元钱和一年后的 1 元钱，其经济价值不相等，或者说是经济效用不同，现的 1 元钱比一年后的 1 元钱经济价值要大一些呢，为什么会这样呢？

例如，现在将 1 元钱存入银行，假设存款利率为 10%，一年后可以得到 1.10 元，这 1 元钱经过一年的时间投资增加了 0.1 元，这就是货币的时间价值。如果用相对数字来表示，这 1 元钱一年的时间价值为 10%。

（资料来源：中国注册会计师协会．财务成本管理[M]．北京：经济科学出版社，2020．）

由于货币随时间的延续而增值，不同时间点上 1 元钱价值是不相同的，即现在的 1 元钱和将来的 1 元钱经济价值不相等。所以，不同时点的货币不宜直接进行比较，需要将它们换算到相同时点上进行比较才有意义。

微课

二、终值和现值的计算

终值又称将来值，是现在一定量的货币折算到未来某一时点所对应的金额，通常记作 F。现值是指未来某一时点上一定量的货币折算到现在所对应的数额，通常记作 P。现值或终值是一定量货币在前后两个不同时点上对应的价值，其差额即为货币的时间价值。

单利和复利是计息的两种不同方式。单利是指按照固定的本金计算利息的一种方式。按照单利计算的方法,在每一个计息期,只有本金获得利息,不管时间多长,所生利息不加入本金重复计算利息。复利是指不仅对本金计算利息,还对利息计算利息的一种计息方式。

(一) 单利终值和单利现值

单利计息即只对本金计算利息,当期利息不计入下期本金。

1. 单利终值

单利终值就是单利计息方式下的本利和。其公式如下:

$$F = P + I$$
$$= P + P \times i \times n$$
$$= P \times (1 + i \times n)$$

式中:F 为终值;P 为现值(初始值);I 为利息;i 为利率;n 为期数。

例 3-2

某人存入银行 100 万元,若银行存款利率为 5%,求 3 年后的本利和。(单利计息)

存期 1 年的终值(F)$= 100 \times (1 + 5\% \times 1) = 105$(万元)

存期 2 年的终值(F)$= 100 \times (1 + 5\% \times 2) = 110$(万元)

存期 3 年的终值(F)$= 100 \times (1 + 5\% \times 3) = 115$(万元)

2. 单利现值

单利现值是指未来某一时点的资金按单利方式折算掉利息后的现值,也就是单利终值逆运算。其计算公式如下:

$$P = F \div (1 + i \times n)$$

例 3-3

某人存入银行一笔钱,希望 5 年后得到 100 万元,若银行存款利率为 5%,现在应存入多少钱?(单利计息)

现在应存入(P)$= 100 \div (1 + 5\% \times 5) = 80$(万元)

(二) 复利终值和现值

由于货币随时间增长的过程与复利的计算过程在数学上相似,因此,在换算时广泛使用复利计算方法。

复利计算方法是指每经过一个计息期,要将该期的利息加入本金再计算利息,逐期滚动计算,俗称"利滚利"。这里所说的一个计息期,是指相邻两次计息的间隔,如一年、半年等。除非特别说明,一般一个计息期为一年。

1. 复利终值

复利终值是指现在的特定资金按复利计算方法,折算到将来某一定时点的价值,或者说是现在的一定本金在将来一定时间,按复利计算的本金与利息之和,简称本利和。

例 3-4

某人将 100 万元存入银行,年利率为 10%,计算 1 年、2 年后的本利和。

1 年后的本利和:$F=100+100\times10\%=100\times(1+10\%)$

2 年后的本利和:$F=100\times(1+10\%)\times(1+10\%)=100\times(1+10\%)^2$

由此递推,可知经过 n 年的本利和为

$$F_n=100\times(1+10\%)^n$$

(资料来源:财政部会计资格评价中心. 财务管理[M]. 北京:经济科学出版社,2021.)

复利终值系数表

因此,复利终值的计算公式如下:

$$F=P\times(1+i)^n$$

式中:P 为现值(或初始值);i 为计息期利率;F 为终值(或本利和);n 为计息期数。$(1+i)$ 被称为复利终值系数,用符号 $(F/P,i,n)$ 表示,即 $F=P\times(F/P,i,n)$。$(F/P,i,n)$ 的值可查"复利终值系数表"。

例 3-5

某人将 100 万元存入银行,年利率 4%,半年计息一次,按照复利计算,求 5 年后的本利和(保留两位小数)。

本例中,一个计息期为半年,一年有两个计息期,所以,计息期利率 $=4\%\div2=2\%$,即 $i=2\%$;由于 5 年共计有 10 个计息期,$n=10$。所以 5 年后的本利和为

$$F=P\times(F/P,2\%,10)=100\times(F/P,2\%,10)\approx121.90(万元)$$

(资料来源:财政部会计资格评价中心. 财务管理[M]. 北京:经济科学出版社,2021.)

2. 复利现值

复利现值是指未来某一时点的特定资金按复利计算方法,折算到现在的价值。或者说是为取得将来一定本利和,现在所需要的本金。

复利现值系数表

根据复利终值公式计算复利现值,是指已知 F、i、n 时,求 P。根据复利终值计算公式 $F=P\times(1+i)^n$,可得:

$$P=F\times(1+i)^{-n}$$

式中:$(1+i)^{-n}$ 称为复利现值系数,用符号 $(P/F,i,n)$ 来表示,即 $P=F\times(P/F,i,n)$。复利现值系数可查"复利现值系数表"。

例 3-6

某人拟在 5 年后获得本利和 100 万元。假设存款年利率为 4%,按照复利计息,他现在应存入多少元?

$$P = F \times (P/F, 4\%, 5) = 100 \times (P/F, 4\%, 5) = 100 \times 0.821\ 9 = 82.19(万元)$$

（资料来源：财政部会计资格评价中心．财务管理[M]．北京：经济科学出版社，2021．）

需要说明的是，在复利终值和复利现值的计算中，现值可以泛指资金在某个特定时间段的"前一时点"（而不一定真的是"现在"）的价值，终值可以泛指资金在该时间段的"后一时点"的价值。

三、年金

年金是指一定时期内间隔期相等的系列等额的收付款项。例如，间隔期固定、金额相等的利息、租金、保险费、分期付款赊购、分期偿还贷款、发放养老金、分期支付工程款以及每年相同的销售收入等，都表现为年金的形式。年金按付款方式，可分为普通年金（后付年金）、预付年金（先付年金）、递延年金、永续年金等。在年金中，间隔期间可以不是一年，例如每季末等额支付的债务利息也是年金。

（一）普通年金终值和现值

普通年金是年金的最基本形式，也称为后付年金，它是指从第 1 期起，在一定时期内每期期末等额收付的系列款项。

1. 普通年金终值

普通年金终值如同零存整取的本利和，它是一定时期内每期期末等额收付款项的复利终值之和。

假设每年年末存入银行 100 元，连续存 3 年，在银行存款利率为 10% 的情况下，则在第 3 年年末将积累多少钱？

由图 3-1 可知，在第 3 年末积累的钱为

$$F = 100 + 100 \times (1+10\%) + 100 \times (1+10\%)^2 = 100 + 110 + 121 = 331(元)$$

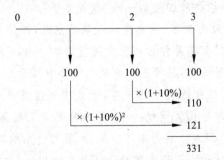

图 3-1 普通年金终值计算图示

以此类推，假定每年的支付金额为 A；利率为 i；期数为 n；则按复利计算的普通年金终值 F 为

$$F = A + A(1+i) + A(1+i)^2 + A(1+i)^3 + \cdots + A(1+i)^{n-1} \qquad ①$$

上式两边同乘以 $(1+i)$：

$$(1+i)F = A(1+i) + A(1+i)^2 + A(1+i)^3 + \cdots + A(1+i)^{n-1} + A(1+i)^n \qquad ②$$

上述两式相减（②式－①式），整理后得到：

年金终值系数表

$$(1+i)F-F=A(1+i)^n-A$$
$$F=A\times\frac{(1+i)^n-1}{i}$$

式中：$\frac{(1+i)^n-1}{i}$是普通年金为 1 元、利率为 i、经过 n 期的年金终值，称作普通年金终值系数。记作 $(F/A,i,n)$，可以通过查阅"年金终值系数表"。

例 3-7

某公司连续 5 年每年年末获得分红 100 万元，用于再投资，在投资报酬率为 10％的情况下，则该项分红在第 5 年年末累计为多少？

$$F=100\times(F/A,10\%,5)=100\times6.105=610.5（万元）$$

该项分红在第 5 年年末累计金额为 610.5 万元。

相关链接

拿破仑一束玫瑰花的代价

众所周知，拿破仑是 19 世纪法国伟大的政治家与军事家，法兰西第一帝国的缔造者。可就是这样一位伟大的人物，却因为一束玫瑰花令百年后的法国陷入了舆论的漩涡。

公元 1797 年 3 月，拿破仑与新婚妻子约瑟芬一同参观了卢森堡大公国第一国立小学，在那里，他们得到了学校的热情款待，这让他们很是过意不去。

为了表示自己对学校的感谢，拿破仑临走时向学校赠送了一束价值 3 路易的玫瑰花。他说："玫瑰花是两国友谊的象征，为了表示法兰西共和国爱好和平的诚意，只要法兰西共和国存在一天，他将每年向该校赠送一束同样价值的玫瑰花。"

后来由于多年的战争，拿破仑早已忘记了青年时的诺言。而卢森堡这个小国却把这段"欧洲巨人"与卢森堡孩子亲切和睦相处的一刻"载入史册"。

1894 年，卢森堡向法国政府致函，提出玫瑰花债的索赔，并给了法国政府两个选择。

第一，从 1798 年算起，以 3 路易作为一束玫瑰花的本金，以 5 厘复利计息全部清偿。

第二，要么在法国各大报纸上，公开承认拿破仑是个言而无信的小人。

法国不想损害拿破仑这位民族英雄的声誉，于是决定接受卢森堡索偿，可是，当财政部计算出需要赔付的金额后，却令法国大吃一惊，原来只要 3 个路易的玫瑰花，本息已经高达 1 375 596 法郎。这可是令法国人左右为难了。最后，经过仔细的斟酌，回复了卢森堡这样一段话，得到了他们的谅解。"今后，无论在精神上还是在物质上，法国将始终不渝地对卢森堡公国中小学教育事业予以支持与赞助，来体现我们的拿破仑将军一诺千金的玫瑰花誓言"。

1977 年 4 月 22 日，法国总统访问卢森堡，将一张象征 4 936 784.68 法郎的支票交给了卢森堡，履行了持续 180 年的"玫瑰花诺言"。

（资料来源：客馆的历史官方. 拿破仑一束玫瑰花的代价［R/OL］. https：//www.163.com/dy/article/GJRI0PJN0543NPPL. html，（2021-09-14）［2022-11-15］.）

2. 偿债基金

偿债基金是指为了在未来一定时点清偿某笔债务或积聚一定数额的资金而必须分次等额存入的准备金,也就是为使年金终值达到既定金额的年金数额。偿债基金的计算是根据年金的终值计算年金的即已知终值求年金。

根据普通年金终值计算公式:

$$F = A \times \frac{(1+i)^n - 1}{i} = A \times (F/A, i, n)$$

可知:

$$A = F \times \frac{i}{(1+i)^n - 1} = \frac{F}{(F/A, i, n)}$$

式中的普通年金终值系数的倒数称为偿债基金系数。偿债基金系数和普通年金终值系数互为倒数。

例 3-8

假设江南某公司拟在 3 年后还清 100 万元的债务,从现在起每年末等额存入银行一笔款项。假设银行存款利率为 10%,每年需要存入多少元?

$$A = \frac{F}{(F/A, i, n)} = \frac{100}{(F/A, 10\%, 3)} = \frac{100}{3.31} \approx 30.21 (万元)$$

在银行利率为 10% 时,每年存入 30.21 万元,3 年后可得 100 万元用来还清债务。

---

3. 普通年金现值

普通年金现值是指一定期间内每期期末等额的系列收付款项的现值之和。即普通年金现值等于各期年金复利现值之和。

假设你需要在每年年末还银行贷款 100 万元,连续还 3 年,在银行贷款利率为 10% 的情况下,3 年来你归还的银行贷款现在价值是多少?

如图 3-2 所示,每年年末还银行贷款 100 万元,3 年共归还的贷款现在的价值为每年归还贷款的复利现值的和。即

$$P = 100 \times (1+10\%)^{-1} + 100 \times (1+10\%)^{-2} + 100 \times (1+10\%)^{-3}$$
$$\approx 248.6 (万元)$$

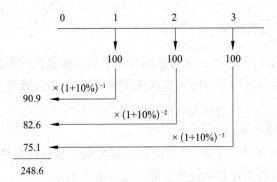

图 3-2 普通年金现值计算图示

以此类推,假定每年的支付金额为 A;利率为 i;期数为 n;则按复利计算的普通年金现值

P 为

$$P = A(1+i)^{-1} + A(1+i)^{-2} + A(1+i)^{-3} + \cdots + A(1+i)^{-n} \qquad ①$$

等式两边同乘以 $(1+i)$：

$$(1+i)P = A(1+i)^{0} + A(1+i)^{-1} + A(1+i)^{-2} + \cdots + A(1+i)^{-(n-1)} \qquad ②$$

上述两式相减(②式－①式)，整理得到：

$$(1+i)P - P = A - A(1+i)^{-n}$$

$$P = A \times \frac{1-(1+i)^{-n}}{i}$$

式中：$\dfrac{1-(1+i)^{-n}}{i}$ 是普通年金为 1 元、利率为 i、经过 n 期的年金现值，即普通年金现值系数，记作 $(P/A, i, n)$，可以通过查阅"年金现值系数表"取得相关系数。

年金现值系数表

4. 年资本回收额

年资本回收额是指在约定年限内等额收回初始投入资本或清偿所欠的债务。即根据年金现值计算的年金，即已知现值求年金。

根据普通年金现值计算公式：

$$P = A \times \frac{1-(1+i)^{-n}}{i} = A \times (P/A, i, n)$$

$$A = P \times \frac{i}{1-(1+i)^{-n}} = \frac{P}{(P/A, i, n)}$$

普通年金现值系数的倒数，称资本回收系数，资本回收系数与年金现值系数互为倒数。

例 3-9

假设江南公司现在拟出资 100 万元投资某项目，项目投资回报率预计为 10%，公司拟在 3 年内收回投资，请问每年至少要收回多少元？

$$A = \frac{P}{(P/A, i, n)} = \frac{100}{(P/A, 10\%, 3)} = \frac{100}{2.487} = 40.21(万元)$$

在投资回报率为 10% 时，每年收回 40.21 万元，3 年后收回初始投资的 100 万元。

(二)预付年金终值和现值

预付年金是指从第 1 期起，在一定时期内每期期初等额收付的系列款项，又称即付年金或先付年金。预付年金与普通年金的区别仅在于收付款时点，普通年金发生在期末，而预付年金发生在期初。

1. 预付年金终值的计算

对于等额收付 n 次的预付年金，其终值指的是各期等额收付金额在第 n 期期末的复利终值之和。等额收付 3 次的预付年金终值的计算如图 3-3 所示。

计算预付年金终值的一般公式为

$$F = A(1+i) + A(1+i)^{2} + \cdots + A(1+i)^{n}$$

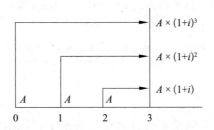

图 3-3　预付年金终值计算图示

等式两边同时乘以$(1+i)^{-1}$：

$$F \times (1+i)^{-1} = A + A(1+i) + A(1+i)^2 + \cdots + A(1+i)^{n-1}$$

即

$$F \times (1+i)^{-1} = A \times (F/A, i, n)$$

两边同时乘以$(1+i)$得到：

$$预付年金终值\ F = A \times (F/A, i, n) \times (1+i)$$

2. 预付年金现值的计算

对于等额收付 n 次的预付年金,其现值指的是各期等额收付金额在第 1 期初(0 时点)的复利现值之和。等额收付 3 次的预付年金现值的计算如图 3-4 所示。

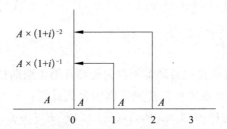

图 3-4　预付年金现值计算图示

预付年金现值的计算公式如下：

$$P = A + A(1+i)^{-1} + A(1+i)^{-2} + \cdots + A(1+i)^{-(n-1)}$$

等式两边同时乘以$(1+i)^{-1}$：

$$P \times (1+i)^{-1} = A(1+i)^{-1} + A(1+i)^{-2} + \cdots + A(1+i)^{-n}$$

即

$$P \times (1+i)^{-1} = A \times (P/A, i, n)$$

等式两边同时乘以$(1+i)$得到：

$$P = A \times (P/A, i, n) \times (1+i)$$

式中:n 为等额收付的次数(即 A 的个数)。

例 3-10

甲公司购买一台设备,付款方式为现在付 10 万元,以后每隔一年付 10 万元,共计付款 6 次。假设利率为 5%,如果打算现在一次性付款应该付多少?

由于付款 6 次,所以,$n=6$,因此：

$$P = 10 \times (P/A, 5\%, 6) \times (1+5\%) = 10 \times 5.075\ 7 \times 1.05 \approx 53.29(万元)$$

即如果打算现在一次性付款应该付 53.29 万元。

(资料来源:财政部会计资格评价中心.财务管理[M].北京:经济科学出版社,2021.)

(三)递延年金

递延年金是指在最初若干期没有收付款项的情况下,后面若干期有等额的系列收款项的年金。递延的期数称为递延期,一般用 m 表示递延期。递延年金的第一次收付发生在第 $(m+1)$ 期期末(m 为大于 0 的整数),如图 3-5 所示。

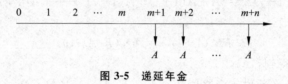

图 3-5 递延年金

1. 递延年金终值的计算

由于计算 n 期递延年金终值的时间点在第 $(m+n)$ 期期末,所以递延年金终值的计算方法和普通年金终值类似:

$$F = A + A \times (1+i) + A \times (1+i)^2 + \cdots + A \times (1+i)^{n-1}$$
$$= A \times (F/A, i, n)$$

2. 递延年金现值的计算

递延年金现值是指递延年金中各期等额收付金额在第 1 期期初(0 时点)的复利现值之和。如图 3-6 所示,递延年金现值可以按照下面的公式计算:

$$P = A \times (P/A, i, n) \times (P/F, i, m)$$

式中:n 为等额收付的次数(即 A 的个数);$A \times (P/A, i, n)$ 为第 m 期期末的复利现值之利,由于从第 m 期期末复利折现到第 1 期期初需要复利折现 m 期。所以,递延年金现值 $= A \times (P/A, i, n) \times (P/F, i, m)$。

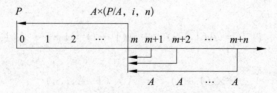

图 3-6 递延年金现值计算图示

例 3-11

某企业向银行借入一笔款项,银行贷款的年利息率为 8%,银行规定前 10 年不需还本利息,但从第 11 年至第 20 年每年年末需偿还本息 1 000 元,这笔款项的现值应是多少?

$$P = 1\ 000 \times (P/A, 8\%, 10) \times (P/F, i, 10) = 1\ 000 \times 6.710 \times 0.463 = 3\ 106.73(元)$$

(资料来源:王化成.财务管理[M].5 版.北京:中国人民大学出版社,2017.)

（四）永续年金

无限期定额支付的年金称为永续年金。在西方国家,有些债券为无期债券,这些债券的利息可以视为永续年金;优先股因为有固定的股利而又无到期日,因而优先股利也可以看作是永续年金。

永续年金没有终止的时间,也就没有终值。永续年金的现值可以通过普通年金现值的计算公式导出:

$$P = A \times \frac{1 - (1 + i)^{-n}}{i}$$

当 $n \to \infty$ 时,$(1 + i)^{-n}$ 的极限为零,故上式变为

$$P = A \cdot \frac{1}{i}$$

例 3-12

拟建立一项永久性的奖学金,每年计划颁发 1 000 元奖学金,若利率为 10%,现在应存入多少钱?

$$P = 1\,000 \times \frac{1}{10\%} = 10\,000(元)$$

？思考

(1) 资金时间价值的含义是什么?

(2) 复利终值系数与年金终值系数之间有什么关系?

(3) 复利现值系数与年金现值系数之间有什么关系?

第二节　资产收益和风险

学习目标

(1) 理解资产收益的含义。

(2) 掌握资产收益率的类型。

(3) 理解风险的概念和掌握风险的分类。

(4) 掌握风险报酬的计量。

一、资产收益与收益率

（一）资产收益的含义与计算

资产收益是指资产的价值在一定时期的增值。一般情况下,有两种表述资产收益的

方式。

第一种方式是以金额表示的,称为资产的收益额,通常以资产价值在一定期限内的增值量表示,该增值量来源于两部分:一是期限内资产的现金净收入;二是期末资产的价值(或市场价格)相对于期初价值(价格)的升值。前者多为利息、红利或股息收益,后者称为资本利得。

第二种方式是以百分比表示,称为资产的收益率或报酬率,是资产增值量与期初资产价值(价格)的比值。该收益率也包括两部分:一是利息(股息)的收益率;二是资本利得的收益率。以金额表示的收益与期初资产的价值(价格)相关,不利于不同规模资产之间收益的比较,而以百分数表示的收益则是一个相对指标,便于不同规模下资产收益的比较和分析。所以,通常情况下,我们都是用收益率的方式来表示资产的收益。

另外,由于收益率是相对于特定期限的,它的大小要受计算期限的影响,但是计算期限常常不一定是一年,为了便于比较和分析,对于计算期限短于或长于一年的资产,在计算收益率时一般要将不同期限的收益率转化成年收益率。

因此,如果没有特殊说明,资产的收益指的就是资产的年收益率,又称资产的报酬率。

(二)资产收益率的类型

在实际的财务工作中,由于工作角度和出发点不同,资产收益率可以有以下一些类型。

1. 实际收益率

实际收益率表示已经实现或者确定可以实现的资产收益率,表述为已实现或确定可以实现的利息(股息)率与资本利得收益率之和。当然,当存在通货膨胀时,还应当扣除通货膨胀率的影响,剩余的才是真实的收益率。

2. 预期收益率

预期收益率也称期望收益率,是指在不确定的条件下,预测的某资产未来可能实现的收益率。

一般按照加权平均法计算预期收益率。计算公式为

$$预期收益率 = \sum_{i=1}^{n} R_i P_i$$

式中:R_i 为情况 i 出现时的收益率;P_i 为情况 i 可能出现的概率。

例 3-13

某企业有 A、B 两个投资项目,两个投资项目的收益率及其概率分布情况如表 3-1 所示,试计算两个项目的期望收益率。

表 3-1　项目 A 和项目 B 投资收益率的概率分布

项目实施情况	该种情况出现的概率		投资收益率/%	
	项目 A	项目 B	项目 A	项目 B
好	0.2	0.3	15	20
一般	0.6	0.4	10	15
差	0.2	0.3	0	−10

根据公式计算项目 A 和项目 B 的期望投资收益率分别为

项目 A 的期望投资收益率＝15％×0.2＋10％×0.6＋0×0.2＝9％

项目 B 的期望投资收益率＝20％×0.3＋15％×0.4＋（－10％）×0.3＝9％

（资料来源：财政部会计资格评价中心．财务管理［M］．北京：经济科学出版社，2021．）

3. 必要收益率

必要收益率也称最低报酬率或要求的最低收益率，表示投资者对某资产合理要求的最低收益率。必要收益率由无风险收益率和风险收益率两部分构成。

（1）无风险收益率也称无风险利率，它是指无风险资产的收益率，它的大小由纯粹利率（资金的时间价值）和通货膨胀补贴两部分组成。用公式表示如下：

无风险收益率＝纯粹利率（资金的时间价值）＋通货膨胀补偿率

由于国债的风险很小，尤其是短期国债的风险更小，因此，在通货膨胀很小的情况下，为了方便起见，通常用短期国债的利率近似地代替无风险收益率。

（2）风险收益率是指某资产持有者因承担该资产的风险而要求的超过无风险收益率的额外收益。风险收益率衡量了投资者将资金从无风险资产转移到风险资产而要求得到的"额外补偿"，它的大小取决于以下两个因素：一是风险的大小；二是投资者对风险的偏好。

综上所述：

必要收益率＝无风险收益率＋风险收益率

＝纯粹利率（资金的时间价值）＋通货膨胀补偿率＋风险收益率

微课

二、风险

（一）风险的概念

风险是一个非常重要的财务概念。任何决策都有风险，这是风险概念在理财中具有普遍的意义。因此，有人说，时间价值和风险价值是财务管理中最重要的两个基本原则。

"风险"一词，在近代生活中使用越来越频繁。在《现代汉语词典》中对"风险"做了解释，认为风险是"可能发生的危险"，把风险作为危险的一种，是危险中可能发生的部分。这个解释很难让人理解。不过有一点是符合实际的，人们在日常生活中讲的危险，实际上是指危险，意味着损失或失败，是一种不好的事情。

一般来说，讨论专业概念时，可以不考虑日常用语的含义。由于许多人在讨论财务问题时，常常把"风险"一词作为日常用语来使用，并引起许多误解。因此，有必要强调区分日常用语和财务管理中风险的不同含义。

早期风险被定义为"风险是发生财务损失的可能性"。这样的定义接近日常生活中使用的概念，主要是强调风险可能带来的损失，与危险的含义类似。

学者们在对风险进行深入研究以后，人们发现风险不仅可以带来超出预期的损失，也可以带来超出预期的收益。于是出现了一个更正式的定义，风险是指预期结果的不确定性。

这个定义包括以下几方面的含义。风险不仅包括负面效应的不确定性，还包括正面效应的不确定性。这个定义要求区分危险和风险,危险专指负面效应,是损失及其发生程度的不确定性,而人们对危险需要识别、衡量、防范和控制,即对危险进行管理。风险的概念比危险的概念广泛,它包括了危险,危险只是风险的一部分。风险的另一部分即正面效应,可以称为"机会"。人们对于机会需要识别、衡量、选择和获取。理财活动不仅要管理危险,还要有识别、衡量、选择和获取增加企业价值的机会,风险的新概念反映了人们对财务现象更深刻的认识,也就是危险与机会并存。风险可能给投资人带来超出预期的收益,也可能带来超出预期的损失。

(二)风险的分类

对风险的分类,可以从公司面临的风险和投资人需要承担的风险两个方面来划分。

1. 经营风险和财务风险

从公司经营管理的角度,可将风险分为经营风险和财务风险。

(1)经营风险是指由市场变动(数量和价格)引起,结果表现为资产收益率的不确定。经营风险是由许多因素决定的,主要表现在几个方面。

① 需求的变化。在其他条件不变的情况,对企业的需求越稳定其经营风险越小。

② 售价的变化。产品售价经常变化的企业,要比同类的价格稳定的企业承担较高的经营风险。

③ 投入成本的变化。投入成本非常不稳定的企业也面临较高的经营风险。投入成本变化时,企业调整产出价格的能力。当投入成本升高时,相对于其他企业能提高自己的产品价格。在其他条件不变时,相对于成本变化而调节产品价格的能力越强则经营风险越小。

④ 固定成本的比重。如果企业的成本大部分是固定成本,并且当市场需求下降时,企业固定成本并不降低,则经营风险较高,这种作用因素称为经营杠杆。

以上因素是由企业的产业特点决定的,同时它们在一定程度上也是可以控制的。例如,大多数企业可改变他们的营业政策,采取措施以稳定营业数量和营业价格,但这稳定措施可能需要企业做大量的广告和做出价格方面的让步,以便保证客户在将来能以固定的价格买到固定数量的商品。

(2)财务风险是指因负债而增加的风险。引起企业财务风险的主要原因是资产报酬的不利变化和资金成本的固定负担。由于债务利息是固定的,当企业的息税前利润下降时,企业仍然需要支付固定的资金成本,导致普通股剩余收益下降,从而增加了企业的风险。

2. 公司特有风险和系统风险

从投资的角度来看,投资人进行投资行为面临着来自被投资公司的公司特有风险和来自整个投资市场的系统风险。

(1)公司特有风险又称为非系统风险。公司特有风险是指发生在个别公司的特有事件造成的风险,例如,个别公司的工人罢工、公司在市场竞争中的失败等。公司特有风险只涉及个别企业或个别投资项目,不对所有企业或投资项目产生普遍的影响。这种不利可以通过多元化投资来分散,即发生于一家公司或一个项目的不利事件,可以被其他公司或其他项目的有利事件所抵消。

(2)系统风险又称为不可分散风险。系统风险是影响整个市场所有企业和投资项目的风险,它来自整个经济系统,是影响公司经营的普遍因素。例如,宏观经济状况的变化、国家税法的变化、国家财政和货币政策的变化、世界能源状况的改变等都会使股票收益发生变动。这些风险影响所有的公司,因此不能通过证券组合分散掉。系统风险是没有有效的办法消除的,投资者开展投资活动必须承担系统风险,并可以获得相应的投资回报。

(三) 风险的衡量

衡量风险的指标主要有收益率的方差、标准差和标准差率等。

1. 概率分布

在经济活动中,某一事件在相同的条件下可能发生也可能不发生,这类事件称为随机事件。概率是用来表示随机事件发生可能性大小的数值。通常,把必然发生的事件的概率定为1,把不可能发生的事件的概率定为0,而一般随机事件的概率是介于0与1之间的一个数。概率越大就表示该事件发生的可能性越大。随机事件所有可能结果出现的概率之和等于1。

2. 期望值

期望值是一个概率分布中的所有可能结果以各自相应的概率为权数计算的加权平均值。期望值通常用符号 $\overline{K}$ 表示。计算公式如下:

$$\overline{K} = \sum_{i}^{n} K_i P_i$$

式中:$\overline{K}$ 为期望值;K_i 为第 i 种可能结果的报酬率;P_i 为第 i 种可能结果的概率;n 为可能结果的个数。

3. 标准差

标准差也叫标准离差,是方差的平方根。标准差是各种可能结果偏离期望值的综合差异,是反映离散程度的一种量度。其计算公式为

$$\delta = \sqrt{\sum_{i=1}^{n} (K_i - \overline{K})^2 P_i}$$

式中:δ 为标准差;$\overline{K}$ 为期望值;K_i 为第 i 种可能结果的值;P_i 为第 i 种可能结果的概率;n 为可能结果的个数。

标准差以绝对数衡量决策方案的风险,在期望值相同的情况下,标准差越大,风险越大;反之,标准差越小,则风险越小。

4. 标准差率

标准差率是标准差同期望值之比,通常用符号 V 表示,其计算公式为

$$V = \frac{\delta}{\overline{K}} \times 100\%$$

标准差率是一个相对指标,它以相对数反映决策方案的风险程度。方差和标准差作为绝对数,只适用于期望值相同的决策方案风险程度的比较。对于期望值不同的决策方案,评价和比较其各自的风险程度只能借助于标准差率这一相对数值。在期望值不同的情况下,标准差率越大,风险越大;反之,标准差率越小,风险越小。

5. 计算风险报酬率

标准差率虽然能正确评价投资风险程度的大小,但它不是风险报酬率。要计算风险报

酬率,还必须借助一个系数——风险报酬系数。风险报酬率、风险报酬系数和标准差率之间的关系,可用公式表示如下:

$$R_R = bV$$

式中:R_R 为风险报酬率;b 为风险报酬系数;V 为标准差率。

投资的总报酬率可表示为

$$K = R_F + R_R = R_F + bV$$

式中:K 为投资的总报酬率;R_F 为无风险报酬率。

无风险报酬率就是没有通货膨胀的货币时间价值,一般把投资于国库券的报酬率视为无风险报酬率。

风险报酬系数是将标准差率转化为风险报酬的一种系数。风险报酬系数可由企业领导者,如总经理、财务副总经理、总会计师、财务部经理等根据经验加以确定,也可由企业组织有关专家确定。实际上,风险报酬系数的确定,在很大程度上取决于各公司对风险的态度。

例 3-14

西京公司和东方公司股票的报酬率及其概率分布情况详见表 3-2,假如风险报酬系数为 5%,无风险报酬率为 10%。试计算两个公司的期望报酬率、标准差、标准差率、风险报酬率及投资报酬率。

表 3-2 西京公司和东方公司股票报酬率的概率分布

经济情况	该种经济情况发生的概率	报酬率	
		西京公司	东方公司
繁荣	0.2	40%	70%
一般	0.6	20%	20%
衰退	0.2	0	−30%

(1)计算两个公司的期望报酬率:

西京公司期望报酬率=40%×0.2+20%×0.6+0×0.2=20%

东方公司期望报酬率=70%×0.2+20%×0.6+(−30%)×0.2=20%

(2)计算两个公司报酬率的标准差:

西京公司的标准差 $\delta = \sqrt{(40\%-20\%)^2 \times 0.2 + (20\%-20\%)^2 \times 0.6 + (0-20\%)^2 \times 0.2}$
$= 12.65\%$

东方公司的标准差 $\delta = \sqrt{(70\%-20\%)^2 \times 0.2 + (20\%-20\%)^2 \times 0.6 + (-30\%-20\%)^2 \times 0.2}$
$= 31.62\%$

由此可知,西京公司和东方公司的期望报酬率相等,西京公司的标准差小于东方公司的标准差,所以西京公司的风险小于东方公司的风险。

(3)计算两个公司的标准差率

$$西京公司的标准差率 V = \frac{12.65\%}{20\%} \times 100\% = 63.25\%$$

$$东方公司的标准差率 V = \frac{31.62\%}{20\%} \times 100\% = 158.1\%$$

东方公司的标准差率大于西京公司的标准差率,东方公司的风险程度高于西京公司的风险程度。

(4) 计算两个公司的风险报酬率

西京公司的风险报酬率 $R_R = bV = 5\% \times 63.25\% = 3.16\%$

东方公司的风险报酬率 $R_R = bV = 5\% \times 158.1\% = 7.91\%$

(5) 计算两个公司股票的投资报酬率

西京公司的投资报酬率 $K = 10\% + 3.16\% = 13.16\%$

东方公司的投资报酬率 $K = 10\% + 7.91\% = 17.91\%$

(资料来源:王化成. 财务管理[M]. 5版. 北京:中国人民大学出版社,2017.)

 案例分析

开一家火锅店

孙女士看到在邻近的城市中,一种品牌的火锅餐馆生意很火爆。她也想在自己所在的县城开一个火锅餐馆,于是找到业内人士进行咨询。花了很长时间,她终于联系到了火锅餐馆的中国总部,工作人员告诉她,如果她要加入火锅餐馆的经营队伍,必须一次性支付50万元,并按该火锅品牌的经营模式和经营范围营业。孙女士提出现在没有这么多现金,可否分次支付,得到的答复是如果分次支付,必须从开业当年起,每年年初支付20万元,付3年。三年中如果有一年没有按期付款,则总部将停止专营权的授予。

假设孙女士现在身无分文,需要到银行贷款开业,而按照孙女士所在县城有关扶持下岗职工创业投资的计划,她可以获得年利率为5%的贷款扶持。

请问孙女士现在应该一次性支付还是分次支付?

? 思考

(1) 风险的含义是什么?

(2) 风险与报酬之间存在什么关系?

课后习题

一、单项选择题

1. 下列各项中,无法计算出最终结果的是(　　)。

    A. 递延年金终值　　　　　　　　　B. 永续年金终值

    C. 普通年金终值　　　　　　　　　D. 预付年金终值

2. 某基金为支持汶川灾后重建,每年向该县资助善款500 000元。善款保存在中国建设银行该县支行,假设银行存款年利率为4%,该基金必须要投资(　　)元作为善款。

    A. ∞　　　　　　B. 20 000　　　　　　C. 500 000　　　　　　D. 12 500 000

3. 已知甲、乙两个投资方案的期望值分别为10%和12%,两个方案都存在投资风险,在

比较甲、乙两方案风险大小时应使用的指标是（　　　）。

  A. 标准差率   B. 标准差   C. 协方差   D. 方差

4. 资本回收系数与（　　）互为倒数。

  A. 年金现金系数 B. 年金终值系数 C. 复利终值系数 D. 复利现金系数

5. 企业进行多元化投资，其目的之一是（　　　）。

  A. 追求风险   B. 消除风险   C. 减少风险   D. 接受风险

6. 以下关于资金时间价值的叙述中，错误的是（　　　）。

  A. 资金时间价值是指一定量资金在不同时点上的价值量差额

  B. 资金时间价值相当于没有风险、没有通货膨胀条件下的社会平均利润率

  C. 根据资金时间价值理论，可以将某一时点的资金金额折算为其他时点的金额

  D. 资金时间价值等于无风险收益率减去纯粹利率

7. 普通年金就是指（　　　）。

  A. 各期期初收付款的年金   B. 各期期末收付款的年金

  C. 即付年金   D. 预付年金

8. 最初若干期没有收付款项，距今若干期以后发生的每期期末收款、付款的年金，被称为（　　　）。

  A. 普通年金   B. 先付年金   C. 后付年金   D. 递延年金

9. 货币时间价值的实质是（　　　）。

  A. 推迟消费的补偿

  B. 资金所有者与资金使用者分离的结果

  C. 资金周转使用后的增值额

  D. 时间推移所带来的差额价值

10. 张某为了 5 年后能从银行取出 100 万元，在复利年利率 2% 的情况下，当前应存入银行的金额（　　　）万元。

  A. 100   B. 102   C. 90.57   D. 121.67

二、多项选择题

1. 影响货币时间价值大小的因素主要包括（　　　）。

  A. 单利   B. 复利   C. 资金额   D. 利率和期限

2. 年金的特点有（　　　）。

  A. 连续性   B. 等额性   C. 系统性   D. 永久性

3. （　　　）是普通年金的特殊形式。

  A. 后付年金   B. 永续年金   C. 预付年金   D. 递延年金

4. 下列关于货币时间价值系数关系的表述中，正确的有（　　　）。

  A. 普通年金现值系数×投资回收系数＝1

  B. 普通年金终值系数×偿债基金系数＝1

  C. 普通年金现值系数×(1＋利率)＝预付年金现值系数

  D. 普通年金终值系数×(1＋利率)＝预付年金终值系数

5. A 证券的预期报酬率为 12%，标准差为 12%；B 证券的预期报酬率为 15%，标准差

为 30%,则下列说法中正确的有( )。

  A. A 的绝对风险大   B. B 的绝对风险大

  C. A 的相对风险大   D. B 的相对风险大

6. 下列各项中,不属于企业特有风险的有( )。

  A. 经营风险   B. 利率风险   C. 财务风险   D. 汇率风险

7. 在下列各种情况下,会给企业带来经营风险的有( )。

  A. 企业产品的生产质量不稳定   B. 原材料价格发生变动

  C. 企业产品更新换代周期过长   D. 企业举债过度

8. 下列属于递延年金的特点的有( )。

  A. 没有终值   B. 年金的第一次支付发生在若干期以后

  C. 年金的终值中的"n"与延递期无关   D. 年金的现值中的"n"与递延期无关

三、计算题

1. M 公司发行一种债券,年利率为 12%,按季计息,1 年后还本付息,每张债券还本付息 1 000 元。该债券的现值为多少?

2. P 公司全部用银行贷款投资兴建一个工程项目,总投资额为 5 000 万元,假设银行借款利率为 16%。该工程当年建成投产。该工程建成投产后,分 8 年等额归还银行借款,每年年末应还多少?

3. 某酒店计划买一套价值 17 万元的设备。使用该设备,在今后三年中,每年带来的净现金流量为 6 万元。假定年利率为 10%,判断是否购买该设备。

4. 王某与朋友合伙开办的旅游公司从 2016 年营业至今发展十分迅速,现有一部分闲散资金准备用来进行为期一年的短期投资。通过对证券市场一段时间的考察,王某拟定了四个投资备选方案。未来一年里,总体的经济情况大概分为衰退、一般和繁荣。王某参考经济专家的分析,拟定这三种情况发生的概率分别为 20%、60%、20%。四种投资方案分别对应于三种经济情况的估计报酬率如表 3-3 所示。

表 3-3   投资方案报酬率的概率分布

经济情况	该种经济情况 发生的概率	报酬率			
		A	B	C	D
繁荣	0.2	10%	6%	22%	5%
一般	0.6	10%	11%	14%	15%
衰退	0.2	10%	31%	−4%	25%

(1) 请帮助王某计算各方案的期望报酬率、标准离差、标准离差率。

(2) 王某将四种方案的情况介绍给合伙人,合伙人希望他能提出具体的筛选方案以帮助大家判断。王某想通过比较四种方案各自的标准离差或期望报酬率来确定是否可以淘汰其中某一方案,他应该如何回复合伙人?

(3) 你觉得这种方法可行吗? 其中存在哪些问题?

内　容　篇

第四章
旅游企业筹资管理

 **引例**

汤姆·F. 赫林的创业筹资

1954 年,汤姆·F. 赫林(汤姆·F. 赫林是全美旅馆协会的主席,是全美旅馆业乃至旅游界的泰斗)被选为拉雷多市"猛狮俱乐部"主席。该俱乐部选派他和他的妻子去纽约参加国际"猛狮俱乐部"会议。夫妇俩到纽约赴会后,决定去纽约州的尼亚加拉大瀑布做一次伉俪旅游,结果他们惊奇地发现,在这大好美景两岸的美国和加拿大,都没有为游客提供歇宿的住所和其他设施。

从此在赫林的心里就孕育了一个在风景区开设旅馆的想法。要建造旅馆就得找地基,他在格兰德市找到了一所高中,因为校方想出售这座房子。可是当时赫林还只是一家木材公司的小职员,周薪仅有 125 美元,想买这幢房子,却苦于无资金。于是他向所在工作的公司股东游说从事旅馆经营,但未成功。他只得独自筹集了 500 美元,请一位建筑师设计了一张旅馆示意草图。他既未攻读过建筑,又没有钻研过工程,因此,他对示意图的可行性研究慎之又慎。当他带着示意图向保险公司要贷款 60 万元时,保险公司非得要他找一个有100 万元资产的人作担保。于是,他向另一家木材公司的总经理求援。该总经理看了旅馆示意图后,以本公司独家承包家具制造为条件,同意做他的担保人。

赫林再以发行股票的方式筹集资金,他提出两种优先股:一种股份供出卖,取得现金;另一种是以提供物资来代替股金。就这样,他筹集到了创业所需的资金,建成了理想中的拉波萨多旅馆。

(资料来源:鼎博泰投资. 汤姆·F. 赫林的创业筹资[R/OL]. http://www.dibot.cn/index.aspx? menuid＝6＆type＝articleinfo＆lanmuid＝15＆infoid＝203＆language. (2011-07-18)[2022-11-15].)

？思考

(1) 赫林用到了几种筹资方式?试分析每种筹资方式的优缺点。

(2) 阅读汤姆·F. 赫林的创业筹资过程,你有什么感悟和体会?

第一节　旅游企业筹资管理概述

学习目标

(1) 理解筹资的概念。

(2) 了解旅游企业筹资的动机。

(3) 了解旅游企业筹资的原则。

微课

一、旅游企业筹资的概念

旅游企业筹资是指旅游企业根据经营活动、对外投资以及调整资本结构等需求,有效地筹措和集中资金的活动。通常所说的筹资主要是指长期资金的筹集,短期资金的筹集则归入营运资金管理。旅游企业筹资需要针对不同的筹资来源,运用适当的筹资方式。

相关链接

旅游企业投融资数据统计

2011—2021年旅游行业投融资事件共2 734起,披露融资金额近5 000亿元。从融资事件数量来看,近十年的融资笔数呈正态分布,2011—2016年,缓慢爬升,2016年之后逐年下降,2016年融资事件达649起,为历年第一高。

从融资金额来看,2011—2019年,旅游行业披露的融资金融从54亿元增长至近1 200亿元,增长了20多倍。2020年,旅游行业全年仅拿到360亿元融资,同比下降率高达70%,像是被踩了"急刹车"。

2021年旅游市场逐渐回暖,1—4月旅游行业投融资事件共25起,披露融资金额超33亿元。1月发生的投融资事件数量为目前最多,共9起,披露的融资金额超18亿元;2月和3月发生的旅游投融资事件数量减少,分别为4起和5起。4月市场再次升温,共发生7起旅游投融资事件,披露的投融资金额超12亿元。

(资料来源:迈点网.2021年旅游市场回暖:1—4月融资事件25起,披露金额超33亿元[R/OL]. https://www.meadin.com/wl/227514.html.(2021-04-30)[2022-11-15].)

(1) 筹资来源是指旅游企业筹集资金的源泉。我国旅游企业长期筹资的来源主要包括政府资金、银行资金、非银行金融机构资金、其他法人资金、个人资金、企业内部资金以及境外资金。

(2) 筹资方式是指企业筹集资金的具体形式和工具。旅游企业的长期筹资方式主要包括吸收投入资本、发行股票、长期借款、发行债券、融资租赁和留存收益。

(3) 筹资来源和筹资方式的关系非常密切。同一投资来源往往可以采取不同的筹资方式取得,而同一投资方式又往往适用于不同的筹资来源。旅游企业在筹资时应当注意投资来源和筹资方式的合理搭配。在我国筹资来源和筹资方式的配合情况如表 4-1 所示。

表 4-1　筹资来源与筹资方式的配合

筹 资 来 源	筹资方式						
	吸收投入资本	发行股票	发行债券	长期借款	发行债券	融资租赁	留存收益
政府资金	√	√					
银行资金				√			
非银行金融机构	√	√	√	√	√	√	
其他法人资金	√				√		
个人资金	√				√		
企业内部资金							√
境外资金	√		√	√	√	√	

二、旅游企业筹资的动机

旅游企业筹资的基本目的是生存和发展。具体到每次筹资活动原因不尽相同,如开发新的旅游项目、更新购置设备、对外投资以及偿还债务等目的。概括起来,旅游企业筹资主要有以下四种筹资动机。

(一)创立性筹资动机

创立性筹资动机是指旅游企业设立时,为取得资本金并形成开展经营活动的基本条件而产生的筹资动机。资金是设立企业的第一道门槛。根据《中华人民共和国公司法》《中华人民共和国合伙企业法》《中华人民共和国个人独资企业法》等相关法律的规定,任何一个企业或公司在设立时都要求有符合企业章程或公司章程规定的全体股东认缴的出资额。企业创建时,要按照企业经营规模预计长期资本需要量和流动资金需要量,购建固定资产,安排垫付流动资金,形成企业的经营能力。这样就需要筹措注册资本和资本公积等股权资金,不足部分需要筹集银行借款等债务资金。

(二)扩张性筹资动机

扩张性筹资动机是指旅游企业因扩大经营规模或满足对外投资需要而产生的筹资动机。旅游企业维持简单日常经营所需要的资金是稳定的,通常不需要或很少追加筹资。一旦企业扩大经营规模,开展对外投资,就需要大量追加筹资。具有良好发展前景、处于成长期的旅游企业,往往会产生扩张性的筹资动机。扩张性的筹资活动,在筹资的时间和数量上都要服从于投资决策和投资计划的安排,避免资金的闲置和投资时机的贻误。扩张性筹资的直接结果,往往是企业资产总规模的增加和资本结构的明显变化。

(三)支付性筹资动机

支付性筹资动机是指为了满足旅游企业经营业务活动的正常波动所形成的支付需要而

产生的筹资动机。旅游企业在开展经营活动过程中,经常会出现超出维持正常经营活动资金需求的季节性、临时性的交易支付需要,如原材料购买的大额支付、员工工资的集中发放、银行借款的偿还、股东股利的发放等。这些情况要求除了正常经营活动的资金投入以外,还需要通过经常的临时性筹资来满足经营活动的正常波动需求,维持企业的支付能力。

(四)调整性筹资动机

调整性筹资动机是指旅游企业因调整资本结构而产生的筹资动机。资本结构调整的目的在于降低资金成本,控制财务风险,提升企业价值。企业产生调整性筹资动机的具体原因大致有两个:一是优化资本结构,合理利用财务杠杆效应。企业现有资本结构不尽合理的原因有债务资本比例过高,有较大的财务风险;股权资本比例较大,企业的资金成本负担较重。这样可以通过筹资增加股权或债务资金,达到调整和优化资本结构的目的。二是偿还到期债务,债务结构内部调整。如流动负债比例过大,使企业近期偿还债务的压力较大,可以举借长期债务来偿还部分短期债务。又如一些债务即将到期,企业虽然有足够的偿债能力,但为了保持现有的资本结构,可以举借新债以偿还旧债。调整性筹资的目的是调整资本结构,而不是为企业经营活动追加资金,这类筹资通常不会增加企业的资本总额。

(五)混合性筹资动机

在实践中,旅游企业筹资的目的可能不是唯一的,通过追加筹资,既可以满足经营活动、投资活动的资金需要,又可以达到调整资本结构的目的,因此这类动机可以称为混合性筹资动机。如旅游企业对外产权投资需要大额资金,其资金来源通过增加长期贷款或发行公司债券解决,这种情况既扩张了企业规模,又使企业的资本结构有较大的变化。混合性筹资动机一般是基于企业规模扩张和调整资本结构两种目的,兼具扩张性筹资动机和调整性筹资动机的特性,同时增加了企业的资产总额和资本总额,也导致企业的资产结构和资本结构同时变化。

三、筹资管理的内容

筹资活动是旅游企业资金流转运动的起点,筹资管理要求解决旅游企业为什么要筹资、需要筹集多少资金、从什么渠道筹集、以什么方式筹集以及如何协调财务风险和资金成本、合理安排资本结构等问题。

(一)科学预计资金需要量

资金是旅游企业的血液,是旅游企业设立、生存和发展的财务保障,是旅游企业开展经营业务活动的基本前提。任何一个企业,为了形成经营能力和保证经营正常运行,必须持有一定数量的资金。在正常情况下,旅游企业资金的需求源于两个基本目的:满足经营运转的资金需要,满足投资发展的资金需要。旅游企业创立时,要按照规划的经营规模,预计长期资本需要量和流动资金需要量;旅游企业正常营运时,要根据年度经营计划和资金周转水平,预计维持营业活动的日常资金需求量;旅游企业扩张发展时,要根据扩张规模或对外投资对大额资金的需求,安排专项资金。

(二)合理安排筹资渠道,选择筹资方式

有了资金需求后,旅游企业要解决的问题是资金从哪里来并以什么方式取得,这就是筹资渠道的安排和筹资方式的选择问题。

筹资渠道是指旅游企业筹集资金的来源方向与通道。一般来说,旅游企业最基本的筹资渠道有两条:直接筹资和间接筹资。直接筹资是旅游企业通过与投资者签订协议或发行股票、债券等方式直接从社会取得资金;间接筹资是旅游企业通过银行等金融机构以信贷关系间接从社会取得资金。具体来说,旅游企业的筹资渠道主要有:国家财政投资和财政补贴、银行与非银行金融机构信贷、资本市场筹集、其他法人单位与自然人投入、企业自身积累等。

对于不同渠道的资金,旅游企业可以通过不同的筹资方式来取得。筹资方式是旅游企业筹集资金所采取的具体方式。总体来说,旅游企业筹资是从企业外部和内部取得的。外部筹资是指从企业外部筹措资金,内部筹资主要依靠企业的利润留存积累。外部筹资主要有两种方式:股权筹资和债务筹资。股权筹资是企业通过吸收直接投资、发行股票等方式从股东投资者那里取得资金;债务筹资是企业通过向银行借款、发行债券、利用商业信用、融资租赁等方式从债权人那里取得资金。

安排筹资渠道和选择筹资方式是一项重要的财务工作,直接关系到企业所能筹措资金的数量、成本和风险,因此,需要深刻认识各种筹资渠道和筹资方式的特征、性质以及与企业融资要求的适应性。在权衡不同性质资金的数量、成本和风险的基础上,按照不同的筹资渠道合理选择筹资方式,有效筹集资金。

(三)降低资金成本、控制财务风险

资金成本是企业筹集和使用资金所付出的代价,包括筹资费用和占用费用。在资金筹集过程中,要产生股票发行费、借款手续费、证券印刷费、公证费、律师费等费用,这些属于筹资费用。在旅游企业经营活动和对外投资活动中,要发生利息支出、股利支出、融资租赁的资金利息等费用,这些属于占用费用。

按不同方式取得的资金,其资金成本是不同的。一般来说,债务资金比股权资金的资金成本要低,而且其资金成本在签订债务合同时就已确定,与企业的经营业绩和盈亏状况无关。即使同是债务资金,由于借款、债券和租赁的性质不同,其资金成本也有差异。旅游企业筹资的资金成本,需要通过资金使用所取得的收益与报酬来补偿,资金成本的高低,决定了企业资金使用的最低投资收益率要求。因此,旅游企业在筹资管理中,要权衡债务清偿的财务风险,合理利用资金成本较低的资金种类,努力降低旅游企业的资本成本率。

尽管债务资金的资金成本较低,但由于债务资金有固定合同还款期限,到期必须偿还,因此,旅游企业承担的财务风险比股权资金要大一些。旅游企业筹集资金在降低资金成本的同时,要充分考虑财务风险,防范旅游企业破产的财务危机。

四、旅游企业筹资的原则

旅游企业筹资管理的基本要求是,要在严格遵守国家法律法规的基础上,分析影响筹资的各种因素,权衡资金的性质、数量、成本和风险,合理选择筹资方式,提高筹资效果。

(一)筹措合法原则

筹措合法原则是指旅游企业筹资要遵循国家法律法规,合法筹措资金。无论是直接筹资还是间接筹资,旅游企业最终都通过筹资行为向社会获取了资金。旅游企业的筹资活动不仅是为自身的生产经营提供资金来源,也会影响投资者的经济利益和社会经济秩序。旅游企业必须遵循国家的相关法律法规,依法履行法律法规和投资合同约定的责任,合法合规筹资,依法披露信息,维护各方的合法权益。

(二)规模适当原则

规模适当原则是指要根据生产经营及其发展的需要,合理安排资金需求。旅游企业筹集资金,要合理预计资金需要量。筹资规模与资金需要量应当匹配一致,既要避免因筹资不足,影响生产经营的正常进行;又要防止筹资过多,造成资金闲置。

(三)取得及时原则

取得及时原则是指要合理安排筹资时间,适时取得资金。旅游企业筹集资金,需要合理预测确定资金需要的时间。要根据资金需求的具体情况,合理安排资金的筹集到位时间,使筹资与用资在时间上相衔接。既避免过早筹集资金形成的资金投放前的闲置,又防止取得资金的时间滞后,错过资金投放的最佳时间。

(四)来源经济原则

来源经济原则是指要充分利用各种筹资渠道,选择经济、可行的资金来源。旅游企业所筹集的资金都要付出资金成本的代价,进而给旅游企业的资金使用提出了最低收益要求。不同筹资渠道和方式所取得的资金,其资金成本各有差异。旅游企业应当在考虑筹资难易程度的基础上,针对不同来源资金的成本,认真选择筹资渠道,并选择经济、可行的筹资方式,力求降低筹资成本。

(五)结构合理原则

结构合理原则是指筹资管理要综合考虑各种筹资方式,优化资本结构。旅游企业筹资要综合考虑股权资本与债务资本的关系、长期资本与短期资本的关系、内部筹资与外部筹资的关系,合理安排资本结构,保持适当偿债能力,防范企业财务危机。

? 思考

(1)旅游企业筹资的动机有哪些?

（2）什么是筹资方式？

（3）旅游企业筹资来源和筹资方式应如何配合？

第二节　旅游企业财务预测

学习目标

（1）了解旅游企业财务预测意义和目的。

（2）掌握旅游企业财务预测的步骤。

（3）掌握旅游企业财务预测的方法。

微课

一、旅游企业财务预测的意义和目的

旅游企业财务预测也可称为旅游企业资金需求量预测，是指估计旅游企业未来的融资需求量。

（1）旅游企业财务预测是融资计划的前提。旅游企业要对外提供产品和服务，必须要有一定的资产。当销售扩大时，要相应增加流动资产，甚至还要增加固定资产。为取得扩大销售所需增加的资产，企业要筹集资金。这些资金一部分来自保留盈余，另一部分来自外部融资取得。通常，销售增长率较高时保留盈余不能满足资金需求，即使获利良好的企业，也需要外部融资。对外融资需要寻找提供资金的主体，向他们做出偿还本息的承诺或提供企业盈利的前景。并使之相信其投资是安全并且可以获利的。这个过程往往需要较长的时间。因此，旅游企业需要预先知道自己的资金需求量，提前安排融资计划，否则会出现资金周转问题。

（2）旅游企业财务预测有助于改善投资决策。根据销售前景估计出的融资需求不一定总是能够满足，因此，就需要根据可能筹措到的资金来安排销售增长以及相关的投资项目，使投资决策建立在可行的基础上。

（3）旅游企业财务预测的真正目的是有助于应变。财务预测与其他预测一样都不可能很准确。从表面上看，不准确的预测只能导致不准确的计划，从而使预测和计划失去意义；其实并非如此，预测给人们展现了未来的各种可能的前景，促使人们制订相应的计划。预测和计划是超前思考的过程，其结果并非仅是一个资金需求量的数字，还包括了对未来各种可能前景的认识和思考。预测可以提高旅游企业对不确定事件的反应能力，从而减少不利事件出现带来的损失，增加利用有利机会带来的收益。

二、旅游企业财务预测的步骤

旅游企业财务预测有多种方法，其预测的基本步骤却是一样的。旅游企业财务预测的基本步骤如下。

（一）销售预测

旅游企业财务预测的起点是销售预测。一般情况下,旅游企业财务预测把销售预测视为已知数,作为旅游企业财务预测的起点。销售预测本身不是财务管理的职能,但它是财务预测的起点,销售预测完成后才能开始财务预测。

旅游企业销售预测对财务预测的质量有重大影响。如果销售的实际情况超出预测,旅游企业没有准备足够的资金去添增设备或者储备存货,则无法满足顾客的需要。这不仅会失去盈利的机会,而且会丧失原有的市场份额。相反,销售预测过高,筹集大量资金购买固定资产或储备存货则会造成设备闲置或者是存货积压,使资产周转率下降,从而导致权益收益率下降,股价下跌,企业价值减少。

（二）估计需要的资产

通常资产是销售量的函数,根据历史数据分析。利用该函数关系,根据预计销售额和资产的函数可以预测所需资产的总量。旅游企业某些流动负债也是销售的函数。一并预测负债的自发增长,这种增长可以减少企业外部融资的数额。

（三）估计收入、费用和保留盈余

假设收入和费用是销售的函数,那么就可以根据销售数据估计收入和费用,并确定净收益,净收益和股利支付率共同决定保留盈余所提供的资金数量。

（四）估计所需融资数量

根据预计资产总量减去已有的资金、负债的自发性增长和内部提供的资金便可以得出外部融资的需求。

三、销售百分比法

财务预测销售百分比法首先假设收入、费用、资产负债与销售收入存在稳定的百分比关系,根据预计销售额和相应的百分比预计资产、负债和所有者权益,其次利用会计等式确定融资需求。

具体的计算方法有两种:一种是先根据销售总额预计资产、负债和所有者权益的总额,然后确定融资需求;另一种是根据销售的增加额预计资产、负债和所有者权益的增加额,然后确定融资需求。

（一）根据销售总额确定融资需求

例 4-1

假设 ABC 酒店本年的销售额为 3 000 万元,下年预计销售额 4 000 万元,股利支付率为 30%,销售净利率为 4.5%,其他信息见表 4-2。

表 4-2　ABC 酒店的融资需求

资产	上年期末实际/万元	占销售额百分比（销售额 3 000 万元）	本年计划/万元（销售额 4 000 万元）
资产：			
流动资产	700	23.333 3%	933.333
长期资产	1 300	43.333 3%	1 733.333
资产合计	2 000		2 666.67
负债及所有者权益：			
短期借款	60	N	60
应付票据	5	N	5
应付款项	176	5.866 7%	234.67
预提费用	9	0.3%	12
长期负债	810	N	810
负债合计	1 060		1 121.67
实收资本	100	N	100
资本公积	16		16
留存收益	824	N	950
股东权益	940		1 066
融资需求			479
总　计	2 000		2 666.67

1. 确定销售百分比

销售额与资产负债表项目的百分比，可以根据上一年的有关数据确定。

$$流动资产 \div 销售额 = 700 \div 3\,000 \times 100\% \approx 23.333\,3\%$$

$$固定资产 \div 销售额 = 1\,300 \div 3.000 \times 100\% \approx 43.333\,3\%$$

$$应付款项 \div 销售额 = 176 \div 3\,000 \times 100\% \approx 5.866\,7\%$$

$$预提费用 \div 销售额 = 9 \div 3\,000 \times 100\% = 0.3\%$$

要注意区分直接随销售额变动的资产、负债项目与不随销售额变动的资产、负债项目。不同企业的销售额变动引起资产、负债变化的项目及比率是不同的，因此，需要根据历史数据逐项研究确定。就本例而言，流动资产和固定资产都随销售额变动，并假设成正比例关系；应付账款和预提费用与销售额成正比而其他负债项目如短期借款、应付票据、长期负债以及股东权益项目则与销售无关（表 4-2 中以 N 表示）。ABC 酒店每 1 元销售额约占用流动资产 0.233 3 元，占用固定资产 0.433 3 元，形成应付账款 0.058 7 元，形成预提费用 0.003 元。

资产、负债项目占销售额的百分比，也可以根据以前若干年度的平均数确定。

2. 计算预计销售额下的资产和负债

$$资产（负债） = 预计销售额 \times 各项目销售百分比$$

$$流动资产 = 4\,000 \times 23.333\,33\% \approx 933.333（万元）$$

固定资产=4 000×43.333 33%≈1 733.333(万元)

应付款项=4 000×5.866 7%≈234.67(万元)

预提费用=4 000×0.3%=12(万元)

在此基础上预计总资产：

总资产=933.333+1 733.333≈2 666.67(万元)

预计不增加借款情况下的总负债(无关项目按上年数计算)：

总负债=60+5+234.67+12+810=1 121.67(万元)

3. 预计留存收益增加额

留存收益是公司内部的融资来源。只要公司有盈利并且不是全部支付股利,留存收益会使股东权益自然增长。留存收益可以满足或部分满足企业的融资要求。这部分资金的多少,取决于收益的多少和股利支付率的高低。

留存收益增加=预计销售额×计划销售净利率×(1-股利支付率)

则

留存收益增加=4 000×4.5%×(1-30%)=126(万元)

4. 计算外部融资需求

外部融资需求=预计总资产-预计总负债-预计股东权益

=2 666.67-1 121.67-(940+126)

=2 666.67-2 187.67=479(万元)

ABC 酒店为完成销售额 4 000 万元,需要增加资金 666.67 万元(2 666.67-2 000),负债的自然增长提供 61.67 万元(234.67+12-176-9),留存收益提供 126 万元,本年应再融资 479 万元(666.67-61.67-126)。

（二）根据销售增加量确定融资需求

融资需求=资产增加-负债自然增加-留存收益增加

=资产销售百分比×新增销售额-负债销售百分比×新增销售额

-计划销售净利率×计划销售额×(1-股利支付率)

融资需求=66.67%×1 000-6.17%×1 000-4.5%×4 000×(1%-30%)

=666.7-61.7-126

=479(万元)

（三）销售百分比法的优缺点

运用销售百分比法进行资金需要量的预测,具有以下优点。

(1) 考虑了各个项目与销售规模的关系。

(2) 考虑了资金来源与应用的平衡关系。

(3) 能为财务管理提供短期预计的财务报表。

销售百分比法的缺点如下。

（1）敏感项目与非敏感项目的划分具有一定主观性。有些项目的金额大小与销售收入相关，但未必与销售收入成比例变动。此时如果人为地将其划分为敏感项目或非敏感项目，显然有失科学。

（2）敏感项目占销售额的百分比如果直接由上一个期间的数据得出，具有一定的偶然性，因为上一个期间的数据并不一定能够代表通常的状况。

（3）当相关情况发生改变时，如果仍然用原来的比例预测今后的项目金额，可能会有较大出入，进而影响资金需要量预测的准确性。

四、财务预测的其他方法

财务预测的销售百分比法是一种简单实用的方法。它的好处是，使用成本低；便于了解主要变量之间的关系；可以作为复杂方法的补充或检验。但它也有一定的局限性，主要是假设资产、负债、收入、成本与销售额成正比例，经常不符合事实，这也使其应用范围受到限制。由于存在规模经济现象和批量购销问题，资产、负债、收入、成本与销售额不一定成正比例。

为了改进财务预测的质量，有时需要使用更精确的方法。

（一）使用回归分析技术

财务预测的回归分析是利用一系列的历史资料求得各资产负债表项目和销售额的函数关系，据此预测计划销售额与资产、负债数量，然后预测融资需求。

通常假设销售额与资产、负债等存在线性关系。例如，假设存货与销售额之间存在直线关系，其直线方程为"存货＝$a+b\times$销售额"，根据历史资料和回归分析的最小二乘法可以求出直线方程的系数 a 和 b，然后根据预计销售额和直线方程预计存货的金额。

完成资产和负债项目的预计后，其他的计算步骤与销售百分比法相同。

（二）通过编制现金预算预测财务需求

现金预算是对未来现金流量进行详尽的描述，它不仅是计划的工具，也是预测的工具。

（三）使用计算机进行财务预测

对大型企业来说，无论是销售百分比法还是回归法都显得过于简化。实际上影响融资需求的变量很多，如产品的组合、信用政策、价格政策等。把这些变量纳入预测模型后，计算量大增，手工处理已很难胜任，使用计算机是不可避免的。

最简单的计算机财务预测是使用"电子表软件"，如 Excel 表格。使用电子表软件时，计算过程和手工预测几乎没有差别。相比之下，其主要好处是：预测期间是几年或者要分月预测时，计算机要比手工快得多；如果要改变一个输入参数，软件能自动重新计算所有预测数据。

比较复杂的预测是使用交互式财务规划模型，它比电子表软件功能更强，其主要好处是能通过"人机对话"进行"反向操作"。例如，不仅可以根据既定销售额预测融资需求，还可以根据既定资金限制预测可达到的销售额。

最复杂的预测是使用综合数据库财务计划系统。该系统建有公司的历史资料库和模型库,用以选择适用的模型并预测各项财务数据;它通常是一个联机实时系统,随时更新数据;可以使用概率技术,分析预测的可靠性;它还是一个综合的规划系统,不仅用于资金的预测和规划,而且包括需求、价格、成本及各项资源的预测和规划;该系统通常也是规划和预测结合的系统,能快速生成预计的财务报表,从而支持财务决策。

？思考

(1) 旅游企业财务预测的意义有哪些？

(2) 旅游企业财务预测的步骤有哪些？

(3) 销售百分比的总额法和差额法的思路分别是什么？

第三节　旅游企业权益性资金的筹集

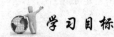
学习目标

(1) 了解权益性资金和债权性资金的差别。

(2) 掌握旅游企业吸引投入资本的筹资方式。

(3) 掌握旅游企业发行普通股的筹资方式。

微课

旅游企业的全部资金按其权益归属,可分为股权性资金和债权性资金。股权性资金代表了企业所有者对企业享有的权益;债权性资金则代表了企业债权人对企业享有的权益。股权性资金与债权性资金的主要区别如下。

(1) 债权性资金需要按期偿还;股权性资金无须偿还,属于企业的"永久性资金"。

(2) 债权性资金需按期支付利息,并且利息通常是固定的,但是债权人不参加税后利润的分配,不参与企业决策;股权性资金无须支付固定报酬,股权所有者通过参加税后利润的分配和参与企业决策来实现权益。

(3) 企业清算时,债权性资金具有优先清偿权。

某些资金既具有股权性资金的某些特征,又具有债权性资金的某些特征,我们将这类资金称为混合性资金。

本节将介绍股权性资金筹资方式的相关问题。股权性资金主要包括所有者投资和留存收益。所有者投资形成实收资本或股本以及资本公积中的一部分。留存收益包括盈余公积和未分配利润,它们是在企业存续过程中从税后利润中自然形成的,不需要专门的筹集措施。因此,这里所关注的股权性资金主要是指所有者投资。股份有限公司吸收所有者投资是通过发行普通股进行的;其他企业的所有者投资是通过企业直接吸收投入资本实现的。

一、吸收投入资本

吸收投入资本是非股份制的旅游企业筹集股权性资金的基本方式。它是指旅游企业以协议等形式吸引国家、其他法人、个人和外商直接投资的一种筹资方式。从法律形式上看，企业分为独资企业、合伙企业和公司。在我国,公司包括股份有限公司和有限责任公司(包括国有独资公司)。由于吸收投入资本这种筹资方式适用于非股份制企业,因此可以采取吸收投入资本这种筹资方式的旅游企业有独资企业、合伙企业和有限责任公司。

(一) 吸收投入资本的种类

(1) 按筹资来源划分,吸收投入资本分为以下四类。

① 旅游企业吸收国家直接投资,形成企业的国有资本。

② 旅游企业吸收其他企业、事业单位等法人的直接投资,形成企业的法人资本。

③ 旅游企业吸收内部职工和社会公众的直接投资,形成企业的个人资本。

④ 旅游企业吸收外国投资者和我国港、澳、台地区投资者的直接投资,形成企业的外商资本。

(2) 按投资者的出资形式划分,吸收投入资本分为以下两类。

① 旅游企业吸收现金投资。现金投资是最基本的投资形式。

② 旅游企业吸收非现金投资。非现金投资主要包括两种形式:一是材料、燃料、产品、房屋建筑物、机器设备等实物资产投资;二是专利权、非专利技术、商标权、土地使用权等无形资产投资。

(二) 旅游企业吸收投入资本的程序

1. 确定所需投入资本的数量

确定资金需要量是筹资的前提。旅游企业在吸收投入资本之前,必须明确资金用途,进而合理确定所需资金的数量。

2. 选择吸收投入资本的来源

旅游企业应根据具体情况选择资金来源,决定是向国家、法人、个人还是外商吸收投入资本。

3. 签署合同、协议或决定等文件

旅游企业在与投资者进行磋商之后,应签署投资合同或出资协议等文件。对于国有独资公司,应由国家授权的投资机构签署增资拨款决定。

4. 取得资金

按照签署的合同、协议或决定,适时适量取得资金。对以实物资产和无形资产形式进行的投资,应进行合理估价,办理合法的产权转移手续。

(三) 吸收投入资本筹资的优缺点

1. 吸收投入资本筹资的优点

(1) 吸收的投入资本属于股权性资金,与债权性资金相比,能够提高企业的资信和借款能力。

(2) 吸收的投入资本不需要归还,并且没有固定的利息负担,与债权性资金相比,财务风险较低。

（3）与只能筹得现金的筹资方式相比，吸收投入资本筹资不仅可以筹得现金，还能够直接获取经营特许权以及技术等，尽快形成经营能力。

2. 吸收投入资本筹资的缺点

（1）吸收投入资本的资金成本较高。首先，从筹资企业的角度来看，由于吸收投入资本的财务风险比筹集债权性资金的财务风险低，根据风险报酬原则，低风险对应低报酬。而筹资行为不会直接给企业带来报酬，因此报酬低在筹资中体现为成本高。所以，吸收投入资本的资金成本通常较高。反过来，从投资者的角度来看，与债权性投资相比，股权性投资的投资风险更高，根据风险报酬原则，投资者会要求更高的报酬率，进而决定了筹资企业必须以较高的代价才能够筹得股权性资金。其次，债务利息在税前扣除，具有抵税作用，向所有者分配利润则是在税后进行，不能抵税。综上所述，吸收投入资本的资金成本较高。

（2）与发行普通股相比，吸收投入资本筹资没有证券作为媒介，因而产权关系有时不够明晰，不便于产权交易。

二、发行普通股

普通股既是股份有限公司发行的无特别权利的股份，也是最基本的、标准的股份。普通股是股份最基本的形式。持有普通股股份者为普通股股东。普通股股东享有决策参与权、利润分配权、优先认股权和剩余资产分配权。

依据《中华人民共和国公司法》的规定，普通股股东主要有以下权利。

（1）出席或委托代理人出席股东大会，并依公司章程规定行使表决权。这是普通股股东参与公司经营管理的基本方式。

（2）股份转让权。股东持有的股份可以自由转让，但必须符合《中华人民共和国公司法》以及其他法规和公司章程规定的条件和程序。

（3）股利分配请求权。

（4）对公司账目和股东大会决议的审查权和对公司事务的质询权。

（5）分配公司剩余财产的权利。

（6）公司章程规定的其他权利。

同时，普通股股东也基于其资格，对公司负有义务。《中华人民共和国公司法》中规定了股东具有遵守公司章程、缴纳股款、对公司负有限责任、不得退股等义务。

（一）普通股的种类

股份有限公司根据有关法规的规定以及筹资和投资者的需要可以发行不同种类的普通股。

按股票有无记名，可分为记名股和不记名股。

（1）记名股是在股票票面上记载股东姓名或名称的股票。这种股票除了股票上所记载的股东外，其他人不得行使其股权，且股份的转让有严格的法律程序与手续，需办理过户。《中华人民共和国公司法》规定，向发起人、国家授权投资的机构、法人发行的股票，应为记名股。

（2）不记名股是票面上不记载股东姓名或名称的股票。这类股票的持有人即股份的所有人,具有股东资格,股票的转让也比较自由、方便,无须办理过户手续。

按股票是否标明金额,可分为面值股票和无面值股票。

（1）面值股票是在票面上标有一定金额的股票。持有这种股票的股东,对公司享有的权利和承担的义务大小,依其所持有的股票票面金额占公司发行在外股票总面值的比例而定。

（2）无面值股票是不在票面上标出金额,只载明所占公司股本总额的比例或股份数的股票。无面值股票的价值随公司财产的增减而变动,而股东对公司享有的权利和承担义务的大小,直接依股票标明的比例而定。目前,我国《中华人民共和国公司法》不承认无面值股票,规定股票应记载股票的面额,并且其发行价格不得低于票面金额。

按投资主体的不同,可分为国家股、法人股、个人股等。

（1）国家股是有权代表国家投资的部门或机构以国有资产向公司投资而形成的股份。

（2）法人股是企业法人依法以其可支配的财产向公司投资而形成的股份,或具有法人资格的事业单位和社会团体以国家允许用于经营的资产向公司投资而形成的股份。

（3）个人股是社会个人或公司内部职工以个人合法财产投入公司而形成的股份。

按发行对象和上市地区的不同,又可将股票分为 A 股、B 股、H 股和 N 股等。

（1）A 股是供我国内地个人或法人买卖的,以人民币标明票面金额并以人民币认购和交易的股票。

（2）B 股是在境内上市的外资股,它以人民币标明面值但以外币认购和交易。

（3）H 股是注册地在内地,上市地在我国香港的中资企业股票。

（4）N 股是在美国纽约(New York)上市的股票,取纽约的第一个字母 N 为名称。

按是否上市划分,可分为上市股票和非上市股票。

（1）上市股票是可以在证券交易所挂牌交易的股票。上市股票信誉高、易转让,因而更加吸引投资者;但是股票上市需要具备一系列严格的条件,并且要经过复杂的办理程序,上市之后如果不满足相关条件还有可能被暂停上市或终止上市。

（2）非上市股票是不能在证券交易所挂牌交易的股票。

(二) 发行股票的基本要求

股份有限公司发行股票主要分为设立发行和增资发行。设立发行是指设立股份有限公司时,为募集资金而进行的股票发行,它是股份有限公司首次发行股票。增资发行是指股份有限公司成立后因增资需要而进行的股票发行,它是股份有限公司在首次发行股票后又发行新股票的行为。

根据《中华人民共和国公司法》《中华人民共和国证券法》(以下简称《证券法》)等的规定,不论是设立发行还是增资发行均应满足以下要求。

（1）股票发行必须公开、公平、公正,每股面额相等,同股同权,同股同利。

（2）同次发行的股票,每股认购条件和价格相同。

（3）股票发行价格可以等于票面金额,也可以超过票面金额,但不得低于票面金额。也就是说,股票可以平价或溢价发行,但不得折价发行。

（三）股票发行的程序

股份有限公司在设立时发行股票与增资发行新股,程序上有所不同。

1. 设立时发行股票的程序

（1）提出募集股份申请。

（2）公告招股说明书,制作认股书,签订承销协议和代收股款协议。

（3）招认股份,缴纳股款。

（4）召开创立大会,选举董事会、监事会。

（5）办理设立登记,交割股票。

2. 增资发行新股的程序

（1）股东大会作出发行新股的决议。

（2）由董事会向国务院授权的部门或省级人民政府申请并经批准。

（3）公告新股招股说明书和财务会计报表及附属明细表,与证券经营机构签订承销合同,定向募集时向新股认购人发出认购公告或通知。

（4）招认股份,缴纳股款。

（5）改组董事会、监事会,办理变更登记并向社会公告。

（四）股票的发行方式、销售方式和发行价格

1. 股票的发行方式

股票的发行方式是指公司发行股票的途径,主要有公募发行和私募发行两类。

（1）公募发行是指公司公开向社会发行股票。我国股份有限公司采用募集方式设立时和向社会公开募集新股时,就属于公募发行。

（2）私募发行是指公司不公开向社会发行股票,只向少数特定对象直接发行。我国股份有限公司采用发起方式设立时和不向社会公开募集新股时,即属于私募发行。

2. 股票的销售方式

股票的销售方式是指公司向社会公募发行股票时所采取的销售方法,主要有自销和承销两类。

（1）自销是指发行公司自己直接将股票销售给认购者。这种销售方式可由公司直接控制发行过程,并节省发行费用,但是筹资时间较长,并要由公司承担全部发行风险。

（2）承销是指发行公司将股票的销售业务委托给证券经营机构代理。这种销售方式是发行股票普遍采用的方式。《中华人民共和国公司法》规定,股份有限公司向社会公开发行股票,必须与依法设立的证券经营机构签订承销协议,由证券经营机构承销。承销又分为包销和代销两种具体方式。包销是根据承销协议商定的价格,由证券经营机构一次性购进发行公司公开募集的全部股票,然后以较高的价格出售给社会上的认购者。对发行公司来说,包销的方式可以及时筹足资本,免于承担发行风险(股份未募足的风险由承销商承担),但是股票以较低的价格出售给承销商会损失部分溢价。代销是证券经营机构仅替发行公司代售股票,不承担股份未募足的风险,并由此获取一定佣金。对发行公司而言,代销方式下股票

销售价格较高,但是筹资速度较慢,并且要承担发行风险。

3. 股票的发行价格

股票的发行价格是公司将股票出售给投资者的价格,也就是投资者认购股票时所支付的价格。设立发行股票时,发行价格由发起人决定;增资发行新股时,发行价格由股东大会决定。在确定股票价格时要全面考虑股票面额、股市行情和其他相关因素。股票发行价格通常有等价、时价和中间价三种。

(1) 等价就是以股票票面金额为发行价格。

(2) 时价就是以公司原发行股票的现行市场价格为基准来确定增发新股的价格。

(3) 中间价就是以时价和等价的中间值来确定股票的发行价格。

按等价发行股票又称平价发行。按时价或中间价发行股票,发行价格既可能高于面额也可能低于面额。高于面额发行称为溢价发行,低于面额发行称为折价发行。我国只允许溢价或平价发行股票,不允许折价发行。

(五) 普通股筹资的优缺点

与其他筹资方式相比,普通股筹措资本具有以下优点。

(1) 发行普通股筹措资本具有永久性,无到期日,无须归还。这对保证公司资本的最低需要,维持公司长期稳定发展极为有益。

(2) 发行普通股筹资没有固定的股利负担。股利的支付与否和支付多少,视公司有无盈利和经营需要而定,经营波动给公司带来的财务负担相对较小。由于普通股筹资没有固定的到期还本付息的压力,所以筹资风险较小。

(3) 发行普通股筹集的资本是公司最基本的资金来源,它反映了公司的实力,可作为其他方式筹资的基础,尤其可为债权人提供保障,增强公司的举债能力。

与其他筹资方式相比,普通股筹措资本具有以下缺点。

(1) 发行股票的资金成本较高。首先,从筹资企业的角度来看,由于发行股票的财务风险比筹集债权性资金的财务风险低,根据风险报酬原则,风险低报酬就低,而筹资行为不会直接给企业带来报酬,因此报酬低在筹资中就体现为成本高。所以,发行股票的资金成本通常较高。反过来,从投资者的角度来看,与债权性投资相比,股权性投资的投资风险更高,根据风险报酬原则,投资者会要求更高的报酬率,进而决定了股份有限公司必须以较高的代价才能够筹得股票资金。其次,债务利息在税前扣除,具有抵税作用,股利则只能从税后支付,不能抵税。另外,股票的发行费用较高。综合以上原因,发行股票的资金成本较高。

(2) 增资发行新股,一方面可能会分散公司的控制权;另一方面由于新股对积累的盈余具有分享权,从而降低了每股净资产,因此有可能导致普通股价格下跌。

相关链接

君亭酒店上市之路

长跑五年,君亭终于到达 A 股。

君亭酒店创始人吴启元是中国酒店行业资深的领军人物,从 1986 年进入酒店业,至今已有 35 年。

据悉,吴启元于 1967 年毕业于浙江大学后便在生物基因工程领域深耕,在 1986 年的"一纸调令"下进入酒店行业,担任杭州中日友好饭店中方总经理。之后还担任过多家五星酒店的高级管理人员。

1997 年 5 月,吴启元创建了君澜酒店管理公司(原浙江世茂饭店管理有限公司),该公司后由南都集团控股(上海南都集团有限公司 60%,浙江南都投资有限公司 40%)。10 年之后,吴启元才创立并推出君亭酒店品牌。

彼时经济型酒店大行其道,所谓中端酒店的概念仍然没有起风。2009 年,君亭酒店和君澜酒店整合后成为君澜酒店集团旗下的品牌之一。

2013 年前后,在消费升级概念的引导下,中端酒店发展窗口开启。不仅各大酒店集团纷纷推出新品牌,亚朵、桔子水晶等品牌在市场上也开始收获关注。随着中端酒店市场的火热以及各路资本的青睐,君亭酒店看到了独立上市的机会。

2015 年 5 月,吴启元、丁禾夫妇与南都集团实控人周庆治签署协议约定,周庆治将其全部君亭酒店股权出售给吴启元及部分中高级管理层员工,退出君亭酒店;同时,吴启元、丁禾也将持有的君澜酒店集团 15% 的股权出售,吴启元辞去君澜系的职务。通过管理层收购的方式完成对君亭酒店和君澜酒店的分拆,君亭酒店就此拉开资本运作之路。

此次顺利登陆 A 股,也让君亭酒店夺得 A 股中端酒店第一股的称号。此前,君亭历经了将近 5 年的 A 股上市长跑。

2016 年 1 月 29 日,君亭酒店正式挂牌新三板;

2017 年,君亭酒店进入上市辅导阶段;

2019 年,君亭酒店正式进入了 IPO 排队审核名单;

2020 年 7 月 1 日,君亭酒店创业板发行上市获得受理;

2020 年 8 月,君亭酒店暂时中止在新三板的股份转让;

2020 年 11 月 27 日,深圳证券交易所恢复君亭酒店发行上市审核;

2021 年 2 月 8 日,君亭酒店 IPO 审核获通过;

2021 年 3 月 2 日,君亭酒店申请公司股票新三板终止挂牌;

2021 年 4 月 14 日,君亭酒店新三板终止挂牌;

2021 年 8 月 18 日,中国证监会按法定程序同意君亭酒店首次公开发行股票的注册申请;

2021 年 9 月 8 日,君亭酒店披露招股书和首次公开发行股票;

2021 年 9 月 22 日,君亭酒店披露首次公开发行股票并在创业板上市发行结果。

(资料来源:环球旅讯.君亭今日上市,市值一度突破 25 亿元[R/OL].https://www.traveldaily.cn/article/148317.(2021-09-30)[2022-11-15].)

微课

三、股票上市

股票上市是指股份有限公司公开发行的股票经批准在证券交易所进行

挂牌交易。经批准在交易所上市交易的股票则称为上市股票。按照国际通行做法,非公开募集发行的股票或未向证券交易所申请上市的非上市证券,应在证券交易所外的店头市场(over the counter market,OTC Market)上流通转让;只有公开募集发行并经批准上市的股票才能进入证券交易所流通转让。

(一)股票上市的目的

公司股票上市的目的是多方面的,主要包括以下几方面。

1. 便于筹措新资金

证券市场是一个资本商品的买卖市场,证券市场上有众多的资金供应者。同时,股票上市经过了政府机构的审查批准并接受严格的管理,执行股票上市和信息披露的规定,容易吸引社会资本投资者。另外,公司上市后,还可以通过增发、配股、发行可转换债券等方式进行再融资。

2. 促进股权流通和转让

股票上市后便于投资者购买,提高了股权的流动性和股票的变现力,便于投资者认购和交易。

3. 便于确定公司价值

股票上市后,公司股价有市价可询,便于确定公司的价值。对于上市公司来说,即时的股票交易行情,就是对公司价值的市场评价。同时,市场行情也能够为公司收购兼并等资本运作提供询价基础。

但股票上市对公司也有不利影响的一面,主要有:上市成本较高,手续复杂严格;公司将负担较高的信息披露成本;信息公开的要求可能会暴露公司的商业机密;股价有时会歪曲公司的实际情况,影响公司声誉;可能会分散公司的控制权,造成管理上的困难。

(二)股票上市的条件

公司公开发行的股票进入证券交易所交易,必须受到严格的条件限制。我国《证券法》规定,申请证券上市交易,应当符合证券交易所上市规则规定的上市条件。证券交易所上市规则规定的上市条件,应当对发行人的经营年限、财务状况、最低公开发行比例和公司治理、诚信记录等提出要求。公司首次公开发行新股,应当符合下列条件:具备健全且运行良好的组织机构;具有持续经营能力;最近3年财务会计报告被出具无保留意见审计报告;发行人及其控股股东、实际控制人最近3年不存在贪污、贿赂、侵占财产、挪用财产或者破坏社会主义市场经济秩序的刑事犯罪;经国务院批准的国务院证券监督管理机构规定的其他条件。

(三)股票上市的暂停、终止与特别处理

当上市公司出现经营情况恶化、存在重大违法违规行为或其他原因导致不符合上市条件时,就可能被暂停或终止上市。

上市公司出现财务状况或其他状况异常的,其股票交易将被交易所"特别处理"(special treatment,ST)。

在上市公司的股票交易被实行特别处理期间,其股票交易遵循下列规则:股票报价日涨跌幅限制为 5%;股票名称改为原股票名前加"ST";上市公司的中期报告必须经过审计。

当导致上市公司暂停或"特别处理"的因素不再存在时,上市公司股票可以恢复在证券市场正常交易。

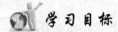 思考

(1) 旅游企业权益筹资主要有哪几种方式?

(2) 旅游企业发行股票筹集资金有哪些优缺点?

(3) 什么是股权性资金、债权性资金和混合性资金?

第四节　旅游企业长期负债筹资

 学习目标

(1) 了解长期借款和债券的种类。

(2) 了解长期借款和发行债券的程序。

(3) 掌握长期借款的信用条件和保护性条款。

(4) 了解长期借款和发行债券的优缺点。

微课

长期负债是指期限超过一年的负债。筹措长期负债资金,可以解决企业长期资金的不足,如满足发展长期性固定资产的需要;同时,由于长期负债的归还期长,债务人可对债务的归还作长期安排,还债压力或风险相对较小。但长期负债筹资一般成本较高,即长期负债的利率一般会高于短期负债利率;负债的限制较多,即债权人经常会向债务人提出一些限制性的条件以保证其能够及时、足额偿还债务本金和支付利息,从而形成对债务人的种种约束。

在我国,目前旅游企业的长期负债筹资主要包括长期借款和发行债券。

一、旅游企业长期借款筹资

长期借款是指旅游企业向银行或其他非银行金融机构借入的使用期超过 1 年的借款,主要用于购建固定资产和满足长期流动资金占用的需要。

(一) 长期借款的种类

长期借款的种类很多,各旅游企业可根据自身的情况和各种借款条件选用。我国目前各金融机构的长期借款主要有以下三类。

(1) 按照用途,分为固定资产投资借款、更新改造借款、科技开发和新产品试制借款,等等。

(2) 按照提供贷款的机构,分为政策性银行贷款、商业银行贷款等。此外,企业还可从

信托投资公司取得实物或货币形式的信托投资贷款、从财务公司取得各种中长期贷款，等等。

（3）按照有无担保，分为信用贷款和抵押贷款。信用贷款是指不需企业提供抵押品，仅凭其信用或担保人信誉而发放的贷款。抵押贷款是指要求企业以抵押品作为担保的贷款。长期贷款的抵押品常常是房屋、建筑物、机器设备、股票、债券，等等。

（二）长期借款的程序

1. 选择贷款机构

旅游企业应在考虑自身条件和贷款机构情况的基础上，选择适合的贷款机构。在选择贷款机构时，应关注贷款机构对贷款风险的政策、贷款机构与借款企业的关系、贷款机构的专业化程度和贷款机构所提供的咨询等服务。

2. 提出借款申请

旅游企业提出的借款申请应陈述借款的原因与金额、用款时间与安排、还款的期限与计划。贷款机构根据有关规定和贷款条件，对企业的借款申请进行审查。贷款机构审查的内容主要包括企业的财务状况、信用状况、盈利稳定性、发展前景以及借款用途等。

3. 签订借款合同

贷款机构审查借款申请后，与符合规定条件的借款企业进一步协商贷款的具体条件，签订借款合同。借款合同是规定借贷各方权利和义务的契约，其内容分为基本条款和限制条款。基本条款是借款合同必须具备的条款；限制条款是为降低贷款机构的贷款风险而对借款企业提出的限制条件，它不是借款合同的必备条款。限制条款中，一般性保护条款最为常见，特殊性条款比较少见。

4. 取得借款

借款合同生效后，贷款机构将款项转入企业的存款结算账户。

（三）长期借款的保护性条款

由于长期借款的期限长、风险高，按照国际惯例，银行通常对借款企业提出一些有助于保证贷款按时足额偿还的条件。这些条件写进贷款合同中，形成了合同的保护性条款。归纳起来，保护性条款大致有以下两类。

1. 一般性保护条款

一般性保护条款应用于大多数借款合同，但根据具体情况会有不同内容，主要包括：对借款企业流动资金保持量的规定，其目的是保持借款企业资金的流动性和偿债能力；对支付现金股利和再购入股票的限制，其目的是限制现金外流；对资本支出规模的限制，其目的是减小企业日后不得不变卖固定资产以偿还贷款的可能性，仍着眼于保持借款企业资金的流动性；限制其他长期债务，其目的是防止其他贷款人取得对企业资产的优先求偿权；借款企业定期向银行提交财务报表，其目的是及时掌握企业的财务情况；不准在正常情况下出售较多资产，以保持企业正常的生产经营能力；如期缴纳税金和清偿其他到期债务，以防被罚款而造成现金流失；不准以任何资产作为其他承诺的担保或抵押，以避免企业过重的负担；不准贴现应收票据或出售应收账款,以避免或有负债;限制租赁固定资产的规模,其目的是防止企业负担巨额租金以致削弱其偿债能力,还在于防止企业以租赁固定资产的办法摆脱对其资本支出和负债的约束。

2. 特殊性保护条款

特殊性保护条款是针对某些特殊情况而出现在部分借款合同中的,主要包括:贷款专款专用;不准企业投资于短期内不能收回资金的项目;限制企业高级职员的薪金和奖金总额;要求企业主要领导人在合同有效期间担任领导职务;要求企业主要领导人购买人身保险,等等。

此外,"短期借款筹资"中的周转信贷协定、补偿性余额等条件,也同样适用于长期借款。

(四)长期借款的偿还方式

长期借款的偿还方式不一,包括:定期支付利息、到期一次性偿还本金的方式;定期等额偿还本息的方式;平时逐期偿还小额本金和利息、期末偿还余下的大额部分的方式。第一种偿还方式会加大企业借款到期时的还款压力;而定期等额偿还又会提高企业使用贷款的实际利率。

(五)长期借款筹资的优缺点

1. 长期借款筹资的优点

(1)长期借款的资金成本较低。首先,如前所述,根据风险与报酬原则,作为债权性资金的长期借款的资金成本比股权性资金的资金成本低。其次,长期借款的利息在税前扣除,具有抵税作用。另外,长期借款属于间接筹资,与发行普通股、发行债券等直接筹资相比,筹资费用极少。

(2)长期借款有利于保持股东控制权。由于贷款机构无权参与公司的管理决策,因此不会分散股东对公司的控制权。

(3)长期借款的筹资速度快。长期借款的程序较为简单,可以快速获得资金。

(4)长期借款的灵活性较大。企业在筹措长期借款时,可以与贷款机构直接磋商借款的时间、金额和利率等问题。用款期间如果情况发生变化,也可以与贷款机构再行协商。

2. 长期借款筹资的缺点

(1)长期借款的财务风险较高。长期借款通常有固定的偿付期限和固定的利息负担,因此财务风险较高。

(2)长期借款的限制较多。由于借款合同通常会包含一系列限制性条款,这对企业今后的筹资、投资和经营活动有一定限制。

(3)长期借款的筹资数量有限。由于长期借款筹资范围较窄,因此,很难一次性筹得大笔资金。

二、发行债券

债券是经济主体为募集资金而发行的用于记载和反映债权债务关系的有价证券。目前,我国债券市场上有国债、企业债券、公司债券、金融债券等多种类型。下面以公司债券为例介绍发行债券的相关问题。

（一）债券的种类

公司债券按不同的标准有不同的分类。

按债券上有无记名划分,可分为记名债券和无记名债券。

(1) 记名债券是在债券票面上记载持券人姓名或名称的债券。对于记名债券,公司应在债券存根簿上载明债券持有人的姓名或名称及住所,债券持有人取得债券的日期及债券的编号,债券总额、票面金额、利率、还本付息的期限和方式。记名债券由债券持有人以背书方式或法律、行政法规规定的其他方式转让,并且由公司将受让人的姓名或名称及住所记载于公司债券存根簿。

(2) 无记名债券是在债券票面上不记载持券人姓名或名称的债券。对于无记名债券,公司只需在债券存根簿上载明债券总额、利率、还本付息的期限和方式、发行日期和债券编号。无记名债券的转让,由债券持有人在依法设立的证券交易场所将债券交付给受让人后即发生效力。

按有无抵押品划分,可分为信用债券和抵押债券。

(1) 信用债券是发行公司没有特定财产作抵押,仅凭信用发行的债券。

(2) 抵押债券是发行公司以特定财产作为抵押品的债券。根据抵押品的不同,抵押债券又分为不动产抵押债券、动产抵押债券和证券抵押债券等。

按利率是否固定划分,可分为固定利率债券和浮动利率债券。

(1) 固定利率债券是将利率明确记载于债券上,按某一固定利率向债权人支付利息的债券。

(2) 浮动利率债券是债券上不明确记载利率,发放利息时利率根据某一标准(如政府债券利率、银行存款利率)的变化同方向调整的债券。

按是否上市划分,可分为上市债券和非上市债券。

(1) 上市债券是在证券交易所挂牌交易的债券。上市债券信用度高、易于变现,因而吸引投资者;但是债券上市需要具备规定的条件,并经过一定的办理程序。

(2) 非上市债券是不能在证券交易所挂牌交易的债券。

（二）公开发行债券的程序

(1) 作出发行债券的决议或决定。发行人应当依照《中华人民共和国公司法》或者公司章程相关规定对发行数量、发行方式、债券期限等事项作出决议。

(2) 按照证券管理部门信息披露内容与格式的有关规定编制和报送公开发行公司债券的申请文件。证券管理部门受理申请文件后,依法审核公开发行公司债券的申请,作出是否核准的决定,并出具相关文件。

(3) 公告债券募集办法。债券募集办法中应载明如下事项:公司名称、拟发行债券的总额、票面金额、利率、还本付息的期限和方式、债券发行的起止日期、公司净资产额、已发行的尚未到期的公司债券总额、公司债券的承销机构。

(4)发售债券,募集款项,登记债券存根簿。

相关链接

陕西旅游集团公开发行公司债券公告

(1)陕西旅游集团有限公司(以下简称"发行人"或"公司")面向专业投资者公开发行不超过(含)人民币 8.00 亿元公司债券(以下简称"本次债券")已获得中国证券监督管理委员会"证监许可〔2020〕1444 号"核准。

(2)发行人本次债券采取分期发行的方式,其中陕西旅游集团有限公司 2021 年面向专业投资者公开发行公司债券(第一期)(以下简称"本期债券")为第一期发行,发行规模 6.00 亿元(含 6.00 亿元)。

(3)经东方金诚国际信用评估有限公司综合评定,发行人的主体信用等级为 AA,本期债券的信用等级为 AAA。本次债券发行前,截至 2021 年 6 月末,发行人合并报表范围内资产总计为 3 746 765.80 万元,负债合计为 2 939 915.01 万元,股东权益合计为 806 850.79 万元,合并报表资产负债率为 78.47%。近三年及一期,发行人合并报表中归属于母公司净利润分别为 4 538.52 万元、4 790.39 万元、8 826.70 万元和—10 393.27 万元。

(4)本期债券期限为 10 年期。本期债券设置投资者回售选择权,债券持有人有权在本期债券存续期的第 3 年末、第 6 年末和第 9 年末将其持有的全部或部分本期债券回售给发行人。

(5)本期债券票面利率询价区间为 5.00%~6.00%。本期债券最终票面利率将由发行人和主承销商根据簿记建档结果确定。

(6)发行人和簿记管理人将于 2021 年 12 月 17 日(T—1 日)以簿记建档形式向网下专业投资者利率询价,并根据利率询价情况确定本期债券的最终票面利率。参与询价的专业投资者必须在 2021 年 12 月 17 日(T—1 日)14:00—16:00 将《陕西旅游集团有限公司 2021 年面向专业投资者公开发行公司债券(第一期)网下利率询价及认购申请表》(以下简称"《网下利率询价及认购申请表》")及其他申购材料传真或发送至簿记管理人处。发行人和主承销商将于 2021 年 12 月 20 日(T 日)在上海证券交易所网站(http://www.sse.com.cn)上公告本期债券的最终票面利率,敬请投资者关注。

(7)发行人主体信用评级为 AA,本期债券信用评级为 AAA,本期债券符合进行质押式回购交易的基本条件。发行人拟向上海证券交易所及债券登记机构申请新质押式回购安排。如获批准,具体折算率等事宜将按上海证券交易所及债券登记机构的相关规定执行。

(8)网下发行仅面向专业投资者。专业投资者通过向簿记管理人提交《网下询价及认购申请表》的方式参与网下询价申购。每个专业投资者网下最低认购单位为 1 000 手(100 万元),超过 1 000 手的必须是 1 000 手(100 万元)的整数倍。主承销商另有规定的除外。

(9)投资者不得非法利用他人账户或资金进行认购,也不得违规融资或替他人违规融资认购。投资者认购并持有本期债券应遵守相关法律法规和中国证监会的有关规定,并自行承担相应的法律责任。

(10)敬请投资者注意本公告中本期债券的发行方式、发行对象、发行数量、发行时间、认购办法、认购程序、认购价格和认购款缴纳等具体规定。

（11）发行人将在本期债券发行结束后尽快办理有关上市手续,本期债券具体上市时间另行公告。

（12）本公告仅对本期债券发行的有关事宜进行说明,不构成针对本期债券的任何投资建议。投资者欲详细了解本期债券情况,请仔细阅读《陕西旅游集团有限公司2021年面向专业投资者公开发行公司债券(第一期)募集说明书》。有关本期发行的相关资料,投资者亦可到上海证券交易所网站查询。

（13）有关本期发行的其他事宜,发行人和主承销商将视需要在上海证券交易所网站(http://www.sse.com.cn)上及时公告,敬请投资者关注。

（14）如遇市场变化其他特殊情况,经发行人与簿记管理人协商一致后可以延长本期债券簿记时间或取消本期债券发行。

（资料来源:陕西旅游.陕西旅游集团公开发行公司债券公告［R/OL］.http://www.sse.com.cn.(2021-12-16)［2022-11-15］.)

（三）债券的发行方式与销售方式

1. 债券的发行方式

与股票类似,债券的发行方式也有公募发行和私募发行两类。公募发行是指公司公开向社会发行债券;私募发行是指公司不公开向社会发行,只向少数特定对象直接发行债券。

2. 债券的销售方式

与股票类似,债券的销售方式也是指公司向社会公募发行时所采取的销售方法,分为自销和承销两大类,承销又具体分为包销和代销。我国相关法律规定,公司向社会公开发行债券,必须与依法设立的证券经营机构签订承销协议,由证券经营机构承销。

（四）债券的信用等级

债券的信用等级标志着债券质量的优劣,反映了债券还本付息能力的强弱和债券投资风险的高低。公司公开发行债券通常需要债券评信机构评定等级。债券的信用等级对发行公司的发行效果和投资者的投资选择都有重要影响。

债券的信用评级制度在很多国家被广泛采用。国际上流行的债券等级一般分为三等九级,即债券从高到低分为A、B、C三等,每一等又由高到低分为三级,如A等分为AAA级、AA级和A级。

我国的债券评级工作也在不断发展。根据中国人民银行的规定,凡是向社会公开发行的公司债券,都需要由中国人民银行及其授权的分行指定的资信评级机构或公证机构进行评信。《证券法》也规定,公司发行债券,必须向经认可的债券评信机构申请信用评级。

（五）债券筹资的优缺点

1. 债券筹资的优点

（1）发行债券的资金成本较低。与长期借款类似,根据风险与报酬原则,债券的资金成本比股权性资金的成本低,并且债券利息在税前扣除,具有抵税作用。不过,发行债券的筹资费用高于长期借款,因此,其资金成本通常比长期借款要高。

(2) 发行债券有利于保持股东控制权。与长期借款类似,债券投资者也无权参与公司管理决策,因此,不会分散股东对公司的控制权。

(3) 发行债券的筹资范围广。债券通常是向整个社会公开发行,因此筹资范围广,有利于筹集大笔资金。

2. 债券筹资的缺点

(1) 发行债券的财务风险较高。与长期借款类似,债券通常有固定的偿付期限和固定的利息负担,因此财务风险较高。

(2) 发行债券的限制严格。法律对发行债券这种筹资方式规定的条件较为严格,对公司今后的经营有一定限制。

? 思考

(1) 长期借款的限制性条款对旅游企业有什么影响?

(2) 分析长期借款和发行债券的优缺点。

第五节　旅游企业混合性资金的筹集

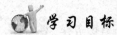 **学习目标**

(1) 了解优先股基本性质及优缺点。

(2) 了解可转换债券转股程序及优缺点。

(3) 了解权证合约内容及优缺点。

混合性资金是指既具有某些股权性资金特征又具有某些债权性资金特征的资金形式。常见的混合性资金包括优先股、可转换债券和权证。

一、发行优先股

优先股是指股份有限公司发行的具有优先权利、相对优先于一般普通种类股份的股份种类。在利润分配及剩余财产清偿分配的权利方面,优先股持有人优先于普通股股东;但在参与公司决策管理等方面,优先股的权利受到限制。由此可见,虽然优先股在法律形式上属于股权性资金,但它具有某些债权性资金的特征,因此将其归入混合性资金进行讨论。

(一) 优先股的基本性质

1. 约定股息

相对于普通股而言,优先股的股利收益是事先约定的,也是相对固定的。由于优先股的股息率预先已作规定,因此优先股的股息一般不会根据公司经营情况而变化,而且优先股一般也不再参与公司普通股的利润分红。但优先股的固定股息率各年可以不同,优先股也可以采用浮动股息率分配利润。公司章程中规定优先股采用固定股息率的,可以在优先股存续期内采取相同的固定股息率,或明确每年的固定股息率,各年度的股息率可以不同;公司章程中规定优先股采用浮动股息率的,应当明确优先股存续期内票面股息率的计算方法。

2. 权利优先

优先股在年度利润分配和剩余财产清偿分配方面,具有比普通股股东优先的权利。优先股可以先于普通股获得股息,公司的可分配利润先分给优先股股东,剩余部分再分给普通股股东。在剩余财产方面,优先股的清偿顺序先于普通股而次于债权人。一旦公司清算,剩余财产先分给债权人,再分给优先股股东,最后分给普通股股东。

优先股的优先权利是相对于普通股而言的,与公司债权人不同,优先股股东不可以要求经营成果不佳无法分配股利的公司支付固定股息;优先股股东也不可以要求无法支付股息的公司进入破产程序,不能向人民法院提出企业重整、和解或者破产清算申请。

3. 权利范围小

优先股股东一般没有选举权和被选举权,对股份公司的重大经营事项无表决权。仅在股东大会表决与优先股股东自身利益直接相关的特定事项时,具有有限表决权,例如,修改公司章程中与优先股股东利益相关的事项条款时,优先股股东有表决权。

(二)优先股的种类

优先股按具体权利的不同,可作进一步分类。

1. 累积优先股和非累积优先股

累积优先股是指公司当年可供分配股利的利润不足以支付约定的优先股股利的,可以累积到以后年度,由以后年度可供分配股利的利润补足。非累积优先股则不能将当年未能支付的优先股股利累积到以后年度支付。

2. 参与优先股和非参与优先股

参与优先股是指当公司按规定向优先股股东和普通股股东分派股利后仍有剩余利润时,优先股可与普通股一道参加剩余利润的分配。参与优先股具体又分为全部参与优先股和部分参与优先股。全部参与优先股是与普通股同等参与剩余利润分配的优先股。部分参与优先股是指在参与剩余利润分配时有股利上限的优先股。非参与优先股是只能按约定的固定股利率获取股利,不能参与剩余利润分配的优先股。

3. 可赎回优先股和不可赎回优先股

可赎回优先股是指公司为了减轻股利负担或出于其他目的,可以按规定购回的优先股。不可赎回优先股是指公司不能购回的优先股。

4. 可转换优先股和不可转换优先股

可转换优先股是指可以按照规定的条件和比例转换为普通股的优先股。不可转换优先股是指不可以转换为普通股的优先股。

（三）优先股筹资的优缺点

1. 优先股筹资的优点

（1）有利于股份公司股权资本结构的调整。发行优先股是股份公司股权资本结构调整的重要方式。公司资本结构调整中，既包括债务资本和股权资本的结构调整，也包括股权资本的内部结构调整。

（2）优先股从法律形式上看属于股权性资金，能够提高企业的资信和借款能力。

（3）优先股没有固定的到期日，不用偿付本金；其股利虽然固定但具有一定的灵活性，当公司没有足够的利润时可以不支付优先股股利。因此，与债权性资金相比，优先股财务风险较低。

（4）发行优先股有利于保持普通股股东的控制权。由于优先股股东一般无表决权，不能参与公司的管理决策，因此不会分散普通股股东对公司的控制权。

2. 优先股筹资的缺点

（1）优先股的资金成本较高。这主要是由于优先股股息不能抵减所得税，而债务利息可以抵减所得税。这是利用优先股筹资的最大不利因素。

（2）优先股可能形成较重的财务负担。优先股的股利支付相对于普通股的固定性。针对固定股息率优先股、强制分红优先股、可累积优先股而言，股利支付的固定性可能成为企业的一项财务负担。

二、可转换债券

可转换债券是一种混合型证券，是债券持有人在约定的期限内可将其转换为普通股的债券。可转换债券的持有人在一定期限内，可以按照事先规定的价格或者转换比例，自由地选择是否转换为公司普通股。

债券持有人对是否将债券转换为普通股具有选择权。在可转换债券转换前，企业需要定期向债券持有人支付利息。如果在规定的转换期限内债券持有人未进行转换，企业需要继续定期支付利息，并且到期偿还本金。在这种情况下，可转换债券与普通债券没有区别，属于债权性资金。如果在规定的转换期限内，债券持有人将可转换债券转换为普通股，则变成了股权性资金。因此，可转换债券具有债权性资金和股权性资金的双重性质。

（一）可转换债券的发行条件

根据《上市公司证券发行管理办法》的规定，上市公司发行可转换债券，除了应当符合增发股票的一般条件之外，还应当符合以下条件。

（1）最近 3 个会计年度加权平均净资产收益率平均不低于 6%。扣除非经常性损益后的净利润与扣除前的净利润相比，以低者作为加权平均净资产收益率的计算依据。

（2）本次发行后累计公司债券余额不超过最近一期期末净资产额的 40%。

（3）最近 3 个会计年度实现的年均可分配利润不少于公司债券 1 年的利息。

（二）可转换债券的基本要素

可转换债券的基本要素是指构成可转换债券基本特征的必要因素,它们代表了可转换债券与一般债券的区别。

1. 标的股票

可转换债券转换期权的标的物是可转换成的公司股票。标的股票一般是发行公司自己的普通股票。

2. 票面利率

可转换债券的票面利率一般会低于普通债券的票面利率,有时甚至还低于同期银行存款利率。因为在可转换债券的投资收益中,除了债券的利息收益外,还附加了股票买入期权的收益部分。一个设计合理的可转换债券,在大多数情况下其股票买入期权的收益足以弥补债券利息收益的差额。

3. 转换价格

转换价格是指可转换债券在转换期内据以转换为普通股的折算价格,即将可转换债券转换为普通股的每股普通股的价格。如每股 20 元,即是指可转换债券转股时,将债券金额按每股 20 元转换为相应股数的股票。

4. 转换比率

转换比率是指每一张可转换债券在既定的转换价格下能转换为普通股股票的数量。在债券面值和转换价格确定的前提下,转换比率为债券面值与转换价格之商。

5. 转换期

转换期是指可转换债券持有人能够行使转换权的有效期限。可转换债券的转换期可以与债券的期限相同,也可以短于债券的期限。《上市公司证券发行管理办法》规定,可转换债券自发行结束之日起 6 个月后方可转换为公司股票,转股期限由公司根据可转换债券的存续期限及公司财务状况确定。

除了上述要素外,特殊情况下还会执行赎回条款、回售条款和强制性转换条款。

（三）可转换债券的筹资特点

1. 筹资灵活性

可转换债券是将传统的债务筹资功能和股票筹资功能结合起来,筹资性质和时间上非常灵活。债券发行企业先以债务方式取得资金,到了债券转换期,如果股票市价较高,债券持有人将会按约定的价格转换为股票,避免了企业还本付息的负担。如果公司股票长期低迷,投资者不愿意将债券转换为股票,企业及时还本付息清偿债务,也能避免未来长期的股东资金成本负担。

2. 资金成本较低

可转换债券的利率低于同一条件下普通债券的利率,降低了公司的筹资成本;在可转换债券转换为普通股时,公司无须另外支付筹资费用,又节约了股票的筹资成本。

3. 存在一定的财务压力

可转换债券存在不转换的财务压力。如果在转换期内公司股价处于恶化性的低位,持券者到期不会转股,会造成公司因集中兑付债券本金而带来的财务压力。

三、认股权证

认股权证是一种由上市公司发行的证明文件,持有人有权在一定时间内以约定价格认购该公司发行的一定数量的股票。广义的权证是一种持有人有权于某一特定期间或到期日,按约定的价格认购或沽出一定数量的标的资产的期权。按买或卖的不同权利,可分为认购权证和认沽权证,又称为看涨权证和看跌权证。认股权证属于认购权证。

(一)认股权证的基本性质

1. 认股权证的期权性

认股权证本质上是一种股票期权,属于衍生金融工具,具有实现融资和股票期权激励的双重功能。但认股权证本身是一种认购普通股的期权,它没有普通股的红利收入,也没有普通股相应的投票权。

2. 认股权证是一种投资工具

投资者可以通过购买认股权证获得市场价与认购价之间的股票差价收益,因此,它是一种具有内在价值的投资工具。

(二)认股权证的筹资特点

1. 认股权证是一种融资促进工具

认股权证的发行人是发行标的股票的上市公司,认股权证通过以约定价格认购公司股票的契约方式,能保证公司在规定的期限内完成股票发行计划,顺利实现融资。

2. 有助于改善上市公司的治理结构

如采用认股权证进行融资,融资的实现是缓期分批实现的。上市公司及其大股东的利益与投资者是否在到期之前执行认股权证密切相关。因此,在认股权证有效期间,上市公司管理层及其大股东任何有损公司价值的行为,都有可能降低上市公司的股价,从而降低投资者执行认股权证的可能性,这将损害上市公司管理层及其大股东的利益。所以,认股权证能够约束上市公司的败德行为,并激励他们更加努力地提升上市公司的市场价值。

3. 有利于推进上市公司的股权激励机制

认股权证是常用的员工激励工具,通过给予管理者和重要员工一定的认股权证,可以把管理者和员工的利益与企业价值成长紧密联系在一起,建立一个管理者与员工通过提升企业价值来实现自身财富的增加。

? 思考

(1) 旅游企业发行的普通债券和可转换公司债券有什么区别?

（2）什么是股票权证？

（3）分析优先股股权性和债权的双重性。

 **案例分析**

迅达航空公司筹资方案

迅达航空公司于 2010 年实行杠杆式收购后，负债比率一直居高不下。直至 2015 年年底，公司的负债比率仍然很高，有近 15 亿元的债务于 2018 年到期。为此，需要采用适当的筹资方式追加筹资，降低负债比率。

2016 年年初，公司董事长和总经理正在研究公司筹资方式的选择问题。董事长和总经理两人都是主要持股人，也都是财务专家。他们考虑了包括增发普通股等筹资方式，并开始向投资银行咨询。

起初，投资银行认为，可按每股 20 元的价格增发普通股。但经分析得知，这是不切实际的。因为投资者对公司有关机票打折策略和现役机龄老化等问题顾虑重重，如此高价位发行，成功概率不大。最后，投资银行建议，公司可按每股 13 元的价格增发普通股 2 000 万股，以提升股权资本比重，降低负债比率，改善财务状况。

迅达航空公司 2015 年年底和 2016 年年初增发普通股后（如果接受投资银行的咨询建议）筹资方式组合如表 4-3 所示。

表 4-3　迅达航空公司筹资方式组合

长期筹资方式	2015 年实际数		2016 年年初估计数	
	金额/亿元	百分比/%	金额/亿元	百分比/%
长期债券	49.66	70.9	48.63	68.1
长期借款	2.45	3.5	2.45	3.4
优先股	6.51	9.3	6.51	9.1
普通股	11.43	16.3	13.86	19.4
总　计	70.05	100	71.45	100

假如你是迅达航空公司的财务总监（CFO），尝试回答下列问题。

（1）请你分析普通股筹资方式的优缺点。

（2）你如何评价投资银行对公司的咨询建议？

（3）你将对公司提出怎样的筹资方式建议？

课后习题

一、单项选择题

1. 某旅游公司 2019 年预计营业收入为 5 000 万元，预计营业净利率为 10%，利润留存率为 40%。据此可以测算出该公司 2019 年内部资金来源的金额为（　　）万元。

A. 200　　　　　　B. 300　　　　　　C. 500　　　　　　D. 800

2. 某旅游公司为了取得银行借款,将其持有的公司债券移交给银行占有,该贷款属于( )。

A. 信用贷款　　　　B. 保证贷款　　　　C. 抵押贷款　　　　D. 质押贷款

3. 长期借款的保护性条款一般有例行性保护条款、一般性保护条款和特殊性保护条款,其中应用于大多数借款合同的条款是( )。

A. 例行性保护条款和特殊性保护条款　　B. 例行性保护条款和一般性保护条款
C. 一般性保护条款和特殊性保护条款　　D. 特殊性保护条款

4. 与股票筹资相比,下列各项中属于债务筹资缺点的是( )。

A. 财务风险较大　　　　　　　　　　B. 资金成本较高
C. 稀释股东控制权　　　　　　　　　D. 筹资灵活性较小

5. 酒店因发放现金股利的需要而进行筹资的动机属于( )。

A. 扩张性筹资动机　　　　　　　　　B. 支付性筹资动机
C. 创立性筹资动机　　　　　　　　　D. 调整性筹资动机

6. 按旅游企业所取得资金的权益特性不同,可将筹资分为( )。

A. 直接筹资和间接筹资

B. 内部筹资和外部筹资

C. 股权筹资、债权筹资和混合筹资

D. 短期筹资和长期筹资

7. 旅游企业依据实际生产经营和发展的要求,科学合理地预测、安排资金的需求量。筹资规模既不能过大,造成资金的闲置浪费,又不能筹资不足,影响生产经营的正常运转的筹资管理原则是( )。

A. 筹措合法　　　B. 规模适当　　　C. 取得及时　　　D. 来源经济

8. 下列各种筹资方式中,最有利于降低公司财务风险的是( )。

A. 发行普通股　　　　　　　　　　　B. 发行优先股
C. 发行公司债券　　　　　　　　　　D. 发行可转换债券

9. 下列各项中,不属于普通股股东拥有的权利是( )。

A. 优先认股权　　　　　　　　　　　B. 优先分配收益权
C. 股份转让权　　　　　　　　　　　D. 剩余财产要求权

10. 与权益筹资相比,下列各项中属于长期借款缺点的是( )。

A. 财务风险较大　　　　　　　　　　B. 资金成本较高
C. 稀释股东控制权　　　　　　　　　D. 筹资灵活性小

11. 要求酒店的主要领导人购买人身保险、借款的用途不能改变、违约处罚条款等描述的是( )。

A. 例行性保护条款　　　　　　　　　B. 一般性保护条款
C. 特殊性保护条款　　　　　　　　　D. 其他条款

12. 与发行股票筹资相比,吸收直接投资的优点是( )。

A. 筹资费用较低　　　　　　　　　　B. 资金成本较低

　　C. 易于进行产权交易　　　　　　　　D. 有利于提高公司声誉

二、多项选择题

1. 下列各项中,属于旅游企业筹资管理应当遵循的原则有( )。

　　A. 依法筹资原则　　　　　　　　　　B. 负债最低原则

　　C. 规模适度原则　　　　　　　　　　D. 结构合理原则

2. 下列选项中,属于股票特点的有( )。

　　A. 永久性　　　　　B. 风险性　　　　　C. 营利性　　　　　D. 流通性

3. 与债务筹资相比,下列各项中属于股权筹资优点的有( )。

　　A. 资金成本负担较轻

　　B. 是企业良好的信誉基础

　　C. 不会增加企业的财务风险

　　D. 保持公司的控制权

4. 根据规定,证券发行公司应与承销团签订承销协议,可选择的承销方式有( )。

　　A. 代销　　　　　B. 招标　　　　　C. 柜台销售　　　　　D. 包销

5. 与银行借款相比,下列各项中属于发行债券筹资特点的有( )。

　　A. 资金成本较高　　　　　　　　　　B. 一次筹资数额较大

　　C. 扩大公司的社会影响　　　　　　　D. 募集资金使用限制较多

6. 企业可以将某些资产作为质押品向商业银行申请质押贷款。下列各项中能作为质押品的是( )。

　　A. 厂房　　　　　B. 股票　　　　　C. 汇票　　　　　D. 专利权

三、判断题

1. 调整性筹资动机是指企业因调整公司业务所产生的筹资动机。　　　　　　( )

2. 旅游企业在初创期通常采用外部筹资,而在成长期通常采用内部筹资。　　( )

3. 扩张性筹资动机兼具混合性筹资动机和调整性筹资动机的特性,同时增加了企业的资产总额和资本总额,也导致企业的资产结构和资本结构同时变化。　　　　　　( )

4. 债务筹资形成企业的债务资金,债务筹资的方式包括银行借款、发行债务、融资租赁、吸收直接投资 4 种基本形式。　　　　　　( )

5. 到期分批偿还债券比到期一次偿还债券发行费较高,但便于发行。　　　　( )

6. 优先股股东在股东大会上有表决权,在参与公司经营管理上不会受到任何限制。

　　　　　　　　　　　　　　　　　　　　　　　　　　　　　　　　　( )

第五章
旅游企业资金成本与资本结构

 **引例**

资金成本决策

东方旅游公司急需 5 000 万元资金用于开发新旅游项目。运营部总经理提议发行 5 年期的债券筹集资金。财务总经理则认为,公司目前资产负债率为 70%,已经比较高了,如果再利用债券筹资,财务风险将过高,应当发行普通股或优先股筹集资金。金融专家认为,发行普通股十分困难,根据当时的利率水平和市场状况测算,如果发行优先股,年股利率不能低于 16.5%;如果发行债券,以 12% 的年利率即可顺利发行。新旅游项目运营后预计税后投资报酬率将达到 18%。财务专家认为,以 16.5% 的股利率发行优先股不可行,因为发行优先股的筹资费用较高,加上筹资费用后的资金成本将达到 19%,高于项目的税后投资报酬率;如果发行债券,由于利息可在税前支付,实际的资金成本大约在 9%。财务专家还提出,由于正处于通货膨胀时期,利率较高,不宜发行期限长、具有固定负担的债券或优先股,而应向银行筹措 5 000 万元的 1 年期贷款,1 年后再以较低的股利率发行优先股来替换技术改造贷款。但是财务总经理认为,银行贷款的容量有限,在当时的条件下向银行筹措 5 000 万元开发新项目不太现实,而且 1 年后通货膨胀也未必会消除。

面对复杂多变的金融市场,如何恰当地测算资金成本、权衡资本结构,及时足额高效地筹集资金,是企业面临的一个非常重要的问题。

？思考

(1) 你认为谁的建议适合公司当前情况？

(2) 进行筹资决策应考虑哪些影响因素？

第一节　旅游企业资金成本

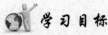 **学习目标**

(1) 了解资金成本的概念、影响因素和意义。

（2）掌握个别资金成本计算。

（3）掌握综合资金成本的计算。

一、旅游企业资金成本概述

微课

（一）资金成本的概念

资金成本是指旅游企业为了筹集资金和使用资金所要付出的代价,包括资金筹资成本和资金使用成本。

资金筹集成本是指旅游企业为了筹集或取得资金所必须支付的费用。例如为了借款而支付给银行的手续费,发行股票或债券而支付的发行费、律师费、资信评估费、公证费、担保费和广告费。筹集费用通常是在筹措资金时一次性支付的,在使用过程中不再发生,因而可以视作筹资额的扣除项目。

资金使用成本是指旅游企业在使用资金的过程中所付出的代价。例如,旅游企业向银行借款而支付给银行的利息;旅游企业发行股票后向股东支付的股利;旅游企业发行债券后向债券人支付利息等。与筹集成本所不同的是,资金使用成本一般是在用资过程中分期支付的,并随着使用资金金额的大小和期限的长短而变动。

（二）资金成本的分类

资金成本有绝对数和相对数两种表达方式,通常采用相对数,即资金成本率来表示。资金成本率是企业的用资费用与有效筹资额之间的比率,通常可以分为以下三类。

1. 个别资金成本

个别资金成本是指单个筹资方式的资金成本,包括债券成本、银行借款成本、普通股成本等,一般用于比较和评价各种筹资方式。

2. 综合资金成本

综合资金成本是以各种资金占全部资金的比重为权数,对个别资金成本进行加权平均确定的。

3. 边际资金成本

边际资金成本是指企业追加长期资金的成本,常常用来追加筹资决策。

（三）影响资金成本的因素

1. 总体经济环境

一个国家或地区的总体经济环境状况,表现在国民经济发展水平、预期的通货膨胀等方面,这些都会对旅游企业筹资的资金成本产生影响。如果国民经济保持健康、稳定、持续增长,整个社会经济的资金供给和需求相对均衡且通货膨胀水平低,资金所有者投资的风险小,预期收益率低,筹资的资金成本率相应就比较低。相反,如果经济过热,通货膨胀率持续居高不下,投资者投资的风险大,预期收益率高,筹资的资金成本率就高。

2. 资本市场的效率和风险

资本市场条件包括资本市场的效率和风险。如果资本市场缺乏效率,证券的市场流动性低,投资者投资风险大,要求的预期收益率高,那么通过资本市场融通的资本,其成本水平就比较高。

3. 企业的经营风险和财务风险

企业的经营风险和财务风险共同构成企业总体风险,如果企业经营风险高,财务风险大,则企业总体风险水平高,投资者要求的预期收益率高,企业筹资的资金成本相应就大。

4. 企业对筹资规模和时限的需求

在一定时期内,国民经济体系中资金供给总量是一定的,资金是一种稀缺资源。因此,企业一次性需要筹集的资金规模大、占用资金时限长,资金成本就高。当然,融资规模、时限与资金成本的正向相关性并非线性关系。一般来说,融资规模在一定限度内,并不会引起资金成本的明显变化,当融资规模突破一定限度时,才会引起资金成本的明显变化。

(四) 资金成本的意义

资金成本是企业筹资管理的主要依据,也是旅游企业投资管理的重要标准,甚至是企业整个财务管理和经营管理的重要工具。

(1) 资金成本是旅游企业比较筹资方式、选择筹资方案的依据。

旅游企业各种资本的资金成本率是比较、评价各种筹资方式的依据。在评价各种筹资方式时,一般会考虑的因素包括对企业控制权的影响、对投资者吸引力的大小、融资的难易和风险、资金成本的高低等,而资金成本是其中的重要因素。在其他条件相同时,企业筹资应选择资金成本率最低的方式。

(2) 平均资金成本是衡量资本结构是否合理的重要依据。

旅游企业财务管理目标是企业价值最大化,企业价值是企业资产带来的未来现金流量的贴现值。计算企业价值时,经常采用企业的平均资金成本作为贴现率,当平均资金成本最小时,企业价值最大,此时的资本结构是企业理想的资本结构。

(3) 资金成本是评价投资项目可行性的主要标准。

任何投资项目,如果它预期的投资收益率超过该项目使用资金的资金成本率,则该项目在经济上就是可行的。因此,资金成本率是旅游企业用以确定项目要求达到的投资收益率的最低标准。

(4) 资金成本是评价旅游企业整体业绩的重要依据。

一定时期旅游企业资金成本率的高低,不仅反映企业筹资管理的水平,还可作为评价企业整体经营业绩的标准。旅游企业的生产经营活动,实际上就是所筹集资本经过投放后形成资产的营运,企业的总资产税后收益率应高于其平均资金成本率,这样才能带来剩余收益。

微课

二、个别资金成本

个别资金成本是指单一融资方式本身的资金成本,包括银行借款资金成本、公司债券资金成本、优先股资金成本、普通股资金成本和留存收益成本等。

（一）借款资金成本

银行借款资金成本包括借款利息和借款手续费用，手续费用是筹资费用的具体表现。利息费用在税前支付，可以起抵税作用，一般计算税后资金成本率，以便与权益资金成本率具有可比性。银行借款的资金成本率按一般模式计算为

借款资金成本＝[借款年利息×（1－所得税率）]÷[借款筹资额×（1－筹资费用率）]

$$K_l = \frac{I_l(1-T)}{L(1-f_l)} = \frac{LR_l(1-T)}{L(1-f_l)} = \frac{R_l(1-T)}{1-f_l}$$

式中：K_l 为借款资金成本；I_l 为借款年利息额；T 为企业所得税税率；L 为借款本金；R_l 为借款年利率；f_l 为借款筹资费用率。

相对而言，借款筹资费用率较低，有时可以忽略不计。因此借款的资金成本的计算公式可以简化为

$$K_l = R_l(1-T)$$

例 5-1

东海大酒店从银行取得 5 年期长期借款 1 000 万元，手续费率 0.1%，年利率 8%，每年结息一次，到期一次还本。公司所得税税率 25%。计算该笔长期借数的资金成本。

（1）长期借款的资金成本为

$$K = [1\ 000 \times 8\% \times (1-25\%)] \div [1\ 000 \times (1-0.1\%)]$$
$$= [8\% \times (1-25\%)] \div (1-0.1\%)$$
$$\approx 6.01\%$$

（2）如果忽略手续费，则计算的结果为

$$K = 8\% \times (1-25\%) = 6\%$$

（二）长期债券资金成本

长期债券与借款都属于债权性资金，其资金成本的计算非常类似，但需要注意以下几点。首先，债券的筹资费用即发行费用，包括律师费、印刷费以及证券公司手续费等申请和销售过程中发生的费用，这些费用一般较高，因而不能忽略。其次，债券的发行价格分为溢价、平价、折价，发行价格不一定等于债券面值。因此，长期债券资金成本的计算公式为

长期债券资金成本＝[债券每年利息×（1－所得税率）]÷[债券发行价格×（1－筹资费用率）]

$$K_b = \frac{SR_b(1-T)}{B(1-f_b)} = \frac{I_b(1-T)}{B(1-f_b)}$$

式中：K_b 为长期债券资金成本；S 为债券面值；R_b 为债券票面利率；I_b 为债券每年利息额；T 为所得税税率；B 为债券发行价格；f_b 为债券筹资费率，即筹资费用占筹资额的比率。

例 5-2

东海大酒店发行面值为 1 000 元、期限为 4 年、票面利率为 10% 的债券 10 000 张，每年

结息一次,到期一次还本。筹资费用为发行价格的4%。公司所得税税率为25%。计算发行价格分别为1 100元、1 000元和900元时,债券的资金成本。

(1) 如果发行价格为1 100元,则债券的资金成本为
$$K_b = [1\,000 \times 8\% \times (1-25\%)] \div [1\,100 \times (1-4\%)] \approx 5.68\%$$

(2) 如果发行价格为1 000元,则债券的资金成本为
$$K_b = [1\,000 \times 8\% \times (1-25\%)] \div [1\,000 \times (1-4\%)] = 6.25\%$$

(3) 如果发行价格为900元,则债券的资金成本为
$$K_b = [1\,000 \times 8\% \times (1-25\%)] \div [900 \times (1-4\%)] = 6.94\%$$

(三) 优先股的资金成本

优先股的资金成本主要是向优先股东支付的各期股利,通常股息是固定的,这与债权性资金类似。但是优先股股利从税后利润中支付,没有抵税作用,这是与债权性资金的不同之处。优先股的资金计算公式为

优先股资金成本=优先股年固定股息÷[优先股发行价格×(1-筹资费用率)]

$$K_p = \frac{D_p}{P_p(1-f_p)}$$

式中:K_p为优先股资金成本率;D_p为优先股年固定股息;P_p为优先股发行价格;f_p为筹资费用率。

例 5-3

东海大酒店发行面值100元的优先股,规定的年股息率为12%。该优先股溢价发行,发行价格为120元;发行时筹资费用率为发行价的3%,则该优先股的资金本成本率为?
$$K = (100 \times 12\%) \div [120 \times (1-3\%)] = 10.31\%$$

微课

(四) 普通股的资金成本率

普通股的资金成本主要是向股东支付的各期股利。由于各期股利并不一定固定,随企业各期收益波动,因此普通股的资金成本不能按照债权和优先股资金成本公式计算。普通股资金成本常见的计算思路有以下三种。

1. 股利增长模型法

假定资本市场有效,股票市场价格与价值相等。假定某股票本期支付的股利为D_0,未来各期股利按g速度永续增长,f_c为普通股筹资金使用率。目前股票市场价格为P_0,则普通股资金成本率为

$$K_c = \frac{D_0(1+g)}{P_0(1-f_c)} + g = \frac{D_1}{P_0(1-f_c)} + g$$

例 5-4

东海大酒店发行一批普通股,发行价格30元,筹资费用率2%,本年发放现金股利每股

0.6 元,预期股利年增长率为 10%。试计算该种股利方案下的普通股资金成本。

$$K_c = \frac{D_0(1+g)}{P_0(1-f_c)} + g = \frac{0.6 \times (1+10\%)}{30 \times (1-2\%)} + 10\% = 12.24\%$$

2. 资金资产定价模型法

假定资本市场有效,股票市场价格与价值相等。假定无风险收益率为 R_f,市场平均收益率为 R_m,某股票贝塔系数为 β,则普通股资金成本率为

$$K_c = R_f + \beta(R_m - R_f)$$

例 5-5

东海大酒店普通股 β 系数为 1.2,此时无风险报酬率为 5%,市场平均收益率 15%,则该普通股资金成本率为

$$K_c = 5\% + 1.2 \times (15\% - 5\%) = 17\%$$

3. 债券投资报酬率加股票投资额外风险报酬率

一般而言,普通股投资的风险高于债券投资,因此,普通股投资的必要报酬率通常高于债券投资的必要报率。于是,普通股投资必要报酬率可以在债券投资必要报酬率的基础上加上普通股投资高于债券投资的额外风险报酬率。相应地,普通股资金成本就等于债券资金成本加上普通股额外风险报酬。这种方法比较主观,且计算比较简便。

例 5-6

东海大酒店已发行债券的资金成本为 8.5%。现增发一批普通股,经分析,该股票高于债券的额外风险报酬率为 5%。试计算该批普通股的资金成本。

该批普通股的资金成本为

$$K_c = 8.5\% + 5\% = 13.5\%$$

（五）留存收益的资金成本

留存收益由企业税后利润形成,包括盈余公积和未分配利润,它们与优先股和普通股一样属于股权性资金。从表面上看,留存收益并不需要企业花费专门的代价。但是实际上,留存收益从最终归属上看是属于普通股股东的,可以理解为普通股股东对企业的再投资。因此,普通股股东要求留存收益应该与普通股具有相同的报酬率。因此,留存收益的资金成本与普通股基本相同,唯一不同的是不存在筹资费用。

三、综合资金成本

旅游企业从多种渠道,用多种方式来筹集资金,而多种方式的筹资成本是不一样的。在筹资和投资决策中,就必须计算旅游企业综合资金成本。

综合资金成本是以各种资金占全部资金的比重为权数,对个别资金成本进行加权平均

确定的,其计算公式为

$$K_w = \sum K_i W_i$$

式中:K_w 为综合资金成本;K_i 为第 i 种个别资金成本;W_i 为第 i 种个别资本占全部资本的比重。

例 5-7

东海大酒店账面反映的资金共 500 万元。其中借款 100 万元,应付债券 50 万元,普通股 250 万元,保留盈余 100 万元;其成本分别是 6.7%、9.17%、11.26%、11%。计算该旅游企业综合资金成本。

$$K_w = 6.7\% \times 100 \div 500 + 9.17\% \times 50 \div 500 + 11.26\% \times 250 \div 500 + 11\% \times 100 \div 500$$
$$\approx 10.09\%$$

从以上计算可以看出,各种不同筹资方式的资金在资金总额中所占的比重是决定综合资金成本率高低的一个重要因素。这一比重通常是按账面价值确定的,其资料容易取得。当资金的账面价值与市场价值差别较大时,还可以按市场价值或者目标价值确定。账面价值反映过去的资本结构,具有资料易取得等优点,但也有证券价值偏离,影响其正确性的缺点。目标价值是反映未来的目标市场价值,所以按目标价值计算的加权平均资金成本更适合企业筹集资金。然而,企业很难客观合理地确定证券的目标价值,使这种计算方法不容易推广。

四、边际资金成本

边际资金成本是指企业追加筹资的资金成本。一般来说,旅游企业不可能以某一固定的资金成本来筹措无限的资金,当筹集的资金超过一定限度时,资金成本将有所变化。因此,企业在未来追加筹资时,应当更多地关注新筹措资金的成本,即边际资金成本。

企业追加筹资有可能只采取一种筹资方式。在这种情况下,边际资金成本的确定与前述个别资金成本的确定方法相同。

在筹资数额较大或在目标资本结构既定的情况下,追加筹资往往需要通过多种筹资方式的组合来实现。这时的边际资金成本是新筹措的各种资金的加权平均成本,各种资金的权数应以市场价值为基础来确定。

例 5-8

某旅游公司 2020 年年末长期资本中负债比例为 55%,公司管理层认为负债比例过高,经董事会决定拟向现有普通股东实施配股,方案为 10 配 2 股,配股价每股 8 元,假设经测算筹资股本额在 900 万元以内,边际资金成本为 10%,即每追加一单位资金所需追加的成本为 10%,当筹资股本额超过 900 万元,每追加一单位资金所需追加的成本为 11%。

企业追加筹资也可在不改变现有资本结构情况下,采用多种筹资方式组合来实现。假设按现有资本结构即负债比例为 55%、普通股资金 45%筹措新资金,假设经测算随筹资额的增加,各单项资金成本变化如表 5-1 所示。

表 5-1　资金成本变化表

资金种类	新筹资额/万元	资金成本/%
债务资金	550 以内	7
	550～1 650	8
	1 650 以上	9
权益资金	900 以内	10
	900～1 800	11

当企业筹资总额为 1 600 万元时,这时债务资金为 $1\,600\times55\%=880$(万元),普通股资金为 $1\,600\times45\%=720$(万元)。综合边际资金成本为:$55\%\times8\%+45\%\times10\%=8.9\%$,即每追加一单位资金(债务资金为 0.55,普通股资金为 0.45 元)所需追加的成本为 8.9%,那么按 8.9%资金成本,保持现有资本结构,筹集总资金额度是多少?

财务界引进筹资突破点的概念,它是在保持资本结构不变条件下,按某一特定资金成本可以筹集到的筹资总额。筹资突破点的计算公式为

$$筹资突破点=\frac{可用某一特定成本筹集到的某种资金额}{该种资金在资本结构中所占的比重}$$

本题的筹资突破点为

$$\frac{550}{55\%}=1\,000(万元)\quad\frac{1\,650}{55\%}=3\,000(万元)$$

$$\frac{900}{45\%}=2\,000(万元)\quad\frac{1\,800}{45\%}=4\,000(万元)$$

(1) 筹资总额 1 000 万元以内,综合边际资金成本为
$$55\%\times7\%+45\%\times10\%=8.35\%$$
(2) 筹资总额 1 000 万～2 000 万元,综合边际资金成本为
$$55\%\times8\%+45\%\times10\%=8.9\%$$
(3) 筹资总额 2 000 万～3 000 万元,综合边际资金成本为
$$55\%\times8\%+45\%\times11\%=9.35\%$$
(4) 筹资总额 3 000 万元以上,综合边际资金成本为
$$55\%\times9\%+45\%\times11\%=9.9\%$$

由上题可以看出,公司的边际资金成本随着追加筹资金额的增加而上升。而边际投资报酬率会随着投资规模的增加而逐渐下降。只有当边际资金成本低于边际投资报酬率时,筹资才是合理的,投资也才是有利的。因此,公司可以将不同筹资范围内的边际资金成本与不同投资规模内的边际投资报酬率相比较,以判断是否应筹资满足投资机会。

？思考

(1) 计算企业资金成本有什么意义?

(2) 为什么债务成本通常比权益资金成本低?

第二节 杠杆效应

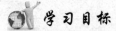

学习目标

(1) 理解杠杆的含义。

(2) 理解经营杠杆的原理及影响因素。

(3) 理解财务杠杆的原理及影响因素。

(4) 理解总杠杆的原理及影响因素。

微课

一、杠杆效应的含义

自然界中的杠杆效应是指人们通过利用杠杆,可以用较小的力量移动较重物体的现象。"给我一个支点,我能撬动地球",阿基米德的名言准确地描述了自然科学中的杠杆作用。杠杆能够产生神奇的力量,在财务管理中也存在着类似的杠杆效应,表现为:由于特定费用(如固定成本或固定财务费用)的存在而导致的,当某一财务变量以较小幅度变动时,另一相关财务变量会较大幅度变动。

财务管理的杠杆效应有三种形式,即经营杠杆、财务杠杆和总杠杆,要了解这些杠杆的原理,需要首先了解成本习性、边际贡献和息税前利润等相关术语的含义。

二、成本习性及相关概念

(一) 成本习性

成本习性是指成本与业务量之间的依存关系。成本按习性可分为固定成本、变动成本和混合成本三类。

(1) 固定成本是指其成本总额在一定时期和一定业务量范围内不受业务量增减变动影响而固定不变的成本。例如,直线法计提的折旧费、保险费和办公费等。

(2) 变动成本是指其成本总额随着业务量增减变动成正比例增减变动的成本。例如,直接材料和直接人工等都属于变动成本。

(3) 混合成本是指随着业务量变动而变动,但不成同比例变动的成本,可将此分解为固定成本和变动成本。

由上面的分析可知,成本按习性可分为变动成本、固定成本和混合成本三类。混合成本又可以按照一定的方法分解为变动成本和固定成本两部分。这样,总成本模型可以按下式表示为

$$C = F + VQ$$

式中:C 为总成本;F 为固定成本;V 为变成本;Q 为销售量。

（二）边际贡献

边际贡献是指销售收入减去变动成本以后的差额，其计算公式为

$$边际贡献 = 销售收入 - 变动成本$$

$$M = PQ - VQ = (P-V)Q$$

式中：M 为边际贡献；P 为销售单价；V 为单位变动成本；Q 为销售量。

（三）息税前利润

息税前利润是指企业支付利息和交纳所得税之前的利润，成本按习性分类后，息税前利润可按以下公式计算：

$$EBIT = PQ - VQ - F = (P-V)Q - F = M - F$$

式中：$EBIT$ 为息税前利润；M 为边际贡献；P 为销售单价；F 为固定成本；V 为变成本；Q 为销售量。

三、经营杠杆

经营杠杆是指由于固定性经营成本的存在，而使得旅游企业的资产收益（息税前利润）变动率大于业务量变动率的现象。这里的经营成本包括营业成本、税金及附加、销售费用和管理费用。固定经营成本是指经营规模在一定范围内保持不变的经营成本，即不随营业收入变化而变化的经营成本。

经营杠杆反映了资产收益的波动性，主要用来评价旅游企业的经营风险。由于固定经营成本不随销售量的变化而变化，当销售量增加时，单位销售收入分摊的固定经营成本就会降低，使得企业的息税前利润以更高的比例增加。当销售量减少时，单位销售收入分摊的固定经营成本就会增加，使得企业的息税前利润以更高的比例减少。

（一）经营杠杆系数

经营杠杆系数是测算经营杠杆效应程度的指标，是息税前利润变动率与企业销售量变动率的比值。计算公式为

$$DOL = \frac{\Delta EBIT / EBIT}{\Delta Q / Q}$$

式中：DOL 为经营杠杆系数；$\Delta EBIT$ 为息税前利润变动额；$EBIT$ 为变动前息税前利润；ΔQ 为销售变动量；Q 为变动前销售量。

假定企业的成本—销量—利润保持线性关系，变动成本在销售收入中所占的比例不变，固定经营成本保持稳定，经营杠杆系数可推导变为

$$EBIT = (P-V)Q - F$$

$$\Delta EBIT = \Delta Q(P-V)$$

$$DOL = \frac{\Delta EBIT / EBIT}{\Delta Q / Q} = \frac{\Delta Q(P-V)/[(P-V)Q - F]}{\Delta Q / Q} = \frac{(P-V)Q}{(P-V)Q - F}$$

微课

$$DOL = \frac{S - VQ}{S - VQ - F}$$

式中:DOL 为经营杠杆系数;P 为销售单价;F 为固定成本;V 为变成成本;Q 为销售量;S 为销售额。

由推导过程可知,这两个公式中的都是基期的数据。即变化之前的数据。因此,利用这两个公式可以在基期结束之后就预算出第二年的经营杠杆系数。

例 5-9

东方旅游公司 2019 年销售额为 1 000 万元,固定成本 200 万元,变动成本 600 万元;2020 年销售额为 1 200 万元,固定成本保持不变,变动成本 720 万元。试求该公司 2020 年、2021 年的经营杠杆系数。

$$经营杠杆系数\ DOL_{2020} = \frac{1\ 000 - 600}{1\ 000 - 600 - 200} = 2$$

$$经营杠杆系数\ DOL_{2020} = \frac{1\ 200 - 720}{1\ 200 - 720 - 200} \approx 1.71$$

(二)影响经营杠杆的因素

企业的经营杠杆系数越高,经营杠杆效应就越大。由经营杠杆系数计算公式可以看出,影响经营杠杆系数的基本因素有销售额、产品销售单价、单位产品的变动成本和固定经营成本。

(1)在固定成本不变的情况下,经营杠杆系数说明了销售额增长(减少)所引起利润增长(减少)的幅度。比如,DOL_{2020} 说明在销售额 1 000 万元时,销售额的增长(减少)会引起利润 2 倍的增长(减少);DOL_{2021} 说明在销售额 1 200 万元时,销售额的增长(减少)将引起利润 1.71 倍的增长(减少)。

(2)在固定成本不变的情况下,销售额越大,经营杠杆系数越小,经营风险也就越小;反之,销售额越小,经营杠杆系数越大,经营风险也就越大。比如,当销售额为 400 万元时,DOL 为 1.33;当销售额为 200 万元时,DOL 为 2。显然后者利润的不稳定性大于前者,故而后者的经营风险大于前者。

企业一般可以通过增加销售额、降低产品单位变动成本、降低固定成本比重等措施使经营杠杆系数下降,降低经营风险,但这往往要受到条件的制约。

四、财务杠杆

财务杠杆是指由于固定性债务利息和优先股利息的存在,而使得旅游企业的普通股收益(或每股收益)变动率大于息税前利润变动率的现象。财务杠杆反映了权益资本收益的波动性,用于评价企业的财务风险。

由于债务利息和优先股利息是固定的,不随息税前利润的增长而增长,因此,当息税前利润增加时,每 1 元息税前利润所负担的债务利息和优先股利息会降低,使得每股利润以更大的比例增长,从而为普通股股东带来加乘的收益。

财务杠杆系数是衡量财务杠杆作用程度的指标,它是旅游企业每股收益变动率对于息税前利润变动率的比值。假设公司没有优先股,财务杠杆系数计算公式为

$$DFL = \frac{\Delta EPS/EPS}{\Delta EBIT/EBIT} = \frac{EBIT}{EBIT - I}$$

式中:DFL 为财务杠杆系数;$\Delta EBIT$ 为息税前利润变动额;$EBIT$ 为变动前息税前利润;ΔEPS 为每股收益变动量;EPS 为变动前每股收益;I 为债务利息。

例 5-10

东方旅游公司 2019 年财务情况如下,全部资本为 4 000 万元,负债比率为 45%。负债利率为 12%,当营业额为 4 000 万元时,息税前利润为 600 万元,则财务杠杆系数为

$$DFL = \frac{600}{600 - 4\,000 \times 45\% \times 12\%} \approx 1.56$$

财务杠杆系数表明的是息税前利润增长所引起的每股收益的增长幅度。在资本总额、息税前盈利相同的情况下,负债比率越高,财务杠杆系数越高,财务风险越大,但预期风险每股收益也会相应较高。

五、总杠杆

从上面的介绍可知,经营杠杆通过扩大销售影响息税前利润,财务杠杆通过扩大息税前盈余影响收益。如果两种杠杆共同起作用,那么销售的变动使每股收益产生更大的变动。通常把两种杠杆的连锁作用称为总杠杆。

总杠杆作用的程度,可用总杠杆系数(DTL)表示,它是经营杠杆系数与财务杠杆系数的乘积。其计算公式为

$$DTL = DOL \times DFL = \frac{\Delta EPS/EPS}{\Delta Q/Q} = \frac{Q(P-V)}{Q(P-V) - F - I} = \frac{S - VC}{S - VC - F - I}$$

例 5-11

东方旅游公司 2020 年经营杠杆系数为 2,财务杠杆系数为 1.56,则总杠杆系数为
$$DTL = 2 \times 1.56 = 3.12$$

旅游企业的总杠杆系数越高,综合杠杆利益和综合杠杆风险就越大。旅游企业应在利益和风险之间适当权衡,确定合理的总杠杆系数。企业要调节总杠杆,必须了解影响总杠杆的因素。由于总杠杆是经营杠杆和财务杠杆的综合,因此前述影响经营杠杆和财务杠杆的因素都会影响总杠杆。

由上述分析可知,旅游企业的经营杠杆、财务杠杆和总杠杆虽然并不能衡量企业所有的经营风险、财务风险和综合风险,但它们的确在一定程度上反映了企业的风险程度。上述三种杠杆中,虽然与企业筹资直接相关的只是衡量财务风险的财务杠杆,但是由于经营杠杆和财务杠杆共同构成了企业的总杠杆,因此,企业在筹资决策中确定财务杠杆时,必须考虑其

与经营杠杆的合理搭配,以实现最佳的总杠杆效果。

一般来说,为了将企业总风险控制在一个适当的水平,当企业经营杠杆系数高,经营风险大时,企业筹资应主要依靠权益资本,以保持较低的财务杠杆系数和财务风险;当企业经营杠杆系数较低,经营风险小时,企业筹资可以选择债务资金,利用财务杠杆来扩大收益。

？思考

（1）经营杠杆的原理是什么？

（2）财务杠杆受到哪些因素影响？

（3）为什么销售量与每股收益之间存在着杠杆作用？

第三节　旅游企业资本结构决策

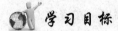
学习目标

（1）理解旅游企业资本结构的含义。

（2）了解影响资本结构的因素。

（3）掌握资本结构的决策方法。

资本结构是指旅游企业各种资金的构成及比例关系。资本结构决策是旅游企业筹资管理的核心问题。

一、资本结构的含义

微课

在筹资管理中,资本结构有广义和狭义之分。广义的资本结构是指全部债务与股东权益的构成比例;狭义的资本结构则是指长期负债与股东权益的构成比例。通常我们所说的资本结构是指狭义的资本结构。

资本结构是在旅游企业多种筹资方式下筹集资金形成的,各种筹资方式不同的组合决定着企业资本结构及其变化。企业筹资方式虽然有很多,但总的来看分为债务资本和权益资本两大类。因此,资本结构问题实际上权益资本和债务资本的配比问题,权益资本是企业必备的基础资本,债务资金所占的比重成为资本结构决策的关键。

不同的资本结构会给旅游企业带来不同的后果。企业利用债务资本进行举债经营具有双重作用,既可以发挥财务杠杆效应,也可能带来财务风险。因此,企业必须权衡财务风险和资金成本的关系,确定最佳的资本结构。评价企业资本结构最佳状态的标准应该是既能够提高股权收益或降低资金成本,又能控制财务风险,最终目的是提升企业价值。

股权收益表现为净资产收益率或普通股每股收益;资金成本表现为企业的平均资金成本率。根据资本结构理论,当企业平均资金成本最低时,企业价值最大。所谓最佳资本结构,是指在一定条件下使企业平均资金成本率最低、企业价值最大的资本结构。资本结构优化的目标是,降低平均资金成本率来提升公司价值。

从理论上讲,最佳资本结构是存在的,但由于企业内部条件和外部环境经常变化,动态地保持最佳资本结构十分困难。在实践中,目标资本结构通常是旅游企业结合自身实际进行适度负债经营所确立的资本结构,是根据满意化原则确定的资本结构。

二、资本结构的影响因素

资本结构是一个产权结构问题,是社会资本在企业经济组织形式中的资源配置结果。资本结构的变化将直接影响社会资本所有者的利益。

1. 旅游企业经营状况的稳定性和成长率

旅游企业产销业务量的稳定程度对资本结构有重要影响:如果产销业务稳定,企业可较多地负担固定财务费用;如果产销业务量和盈余有周期性,则负担固定财务费用将承担较大的财务风险。经营发展能力表现为未来产销业务量的增长率,如果产销业务量能够以较高的水平增长,企业可以采用高负债的资本结构,以提升权益资本的报酬。

2. 旅游企业的财务状况和信用等级

旅游企业财务状况良好,信用等级高,债权人愿意向企业提供信用,企业容易获得债务资金。相反,如果企业财务状况欠佳,信用等级不高,债权人投资风险大,这样会降低企业获得信用的能力,加大债务资金筹资的资金成本。

3. 旅游企业的资产结构

资产结构是企业筹集资本后进行资源配置和使用后的资金占用结构,包括长短期资产构成和比例以及长短期资产内部的构成和比例。资产结构对企业资本结构的影响主要包括:拥有大量固定资产的企业主要通过发行股票筹集资金;拥有较多流动资产的企业更多的是依赖流动负债融通资金,资产适用于抵押贷款的企业负债较多,以技术研发为主的企业则负债较少。

4. 旅游企业投资人和管理当局的态度

从旅游企业所有者的角度看,如果企业股权分散,企业可能更多地采用权益资本筹资,而且企业所有都是不用担心控制权旁落。如果企业为少数股东控制,股东通常重视企业控股权问题,为防止控股权稀释,企业一般尽量避免普通股筹资,而是采用优先股或债务筹资方式。

从企业管理当局的角度看,高负债资本结构的财务风险高,一旦经营失败或出现财务危机,管理当局将面临市场接管的威胁或者被董事会解聘。因此,稳健的管理当局偏好于选择低负债比例的资本结构。

5. 行业特征和企业发展周期

不同行业的资本结构差异很大。产品市场稳定的成熟产业经营风险低,因此可提高债务资金比重,发挥财务杠杆作用。高新技术企业产品、技术、市场尚不成熟,经营风险高,因此可降低债务资金比重,控制财务杠杆风险。同一企业在不同发展阶段,资本结构安排不同。企业初创阶段,经营风险高,在资本结构安排上应控制负债比例;企业发展成熟阶段,产品产销业务量稳定和持续增长,经营风险低,可适度增加债务资金比重,发挥财务杠杆效应;

企业收缩阶段,产品市场占有率下降,经营风险逐步加大,应逐步降低债务资金比重,保证经营现金流量能够偿付到期债务,保持企业持续经营能力,减少破产风险。

6. 经济环境的税务政策和货币政策

资本结构决策必然要研究理财环境因素,特别是宏观经济状况。政府调控经济的手段包括财政税收政策和货币金融政策,当所得税税率较高时,债务资金的作用大,企业充分利用抵税作用以提高企业价值。货币金融政策影响资本供给,从而影响利率水平的变动,当国家执行了紧缩的货币政策时,市场利率较高,企业债务资金成本增大。

三、资本结构决策方法

(一) 最优资本结构的含义及理论依据

旅游企业资金的来源主要来自负债资本和权益资本两个方面,而资本结构就是这两者之间存在的一种比例关系,它是整个公司资本运动高效有序和长期运行的基础,是财务结构优化的关键。

从理论上讲,判断企业资本结构最佳的标准是综合资金成本最低,企业价值最大化。具体来说,包括:综合资金成本最低;筹集到手的能供企业使用的资金能充分确保企业长期经营和发展的需要,满足需要且有一定的资本结构弹性;股票的市价最大;企业的财务风险最小。

(二) 最优资本结构的选择

最佳资本结构是指使资金组合的成本最低、企业价值最大化的资本结构。通常采用资金成本比较法、每股收益分析法和企业价值比较法进行决策。

1. 资金成本比较法

资金成本比较法是指通过计算不同资金组合的资金成本,并以其中资金成本最低的组合为最佳的一种方法。决策程序为,首先确定不同筹资方案的资金结构,再计算不同方案的资金成本,根据计算结果选择资金成本最低的资金组合。

例 5-12

东海大酒店计划筹建一分店,投资预算为 40 000 万元,拟采用银行借款、发行债券和发行股票三种方式筹集资金。各种筹资方式的个别资金成本分别为 8%、10%、15%,有三种可供选择的资本结构,分别为 2:3:5、3:3:4、2:4:4。试分析哪种资本结构最佳。

计算各种资金组合的资金成本率如下:

组合(1)的资金成本率 $= 8\% \times 0.2 + 10\% \times 0.3 + 15\% \times 0.5 = 12.1\%$

组合(2)的资金成本率 $= 8\% \times 0.3 + 10\% \times 0.3 + 15\% \times 0.4 = 11.4\%$

组合(3)的资金成本率 $= 8\% \times 0.2 + 10\% \times 0.4 + 15\% \times 0.4 = 11.6\%$

根据计算结构可知,组合(2)的资金成本率最低,为最佳结构。

从例 5-12 可以看出,资金成本比较法的优点是计算过程简单,侧重于资本投入角度对资本结构进行优选分析。弱点是用来比较的方案是一部分方案,不是所有的可行方案,可能遗漏最佳方案。

2. 每股收益分析法

每股收益分析法也称为无差异点分析法,是指存在一些销售收入点和息税前利润点,当企业销售收入和息税前利润达到某一点时,两种筹集方式(债务资本和权益资本)下的每股收益相等,该点销售收入和息税前利润称为每股收益的无差别点。

微课

例 5-13

蓝天旅游公司原有资本 6 000 万元,其中,长期负债 1 500 万元,利率为 6%;普通股 4 500 万元。现因经营发展需要增加 1 500 万元资本,有两种筹资方案:第一种方案是发行债券,利率为 8%;第二种方案是发行股票。公司所得税率为 25%。具体情况如表 5-2 所示。

表 5-2 蓝天旅游公司资本结构变动表

项 目	筹资前		发行债券后		增发普通股后	
资本结构	金额/万元	比例/%	金额/万元	比例/%	金额/万元	比例/%
长期负债	1 500	25	3 000	40	1 500	20
普通股	4 500	75	4 500	60	6 000	80
资本总额	6 000	100	7 500	100	7 500	100
债务年利息	90	—	210	—	90	—
普通股股份数/万股	900		900		1 200	

预计蓝天旅游公司息税前利润为 800 万元,下面分别计算采用发行债券和增发普通股追加筹资后的普通股每股收益,如表 5-3 所示。

表 5-3 蓝天旅游公司追加筹资后的普通股每股收益 单位:万元

项 目	发行债券后	增发普通股后
息税前利润	800	800
减:债务利息	210	90
税前利润	590	710
减:所得税	147.5	177.5
税后利润	442.5	532.5
普通股股份数/万股	900	1 200
每股收益/元	0.49	0.44

由表 5-3 可知,在息税前利润为 800 万元的情况下,如采用发行债券的方案,普通股每股收益为 0.49 元;采用发行普通股方案,每股收益为 0.44 元。发行债券后的每股收益高于发行普通股后的每股收益,所以发行债券筹资的方案更佳,此时的资本结构是长期负债 3 000 万元,占长期资金的 40%,普通股为 4 500 万元,占所以长期资金的 60%。

上述方法只有在息税前利润确定的情况下才能采用。如果未来的息税前利润不确定,则需要计算每股收益无差别点,以帮助判别不同资本结构的优劣。每股收益无差别点是指使不同资本结构下的每股收益相等的息税前利润点,又称息税前利润平衡点或筹资无差别点。每股收益无差别点的计算公式为

$$\frac{(\overline{EBIT} - I_1)(1 - T) - D_1}{N_1} = \frac{(\overline{EBIT} - I_2)(1 - T) - D_2}{N_2}$$

式中:$\overline{EBIT}$为两种资本结构的每股利润无差别点;I_1、I_2分别为两种资本结构下的债务年利息;D_1、D_2分别为两种资本结构下的优先股年股利;N_1、N_2分别为两种资本结构下的普通股股数。

下面利用例5-13的资料,计算相关每股收益无差别点。

$$\frac{(\overline{EBIT} - 210)(1 - 25\%)}{900} = \frac{(\overline{EBIT} - 90)(1 - 25\%)}{1\,200}$$

计算得$\overline{EBIT} = 570$万元。

结果表明,当息税前利润为570万元时,发行债券和增发普通股后的每股收益相等。用表5-4验证了上述结果。

表 5-4　蓝天旅游公司追加筹资后的普通股每股收益　　　　　　　单位:万元

项　目	发行债券后	增发普通股后
息税前利润	570	570
减:债务利息	210	90
税前利润	360	480
减:所得税	90	120
税后利润	270	360
普通股股份数/万股	900	1 200
每股收益/元	0.3	0.3

上述每股收益无差别点分析的结果如图5-1所示。

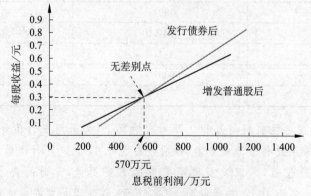

图 5-1　每股收益无差别点分析图

对图 5-1 进行分析可以看出,发行债券和增发普通股后的每股收益线相交于息税前利润为 570 万元这个点上,这个点就是二者的每股收益无差别点。当息税前利润等于 570 万元时,二者的每股收益相等,增发普通股和发行债券两种筹资方案没有差别;当息税前利润低于 570 万元时,增发普通股后的每股收益高于发行债券后的每股利润,增发普通股的筹资方案更优;当息税前利润高于 570 万元时,发行债券后的每股收益高于增发普通股后的每股利润,发行债券的筹资方案更优。

每股收益分析法以普通股的每股收益为决策标准,反映了不同资本结构下的普通股股东利益,但是没有考虑各种资本结构下的财务风险,因而不能全面反映不同资本结构对企业价值的影响。

3. 企业价值比较法

公司价值分析法是在考虑市场风险的基础上,以公司市场价值为标准,进行资本结构优化。这种方法主要用于对现有资本结构进行调整,适用于资本规模较大的上市公司资本结构优化分析。同时,在公司价值最大的资本结构下,公司的平均资金成本率也是最低的。这种方法的计算步骤如下。

(1) 测算不同资本结构下的企业价值。企业价值等于长期债务价值与股票价值之和,即

$$V = B + S$$

式中:V 为企业价值;B 为企业长期债务价值;S 为企业股票价值。

为简化分析,假设公司各期的 $EBIT$ 保持不变,债务资金的市场价值等于其面值,权益资本的市场价值可通过下式计算:

$$S = \frac{(EBIT - I)(1 - T)}{K_s}$$

式中:K_s 为普通股资金成本。

(2) 计算不同资本结构下的综合资金成本。企业的综合资金成本等于长期债务和股票的加权平均资金成本,即:

$$K_w = K_b \left(\frac{B}{V} \right)(1 - T) + K_s \left(\frac{S}{V} \right)$$

式中:K_b 为长期债务利息;K_w 为综合资金成本。

(3) 确定最佳资本结构。使企业价值最大、综合资金成本最低的资本结构就是企业的最佳资本结构。

例 5-14

南海旅游公司现有长期资金均为普通股,账面价值 1 000 万元。公司认为这种资本结构不合理,没能发挥财务杠杆的作用,准备举借长期债务,购回部分普通予以调整。公司预计每年息税前利润为 300 万元,公司所得税税率为 25%。市场平均风险报酬率 R_m 为 10%,无风险报酬率 R_f 为 6%。经测算,在不同的债务规模下,债务资金成本和普通股资金成本如表 5-5 所示。

表 5-5 南海旅游公司不同债务规模下债务资金成本和普通股资金成本

债务价值/万元	债务利率 K_b/%	普通股 β 值	普通股资金成本/%
0	—	1.2	10.8
200	7	1.3	11.2
400	7	1.5	12.0
600	8	1.6	12.4
800	9	1.8	13.2
1 000	11	2.2	14.8

表 5-5 中,普通股资金成本通过 $K_s = R_f + \beta(R_m - R_f)$ 求得,例如:

$$6\% + 1.2 \times (10\% - 6\%) = 10.8\%$$
$$6\% + 1.3 \times (10\% - 6\%) = 11.2\%$$
$$6\% + 1.5 \times (10\% - 6\%) = 12.0\%$$
$$6\% + 1.6 \times (10\% - 6\%) = 12.4\%$$
$$6\% + 1.8 \times (10\% - 6\%) = 13.2\%$$
$$6\% + 2.2 \times (10\% - 6\%) = 14.8\%$$

根据上述资料计算不同债务规模下的企业价值和综合资金成本。计算结果如表 5-6 所示。

表 5-6 南海旅游公司不同债务规模下的企业价值和综合资金成本

债务价值/ 万元	普通股价值/ 万元	企业价值/ 万元	债务利率/ %	普通股资 金成本/%	综合资金 成本/%
B	S	V	K_b	K_s	K_w
0	2 083	2 083	0	10.8	10.80
200	1 915	2 115	7	11.2	10.64
400	1 700	2 100	7	12.0	10.71
600	1 524	2 124	8	12.4	10.59
800	1 295	2 095	9	13.2	10.74
1 000	963	1 963	11	14.8	11.46

表 5-6 中,普通股价值计算示例如下(其他普通股价值的计算类似):

$$S = \frac{(EBIT - I)(1 - T)}{K_s}$$

$$\frac{(300 - 0) \times (1 - 25\%)}{10.8\%} = 2\,083(万元)$$

$$\frac{(300 - 200 \times 7\%) \times (1 - 25\%)}{11.2\%} = 1\,915(万元)$$

表 5-6 中,综合资金成本计算示例如下(其他综合资金成本的计算类似):

$$K_w = K_b\left(\frac{B}{V}\right)(1-T) + K_s\left(\frac{S}{V}\right)$$

$$10.8\% \times \frac{2\,083}{2\,083} = 10.8\%$$

$$7\% \times \frac{200}{2\,115} \times (1-25\%) + 11.2\% \times \frac{1\,915}{2\,015} = 10.64\%$$

由表 5-6 可知,南海旅游公司在没有长期债务资金的情况下,企业价值等于普通股价值 2 183 万元,综合资金成本等于普通股资金成本 10.8%。当公司利用长期债务部分替换普通股时,企业价值开始上升,同时综合资金成本开始下降。当长期债务达到 600 万元时,企业的价值达到最大(2 124 万元),同时综合资金成本达到最低(10.59%)。当长期债务继续增加时,企业价值又逐渐下降,综合资金成本逐渐上升。因此,当长期债务为 600 万元时的资本结构为南海旅游公司的最佳资本结构。此时,公司的长期资金价值为 2 124 万元,其中普通股价值为 1 524 万元,占所有长期资金的比例为 71.75%;长期债务价值为 600 万元,占所有长期资金的比例为 28.25%。

? 思考

(1) 旅游企业资本结构与资金成本如何互相影响?

(2) 旅游企业的最佳资本结构应具备什么特征?

 案例分析

天香酒店筹资方案的选择

海滨天仙酒店有限公司于 2000 年成立,是一家现代化的五星级豪华酒店。由于当地购物旅游条件的改善,吸引了大量国内外旅游者,每年的春夏旅游旺季,酒店常常爆满。为此 2005 年 10 月,酒店董事会决定在天仙酒店毗邻之地再建一家酒店,暂命名为天香酒店。

新成立的天香酒店为独立的法人实体。经过测算,酒店资本预算为 32 500 万元,其中营运资金 4 500 万元,地价 4 000 万元,建筑费 13 000 万元,装修费 3 000 万元,无形资产投入 8 000 万元(天仙酒店以无形资产出资,无形资产折合 200 万股优先股,优先股利率为 8%,每股面值 25 元,另折合为 600 万股 5 元面值的普通股)。

作为融资计划的第一步,天香酒店将出资 4 000 万元,从天仙酒店购买酒店所需的土地,根据该协议,天仙酒店以土地出资,获得 800 万股普通股。

融资计划的第二步是融资装修工程费用。天香酒店管理者暂定实施 5 年长期贷款 3 000 万元,年利率 10%。从第一个会计年度末开始,每年本息合计偿付 750 万元。

对于 17 500 万元(32 500−4 000−3 000−8 000)的资金缺口,酒店董事会主席面对三种筹资方案,不确定这些方案将对天香酒店的财务状况、融资风险和对她及其他投资者回报会产生多大的影响。

三种方案简单地概括如下。

方案一:17 500 万元全部通过抵押贷款解决,由于其贷款还款方式为分期等额偿还,利率为12%。

方案二:发行新股4 000 万股,以每股发行价5 元计算,筹资20 000 万元,扣除券商承销费用及固定费用2 500 万元,实际筹资17 500 万元。

方案三:发行总额度为20 000 万元的优先股和普通股组合,因为每购一股优先股可免费认购一股普通股,因此两者是等比例发行,发行量均为667 万股,筹集资金20 000 万元,扣除券商发行费用和固定费用2 500 万元,实际筹资17 500 万元。

在筹资决策前,首先要对天香酒店的盈利状况进行预测,出租率分别为100%、75%、50%三种情况的预测表,如表5-7所示。

表 5-7　天香酒店盈利状况预测表

测 算 项 目	出租率100%	出租率75%	出租率50%
收入	15 800	11 850	7 900
固定成本	1 800	1 800	1 800
变动成本	2 700	2 025	1 350
利息(3 000 万元贷款)	300	300	300
利润总额	11 000	7 725	4 450
所得税	3 630	2 549	1 469
净利润	7 370	5 176	2 981

(资料来源:陈安萍. 酒店财务管理实务[M]. 北京:中国旅游出版社,2017.)

? 思考

(1) 投资建造天香饭店,资金可以通过哪些渠道筹集?

(2) 不同筹资式下的资金成本是否一致?

(3) 案例中的债务筹资和发行股票筹资方式有何区别?

(4) 请你对以上三种融资方案进行评价。

课 后 习 题

一、单项选择题

1. 某企业取得3 年期长期借款150 万元,年利率为8%,每年年末付息一次,到期一次还本,借款费用率为0.3%,企业所得税税率为20%,则按一般模式计算该项借款的资金成本率为(　　)。

　　A. 6%　　　　　　B. 6.02%　　　　　C. 5.83%　　　　　D. 6.42%

2. 下列选项中,属于个别资金成本从低到高排列的是(　　)。

　　A. 普通股、债券、留存收益、长期借款　　B. 长期借款、普通股、留存收益、债券

　　C. 长期借款、债券、留存收益、普通股　　D. 债券、普通股、留存收益、长期借款

3. 某公司经营风险较大,准备采取系列措施降低杠杆程度。下列措施中,无法达到这一目的的是( )。

    A. 降低利息费用   B. 降低固定成本水平

    C. 降低变动成本   D. 提高产品销售单价

4. 某企业本期财务杠杆系数为1.5,本期息税前利润为450万元,则本期实际利息费用为( )万元。

    A. 100   B. 675   C. 300   D. 150

5. 某公司向银行借款2 000万元,年利率为8%,筹资费率为0.5%,该公司适用的所得税税率为25%,则该笔借款的资金成本是( )。

    A. 6.00%   B. 6.03%   C. 8.00%   D. 8.04%

6. 下列各种财务决策方法中,可以用于确定最优资本结构且考虑了市场反应和风险因素的是( )。

    A. 现值指数法   B. 每股收益分析法

    C. 公司价值分析法   D. 平均资金成本比较法

7. 下列关于最佳资本结构的表述中,错误的是( )。

    A. 最佳资本结构在理论上是存在的

    B. 资本结构优化的目标是提高企业价值

    C. 企业平均资金成本最低时资本结构最佳

    D. 企业的最佳资本结构应当长期固定不变

8. 出于优化资本结构和控制风险的考虑,比较而言,下列企业中最不适宜采用高负债资本结构的是( )。

    A. 电力企业   B. 高新技术企业

    C. 汽车制造企业   D. 餐饮服务企业

9. 在不考虑筹款限制的前提下,下列筹资方式中个别资金成本最高的通常是( )。

    A. 发行普通股   B. 留存收益筹资

    C. 长期借款筹资   D. 发行公司债券

10. 某企业发行了期限为5年的长期债券10 000万元,年利率为8%,每年年末付息一次,到期一次还本,债券发行费率为1.5%,企业所得税税率为25%,该债券的资金成本率为( )。

    A. 6%   B. 6.09%   C. 8%   D. 8.12%

11. 某企业2017年的销售额为1 000万元,变动成本500万元,固定经营成本300万元,利息费用20万元,则2017年该企业的总杠杆系数为( )。

    A. 1.90   B. 2.78   C. 1.50   D. 3.00

二、多项选择题

1. 下列各项因素中,影响企业资本结构决策的有( )。

    A. 企业的经营状况   B. 企业的信用等级

    C. 国家的货币供应量   D. 管理者的风险偏好

2. 下列各项因素中,能够影响公司资金成本水平的有(　　)。

    A. 通货膨胀　　　　B. 筹资规模　　　　C. 经营风险　　　　D. 资本市场效率

3. 下列各项因素中,影响经营杠杆系数计算结果的有(　　)。

    A. 销售单价　　　　B. 销售数量　　　　C. 资金成本　　　　D. 所得税税率

4. 下列各项中,影响财务杠杆系数的有(　　)。

    A. 息税前利润　　　B. 普通股股利　　　C. 优先股股息　　　D. 借款利息

5. 在计算下列各项资金的筹资成本时,需要考虑筹资费用的有(　　)。

    A. 普通股　　　　　B. 债券　　　　　　C. 长期借款　　　　D. 留存收益

6. 下列表述中,属于资金成本作用的有(　　)。

    A. 是比较筹资方式、选择筹资方案的依据

    B. 是衡量资本结构是否合理的依据

    C. 是评价投资项目可行性的主要标准

    D. 是评价企业整体业绩的重要依据

7. 公司价值分析法下,影响权益资本市场价值的因素有(　　)。

    A. 息税前利润　　　B. 利息　　　　　　C. 所得税税率　　　D. 权益资金成本率

三、判断题

1. 企业筹得的资本付诸使用以后,无论投资报酬率高于还是低于资金成本,都表明所筹集的资金取得了较好的经济效益。　　　　　　　　　　　　　　　　　　(　　)

2. 因为公司债务必须付息,而普通股不一定支付股利,所以普通股资金成本小于债务资金成本。　　　　　　　　　　　　　　　　　　　　　　　　　　　　(　　)

3. 在企业承担总风险能力一定且利率相同的情况下,对于经营杠杆水平较高的企业,应当保持较低的负债水平,而对于经营杠杆水平较低的企业,则可以保持较高的负债水平。

                                                         (　　)

4. 使企业税后利润最大的资本结构是最佳资本结构。　　　　　　　　　　(　　)

5. 由于内部筹集一般不产生筹资费用,所以内部筹资的资金成本最低。　　(　　)

6. 资金成本即筹资费用,是指企业为筹集和使用资本而付出的代价。　　　(　　)

7. 经营杠杆本身并不是资产报酬不确定的根源,但是,经营杠杆放大了市场和生产等因素变化对利润波动的影响。　　　　　　　　　　　　　　　　　　　　(　　)

8. 当预期息税前利润大于每股收益无差别点时,应当选择财务杠杆效应小的筹资方案。理由是该方案的资金成本低。　　　　　　　　　　　　　　　　　　　(　　)

四、计算分析题

1. A酒店拟添置一套市场价格为6 000万元的设备,需筹集一笔资金。现有两个筹资方案可供选择(假定各方案均不考虑筹资费用)。

(1) 发行普通股。该公司普通股的β系数为2,1年期国债利率为4%,市场平均报酬率为10%。

(2) 发行债券。该债券期限10年,票面利率8%,按面值发行。公司适用的所得税税率为25%。

要求：

(1) 利用资本资产定价模型计算普通股资金成本。

(2) 利用非折现模式(即一般模式)计算债券资金成本。

(3) 根据以上计算结果,为 A 公司选择筹资方案。

2. 甲旅游公司 2015 年年末长期资本为 5 000 万元,其中长期银行借款为 1 000 万元,年利率为 6%,所有者权益(包括普通股股本和留存收益)为 4 000 万元。公司计划在 2016 年追加筹集资金 5 000 万元,其中按面值发行债券 2 000 万元,票面年利率为 6.86%,期限 5 年,每年付息一次,到期一次还本,筹资费用率为 2%;发行优先股筹资 3 000 万元,固定股息率为 7.76%,筹集费用率为 3%。公司普通股 β 系数为 2,1 年期国债利率为 4%,市场平均报酬率为 9%。公司适用的所得税税率为 25%。假设不考虑筹资费用对资本结构的影响,发行债券和优先股不影响借款利率和普通股股价。

要求：

(1) 计算甲公司长期银行借款的资金成本。

(2) 假设不考虑货币时间价值,计算甲公司发行债券的资金成本。

(3) 计算甲公司发行优先股的资金成本。

(4) 利用资本资产定价模型计算甲公司留存收益的资金成本。

(5) 计算甲公司 2016 年完成筹资计划后时平均资金成本。

3. 腾飞旅游公司 2017 年计划生产单位售价为 20 元的产品。该公司目前有两个生产方案可供选择。方案 1:单位变动成本为 5 元,固定成本为 50 万元;方案 2:单位变动成本为 4 元,固定成本为 80 万元。

该公司资金总额为 300 万元,资产负债率为 40%,负债的平均年利率为 10%。预计年销售量为 20 万件,该企业目前正处于免税期。

要求(计算结果保留小数点后四位)：

(1) 计算方案 1 的经营杠杆系数、财务杠杆系数及总杠杆系数。

(2) 计算方案 2 的经营杠杆系数、财务杠杆系数及总杠杆系数。

(3) 预测当销售量下降 25%,两个方案的息税前利润各下降多少个百分比。

(4) 根据以上资料对比两种方案的总风险。

4. 飞跃旅游公司是一家上市公司,适用的企业所得税税率为 25%,当年息税前利润为 900 万元,预计未来年度保持不变。为简化计算,假定净利润全部分配,债务资本的市场价值等于其账面价值,确定债务资金成本时不考虑筹资费用。证券市场平均收益率为 12%,无风险收益率为 4%,两种不同债务水平下的税前利率和 β 系数如表 5-8 所示,公司价值和平均资金成本如表 5-9 所示。

表 5-8 不同债务水平下的税前利率和 β 系数

债务价值/万元	债务利率/%	普通股 β 值
1 000	6	1.25
1 500	8	1.50

表 5-9　公司价值和平均资金成本

债务价值/ 万元	普通股价值/ 万元	企业价值/ 万元	债务利率 (税后)	普通股 资金成本	平均资金 成本
1 000	4 500	5 500	A	B	C
1 500	D	E	*	16%	13.09%

注:表中的"＊"表示省略的数据。

要求:

(1) 确定表 5-9 中英文字母代表的数值。

(2) 依据公司价值分析法,确定上述两种债务水平的资本结构哪种更优,并说明理由。

第六章
旅游企业投资管理

 **引例**

新乐园投资决策

快乐堡乐园于 2016 年建成,开业后快乐堡的生意非常火爆,特别是节假日,每天的收入非常可观。为了增加收益,快乐堡乐园的总经理想在本省的另一座城市投资建设一家同样的乐园。李正是快乐堡乐园的财务经理,主要负责筹资和投资工作。总经理让李正搜集建设新乐园的相关资料,并对新乐园的投资进行财务评价,以供决策参考。

新乐园的建设需要一次性投资 5 000 万元,建设期为一年,预计可以使用 15 年;投资的 5 000 万元一部分由股东投入,另一部分从银行借款,借款期为 8 年,每年年末需要向银行支付 400 万元的利息费用,第八年年末归还本金和利息;乐园建成后,估计前 5 年每年公司会有 3 000 万元的营业收入,建成 6~10 年后,每年有 2 500 万元的营业收入,建成 11~15 年后,每年有 2 000 万元的营业收入。乐园的营业成本大约是营业收入的 60%;乐园运营初期需要垫支流动资金 500 万元,15 年后可收回;企业的所得税率为 25%,公司期望报酬率为 16%。

总经理希望知道投资新乐园能否达到预期收益率。通过本章的学习,你将了解有关旅游企业投资管理的相关知识,从而进行基本的投资判断。

第一节　旅游企业投资管理概述

学习目标

(1) 了解旅游企业资本投资的特点。

(2) 掌握旅游企业资本投资的管理程序。

(3) 理解旅游企业资本投资的意义。

旅游企业投资是指旅游企业以本金回收并获利为基本目的,将货币、实物资产等作为资本投放于某一个具体对象,从而在未来获取预期经济利益的经济行为。简言之,旅游企业投资是旅游企业为获取未来收益而向一定对象投放资金的经

微课

济行为。例如,开发旅游景区,建设酒店,购买股票、债券、基金等经济行为,均属于投资行为。

一、旅游企业资本投资的特点

在本书中,旅游企业财务管理所讨论的投资只是投资的一种,即旅游企业进行生产性资本投资。

旅游企业的生产性资本投资与其他类型的投资相比,主要有以下两个特点。

1. 投资的主体是旅游企业

财务管理讨论的投资,其主体是企业,而非个人、政府或专业投资机构。不同主体的投资目的不同,并因此导致决策的标准和评价方法等诸多方面的区别。

旅游企业从金融市场筹集资金,然后投资于固定资产和流动资产,期望能运用这些资产赚取报酬,增加企业价值。企业是金融市场上取得资金的一方。取得资金后所进行的投资,其报酬必须超过金融市场上提供资金者要求的报酬率超过部分才可以增加企业价值。如果投资报酬低于资金提供者要求的报酬率将会减少企业价值。因此,投资项目优劣的评价标准,应以资金成本为基础。

个人投资者是金融市场上提供资金的一方。他们把自己的现金投资于金融市场,目的是通过放弃现在的消费而换取将来更高的消费。个人投资属于"投资学"研究的内容。

政府投资不以营利为目的,而是为了社会的公平、稳定和可持续发展等。其投资项目的评价,不仅要关注对整个国民经济的影响,还要考虑许多非经济因素。

专业投资机构是一种中介机构,例如基金管理公司、投资银行等。机构投资的目的是把众多投资者的资金集中起来投资于证券,通过其专业服务收取费用。专业机构投资问题也属于"投资学"研究的内容。

2. 旅游企业资本投资的对象是生产性资本资产

投资按其对象可以划分为生产性资产投资和金融性资产投资。

(1) 生产性资产是指旅游企业生产经营活动所需要的资产,例如酒店设施设备、存货等。这些资产是旅游企业进行经营活动的基础条件。旅游企业利用这些资产可以增加价值,为股东创造财富。生产性资产投资是一种直接投资,这种投资在企业内部进行,投资后企业并没有失去对资产的控制权,投资行为并不改变资金的控制权归属,只是指定了企业资金的特定用途。

(2) 金融性资产的典型表现形式是所有权凭证,例如股票和债券。正因如此,金融资产也被称为"证券"。证券投资人提供的资金,交给企业之后,企业再投资于生产性资产。证券投资是一种间接投资,投资人把现金交给别人支配并换取某种所有权凭证,他们已经失去了对资产的实际控制权。

二、旅游企业资本投资的意义

旅游企业需要通过投资配置资产,才能形成经营能力,取得未来的经济利益。

（一）投资是旅游企业生存与发展的基本前提

旅游企业的生产经营就是旅游企业资产的运用和资产形态的转换过程。投资是一种资本性支出行为，通过投资支出，旅游企业购建流动资产和长期资产，形成生产条件和生产能力。实际上，无论是新建一个酒店，还是开发一个新的旅游景区，都是一种投资行为。通过投资，确立旅游企业的经营方向，配置各类资产，并将它们有机地结合起来，形成旅游企业的综合生产服务经营能力。如果旅游企业想要进军一个新兴行业，或者开发一种新产品，都需要先进行投资。因此，投资决策的正确与否，直接关系到旅游企业的兴衰成败。

（二）投资是旅游企业获取利润的基本前提

旅游企业投资的目的是要通过支付一定数量的货币或实物形态的资本，购建和配置形成企业的各类资产，从事某类经营活动，获取未来的经济利益。通过投资形成生产经营能力，企业才能开展具体的经营活动，获取经营利润。

（三）投资是旅游企业风险控制的重要手段

旅游企业经营面临着各种风险，有来自市场竞争的风险，有资金周转的风险，还有成本增加、费用居高不下等成本风险。投资是旅游企业风险控制的重要手段。通过投资，可以将资金投向旅游企业生产经营的薄弱环节，使旅游企业的生产经营能力配套、平衡、协调。通过投资，可以实现多元化经营，将资金投放于经营相关程度较低的不同产品或不同行业，分散风险，稳定收益来源，降低资产的流动性风险、变现风险，增强资产的安全性。

三、旅游企业资本投资的管理程序

对投资机会的评价可以按以下基本步骤进行。

（1）提出各种投资方案。投资方案的提出可能来自旅游企业不同的部门。例如，新产品方案通常来自营销部门，设备更新的建议通常来自生产经营部门等。

（2）估计方案的相关现金流量。

（3）计算投资方案的价值指标，如净现值、内部收益率等。

（4）价值指标与可接受标准比较。

（5）对已接受的方案进行再评价。这项工作很重要，但只有少数旅游企业对投资项目进行跟踪审计。项目的事后评价可以告诉我们预测的偏差（即我们的预测在什么地方脱离了实际），改善财务控制的线索（即执行中有哪些地方出了问题），有助于指导未来决策（即哪类项目值得实施或不值得实施）。

四、企业资本投资评价的基本原理

资本投资项目评价的基本原理是：投资项目的收益率超过资金成本时，企业的价值将增加；投资项目的收益率小于资金成本时，企业的价值将减少。

微课

这一原理涉及资金成本、项目收益与股价(股东财富)的关系。

例如,一个企业的资本由债务和权益组成,假设 A 企业目前有 1 000 万元债务和 2 000 万元所有者权益,因此企业的总资产是 3 000 万元。

债权人为什么把钱借给企业?他们要赚取利息。假设债权人希望他们的债权能赚取 10%的收益,他们的要求一般反映在借款合同中。因此,债权人要求的收益率比较容易确定。

股东为什么把钱投入企业?他们也希望赚取收益。不过,股东要求的收益率是不明确的,他们的要求权是一种剩余要求权。他们可以参照资本市场,股东要求的收益率可以通过股价来计算。股东要求的收益率,计算方法比较复杂,我们这里先假设它是已知的,假设他们要求能赚取 20%的收益。

A 企业要符合债权人的期望,应有 100 万元(1 000×10%)的收益,以便给债权人支付利息。由于企业可以在税前支付利息,有效的税后成本为 50 万元(假设所得税率 50%)。A 企业要符合股权投资人的期望,应有 400 万元(2 000×20%)的收益,以便给股东支付股利。两者加起来,企业要赚取 450 万元息前税后收益。

投资人要求的收益率也称"资金成本"。这里的"成本"是一种机会成本,是投资人的机会成本,是投资人将资金投资于其他同等风险资产可以赚取的收益。企业投资项目的收益率,必须达到这一要求。

如果企业的资产获得的收益超过资金成本,债务人仍按 10%的合同条款取得利息,超额收益应全部支付给股东。企业的收益大于股东的要求,必然会吸引新的投资者购买该公司股票,其结果是股价上升。如果相反,有些股东会对公司不满,出售该公司股票,使股价下跌。因此,资金成本也可以说是企业在现有资产上必须赚取的、能使股价维持不变的收益。股价代表了股东的财富,反映了资本市场对公司价值的估计。企业投资取得高于资金成本的收益,就为股东创造了价值;企业投资取得低于资金成本的收益,则摧毁了股东财富。

因此,投资者要求的收益率即资金成本,是评价项目能否为股东创造价值的标准。

? 思考

(1)旅游企业资本投资的管理程序。

(2)旅游企业资本投资的原理是什么?

第二节 旅游企业投资项目现金流量的估计

微课

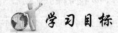

学习目标

(1)理解现金流量的概念。

(2)掌握旅游企业投资项目现金流量的估计。

一、现金流量的概念

在投资决策中,现金流量是指一个项目引起的企业现金支出和现金收入加的数量。这时的"现金"是广义的现金，它不仅包括各种货币资金，而且包括项目需要投入的企业现有的非货币资源的变现价值。例如，一个项目需要使用原有的房屋、设备和材料等，则相关的现金流量是指它们的变现价值，而不是其账面成本。

在一般情况下，新建项目的现金流量包括现金流出量、现金流入量和现金净流量三个具体概念。投资决策中的现金流量通常指现金净流量（NCF）。

现金净流量是指一定期间现金流入量和现金流出量的差额。这里所说的"一定期间"，有时是指 1 年内，有时是指投资项目持续的整个年限内。流入量大于流出量时，净流量为正值；反之，净流量为负值。

投资项目从整个经济寿命周期来看，大致可以分为三个阶段：投资期、营业期、终结期，现金流量的各个项目也可归属于各个阶段之中。

（一）投资期

投资阶段的现金流量主要是现金流出量，即在该投资项目上的原始投资，包括在长期资产上的投资和垫支的营运资金。在一般情况下，初始阶段中固定资产的原始投资通常一次性投入（如购买设备），如果原始投资不是一次性投入（如工程建造），则应把投资归属于不同投入年份之中。

例如，投资建设一家新酒店，通常会引起以下现金流出。

（1）建设酒店及购置设备价款。建设酒店及购置设备价款既可能是一次性支出，也可能分几次支出。

（2）垫支流动资金。由于投资建设新酒店扩大了企业的经营能力，引起对流动资产需求的增加。企业需要追加的流动资金，也是投资新酒店引起的，应列入该方案的现金流出量。只有在终止营业或出售酒店时才能收回这些资金，并用于别的目的。

（二）营业期

营业阶段是投资项目的主要阶段，该阶段既有现金流入量，也有现金流出量。现金流入量主要是营运各年的营业收入，现金流出量主要是营运各年的付现营运成本。

在正常营业阶段，由于营运各年的营业收入和付现营运成本数额比较稳定，如不考虑所得税因素，营业阶段各年现金净流量一般为

$$营业现金净流量（NCF）＝营业收入－付现成本$$

付现成本在这里是指需要每年支付现金的成本。成本中不需要每年支付现金的部分称为非付现成本，其中主要是指固定资产年折旧费用、长期资产摊销费用、资产减值损失等。所以，付现成本可以用成本减非付现成本计算。

$$付现成本＝成本－非付现成本$$
$$营业现金净流量（NCF）＝营业收入－付现成本$$
$$＝营业收入－（成本－非付现成本）$$
$$＝利润＋非付现成本$$

所得税是投资项目的现金支出，即现金流出量。考虑所得税对投资项目现金流量的影响，投资项目正常营运阶段所获得的营业现金净流量，可按下列公式进行测算：

营业现金净流量(NCF)＝营业收入－付现成本－所得税

或：＝税后营业利润＋非付现成本

或：＝收入×(1－所得税税率)－付现成本×(1－所得税税率)

＋非付现成本×所得税税率

(三)终结期

终结阶段的现金流量主要是现金流入量,包括固定资产变价净收入、固定资产变现净损益和垫支营运资金的收回。酒店出售或报废时的现金流入量主要有以下两项。

(1)酒店出售(报废)时的残值收入。资产出售或报废时的残值收入,是由于当初购建该酒店引起的,应当作为投资方案的一项现金流入。

(2)收回的流动资金。该酒店出售(报废)时,企业可以相应增加流动资金,收回的资金可以用于别处,因此应将其作为该方案的一项现金流入。

例 6-1

某旅游景区投资建设娱乐项目需要 3 年建成,每年年初投入建设资金 90 万元,共投入 270 万元。建成运营之时,需投入营运资金 140 万元,以满足日常经营活动需要。项目投产后,估计每年可获税后营业利润 60 万元。固定资产使用年限为 7 年,使用后第 5 年预计进行一次改良,估计改良支出 80 万元,分两年平均摊销。资产使用期满后,估计有残值净收入 11 万元,采用使用年限法折旧,项目期结束时,垫支营运资金全部收回。

根据以上资料,编制成投资项目现金流量表如表 6-1 所示。

表 6-1　投资项目现金流量表　　　　单位:万元

项　　目	第0年	第1年	第2年	第3年	第4年	第5年	第6年	第7年	第8年	第9年	第10年	总计
固定资产价值	－90	－90	－90									－270
固定资产折旧					37	37	37	37	37	37	37	259
改良支出									－80			－80
改良支出摊销										40	40	80
税后营业利润					60	60	60	60	60	60	60	420
残值净收入											11	11
营运资金				－140							140	0
总　计	－90	－90	－90	－140	97	97	97	97	17	137	288	420

二、旅游企业现金流量的估计

在估计旅游企业投资方案所需的资本支出以及该方案每年能产生的现金净流量,会涉及很多变量,并且需要企业有关部门的参与。例如,销售部门负责预测售价和销量,涉及产品价格弹性、广告效果、竞争者动向等;产品开发和技术部门负责估计投资方案的资本支出,涉及研制费用、设备购置、房屋建筑等;生产和提供服务部门负责估计成本,涉及原材料采购价格、产品成本等。财务人员的主要任务是:为销售、生产等部门的预测建立共同的基本假设条件,如物价水平、贴现率、可供资源的限制条件等;协调参与预测工作的各部门人员,使之能相互衔接与配合;防止预测者因个人偏好或部门利益而高估或低估收入和成本。

在确定投资方案相关的现金流量时,应遵循的最基本原则是,只有增量现金流量才是与项目相关的现金流量。所谓增量现金流量,是指接受或拒绝某个投资方案后,旅游企业总现金流量因此发生的变动。只有那些由于采纳某个项目引起的现金支出增加额,才是该项目的现金流出;只有那些由于采纳某个项目引起的现金流入增加额,才是该项目的现金流入。

为了正确计算投资方案的增量现金流量,需要正确判断哪些支出会引起旅游企业总现金流量的变动,哪些支出不会引起企业总现金流量的变动。在进行这种判断时,要注意以下四个问题。

1. 区分相关成本和非相关成本

相关成本是指与特定决策有关的、在分析评价时必须加以考虑的成本。例如,差额成本、未来成本、重置成本、机会成本等都属于相关成本。与此相反,与特定决策无关的,在分析评价时不必加以考虑的成本是非相关成本。例如,沉没成本、过去成本、账面成本等往往是非相关成本。

例如,某旅游公司在 2015 年曾经打算新建一个酒店,并请一家会计公司作过可行性分析,支付咨询费 5 万元。后来由于本公司有了更好的投资机会,该项目被搁置下来,该笔咨询费作为费用已经入账了。2020 年旧事重提,在进行投资分析时,这笔咨询费是否仍是相关成本呢? 答案应当是否定的。该笔支出已经发生,不管本公司是否采纳新建一个酒店的方案,它都已无法收回,与公司未来的总现金流量无关。

如果将非相关成本纳入投资方案的总成本,则一个有利的方案可能因此变得不利,一个较好的方案可能变为较差的方案,从而造成决策错误。

2. 不要忽视机会成本

在投资方案的选择中,如果选择了一个投资方案,则必须放弃投资于其他途径的机会。其他投资机会可能取得的收益是实行本方案的一种代价,被称为这项投资方案的机会成本。

例如,上述旅游公司新建酒店的投资方案,需要使用公司拥有的一块土地。在进行投资分析时,因为公司不必动用资金去购置土地,可否不将此土地的成本考虑在内呢? 答案是否定的。因为该公司若不利用这块土地来兴建酒店,则它可将这块土地移作他用,并取得一定的收入。只是由于在这块土地上兴建酒店才放弃了这笔收入,而这笔收入代表兴建酒店使用土地的机会成本。假设这块土地出售可净得 80 万元,它就是兴建酒店的一项机会成本。值得注意的是,不管该公司当初是以 20 万元还是 50 万元购进这块土地,都应以现行市价作为这块土地的机会成本。

相关链接

机会成本

机会成本不是我们通常意义上的"成本",它不是一种支出或费用,而是失去的收益。这种收益不是实际发生的,而是潜在的。机会成本总是针对具体方案的,离开被放弃的方案就无从计量确定。

机会成本在决策中的意义在于它有助于全面考虑可能采取的各种方案,以便为既定资源寻求最为有利的使用途径。

3. 要考虑投资方案对公司其他部门的影响

当我们采纳一个新的项目后,该项目可能对公司的其他部门造成有利或不利的影响。

例如,新建酒店开业后,公司原有酒店的顾客可能减少,而且整个公司的销售额也许不增加甚至减少。因此,公司在进行投资分析时,不应将新酒店的营业收入作为增量收入来处理,而应扣除其他酒店因此减少的营业收入。当然,也可能发生相反的情况,新酒店开业后将促进原来酒店的营业额的增长。这要看新酒店和原有酒店是竞争关系还是互补关系。

当然,此类的交互影响,事实上很难准确计量。但决策者在进行投资分析时仍要将其考虑在内。

4. 对净营运资金的影响

在一般情况下,当公司开办一个新业务并使营业额扩大后,对于存货和应收账款等流动资产的需求也会增加,公司必须筹措新的资金以满足这种额外需求;另外,公司扩充的结果,应付账款与一些应付费用等流动负债也会同时增加,从而降低公司流动资金的实际需要。所谓净营运资金的需要,是指增加的流动资产与增加的流动负债之间的差额。

当投资方案的寿命周期快要结束时,公司将与项目有关的存货出售,应收账款变为现金,应付账款和应付费用也随之偿付,净营运资金恢复到原有水平。通常,在进行投资分析时,假定开始投资时筹措的净营运资金在项目结束时收回。

? 思考

(1) 处于营业阶段的旅游企业,每年的净利润与现金净流量有什么关系?

(2) 旅游企业投资项目现金流量估计的原则是什么?

(3) 投资项目现金流量估计应考虑哪些因素?

第三节　旅游企业投资评价的基本方法

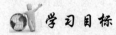 学习目标

(1) 掌握旅游企业投资评价的基本方法。

(2) 掌握独立投资方案评价指标的选择。

（3）掌握多个互斥投资方案评价指标的选择。

对投资项目评价时使用的指标分为两类：一类是贴现指标，即考虑了时间价值因素的指标，主要包括净现值、现值指数、内含收益率等；另一类是非贴现指标，即没有考虑时间价值因素的指标，主要包括回收期和会计收益率等。根据分析评价指标的类别，投资项目评价分析的方法也被分为贴现的分析评价方法和非贴现的分析评价方法两种。

一、贴现的分析评价方法

贴现的分析评价方法是指考虑货币时间价值的分析评价方法，也被称为贴现现金流量分析技术。

微课

（一）净现值法

1. 净现值的计算

净现值是指特定方案未来现金流入的现值与未来现金流出的现值之间的差额。按照这种方法，所有未来现金流入和流出都要按预定贴现率折算为它们的现值，然后计算它们的差额。计算净现值的公式：

净现值（NPV）＝未来现金净流量现值－原始投资额现值

计算净现值时，要按预定的贴现率对投资项目的未来现金流量和原始投资额进行贴现。预定贴现率是投资者所期望的最低投资收益率。净现值为正，方案可行，说明方案的实际收益率高于所要求的收益率；净现值为负，方案不可取，说明方案的实际投资收益率低于所要求的收益率。

当净现值为零时，说明方案的投资收益刚好达到所要求的投资收益，方案也可行。所以，净现值的经济含义是投资方案收益超过基本收益后的剩余收益。其他条件相同时，净现值越大，方案越好。

2. 净现值法的计算步骤

采用净现值法来评价投资方案，一般有以下步骤。

第一，测定投资方案各年的现金流量，包括现金流出量和现金流入量。

第二，确定投资方案采用的贴现率。

确定贴现率的参考标准可以是以下三种。

（1）以企业平均资金成本率为标准。企业投资所需要的资金，都具有资金成本，企业筹资承担的资金成本率水平，给投资项目提出了最低收益率要求。

（2）以市场利率为标准。资本市场的市场利率是整个社会投资收益率的最低水平，可以视为一般最低收益率要求。

（3）以投资者希望获得的预期最低投资收益率为标准。这就考虑了投资项目的风险补偿因素以及通货膨胀因素。

第三，按设定的贴现率，分别将各年的现金流出量和现金流入量折算成现值。

第四，将未来的现金净流量现值与投资额现值进行比较，若前者大于或等于后者，方案可行；若前者小于后者，方案不可行，说明方案的实际收益率达不到投资者所要求的收益率。

例 6-2

阳光旅游公司有三个投资方案可以选择,设贴现率为 10%。有关数据如表 6-2 所示。

表 6-2　投资方案现金流量　　　　　　　　　　单位:元

年份	A 方案		B 方案		C 方案	
	净收益	现金净流量	净收益	现金净流量	净收益	现金净流量
0	—	−20 000	—	−9 000	—	−12 000
1	1 800	11 800	−1 800	1 200	600	4 600
2	3 240	13 240	3 000	6 000	600	4 600
3	—	—	3 000	6 000	600	4 600
合计	5 040	5 040	4 200	4 200	1 800	1 800

$$净现值(A) = [11\,800 \times (P/F,10\%,1) + 13\,240 \times (P/F,10\%,2)] - 20\,000$$
$$= (11\,800 \times 0.909 + 13\,240 \times 0.826) - 20\,000$$
$$= 1\,662(元)$$

$$净现值(B) = [1\,200 \times (P/F,10\%,1) + 6\,000 \times (P/F,10\%,2)$$
$$+ 6\,000 \times (P/F,10\%,3)] - 9\,000$$
$$= (1\,200 \times 0.909 + 6\,000 \times 0.826 + 6\,000 \times 0.751) - 9\,000$$
$$= 1\,552.8(元)$$

$$净现值(C) = [4\,600 \times (P/A,10\%,3)] - 12\,000$$
$$= (4\,600 \times 2.487) - 12\,000$$
$$= -559.8(元)$$

A、B 两项方案投资的净现值为正数,说明该方案的报酬率超过 10%。如果旅游公司的资金成本率或要求的报酬率是 10%,这两个方案是有利的,因而是可以接受的。C 方案净现值为负数,说明该方案的报酬率达不到 10%,因而应予放弃。A 和 B 方案相比,A 方案更好一些。

3. 对净现值法的评价

净现值法简便易行,其主要优点在于以下两点。

(1) 适用性强,能基本满足项目年限相同的互斥投资方案决策。如有 A、B 两个项目,资金成本率为 10%,A 项目投资 50 000 元可获净现值 10 000 元,B 项目投资 20 000 元可获净现值 8 000 元。尽管 A 项目投资额大,但在计算净现值时已经考虑了实施该项目所承担的还本付息负担,因此净现值大的 A 项目优于 B 项目。

(2) 能灵活地考虑投资风险。净现值法在所设定的贴现率中包含投资风险收益率要求,就能有效地考虑投资风险。例如,某投资项目期限 15 年,资金成本率 18%,由于投资项目时间长,风险也较大,所以投资者认定在投资项目的有效使用期限 15 年中第一个五年期内以 18%折现,第二个五年期内以 20%折现,第三个五年期内以 25%折现,以此来体现投资风险。

净现值法也具有明显的缺陷,主要表现在以下三个方面。

(1) 所采用的贴现率不易确定。如果两方案采用不同的贴现率贴现,采用净现值法不能够得出正确结论。在同一方案中,如果要考虑投资风险,要求的风险收益率不易确定。

(2) 不适用于独立投资方案的比较决策。如果各方案的原始投资额现值不相等,有时无法作出正确决策。独立投资方案是指两个以上投资项目互不依赖,可以同时并存。在独立投资方案比较中,尽管某项目净现值大于其他项目,但所需投资额大,获利能力可能低于其他项目,而该项目与其他项目又是非互斥的,因此只凭净现值大小无法决策。

(3) 不能直接用于对寿命期不同的互斥投资方案进行决策。尽管某项目净现值小,但其寿命期短;尽管另一项目净现值大,但它是在较长的寿命期内取得的。两项目由于寿命期不同,因而净现值是不可比的。要采用净现值法对寿命期不同的投资方案进行决策,需要将各方案均转化为相等寿命期进行比较。

(二) 现值指数法

1. 现值指数的计算

现值指数又称获利指数,是投资项目的未来现金净流量现值与原始投资额现值之比。其计算公式为

$$现值指数＝未来现金净流量现值÷原始投资额现值$$

从现值指数的计算公式可见,现值指数的计算结果有三种:大于1、等于1、小于1。若现值指数大于或等于1,方案可行,说明方案实施后的投资收益率大于或等于必要收益率;若现值指数小于1,方案不可行,说明方案实施后的投资收益率小于必要收益率。现值指数越大,方案越好。

例 6-3

根据例6-2中阳光旅游公司的资料(表6-2),计算 A、B、C 三个方案的现值指数。

现值指数(A)＝[11 800×(P/F,10％,1)＋13 240×(P/F,10％,2)]÷20 000

　　　　　　＝(11 800×0.909＋13 240×0.826)÷20 000

　　　　　　＝1.08

现值指数(B)＝[1 200×(P/F,10％,1)＋6 000×(P/F,10％,2)

　　　　　　　＋6 000×(P/F,10％,3)]÷9 000

　　　　　　＝(1 200×0.909＋6 000×0.826＋6 000×0.751)÷9 000

　　　　　　＝1.17

现值指数(C)＝[4 600×(P/A,10％,3)]÷12 000

　　　　　　＝(4 600×2.487)÷12 000

　　　　　　＝0.95

A、B 两项投资机会的现值指数大于1,说明其收益超过成本,即投资报酬率超过预定的贴现率。C 项投资机会的现值指数小于1,说明其报酬率没有达到预定的贴现率。如果现值指数为1,说明贴现后现金流入等于现金流出,投资的报酬率与预定的贴现率相同。

2. 对现值指数法的评价

现值指数法也是净现值法的辅助方法,由于现值指数是未来现金净流量现值与所需投资额现值之比,是一个相对数指标,反映了投资效率。所以,用现值指数指标来评价独立投资方案,可以克服净现值指标不便于对原始投资额现值不同的独立投资方案进行比较和评价的缺点,从而对方案的分析评价更加合理、客观。

在例 6-3 中,A 方案的净现值是 1 669 元,B 方案的净现值是 1 557 元。如果这两个方案之间是互斥的,当然 A 方案较好。如果两者是独立的,哪一个应优先给予考虑,可以根据现值指数来选择。B 方案现值指数为 1.17,大于 A 方案的 1.08,所以 B 优于 A。

(三)内含收益率

1. 内含收益率的计算

内含收益率也称内含报酬率,是指对投资方案未来的每年现金净流量进行贴现,使所得的现值恰好与原始投资额现值相等,从而使净现值等于零时的贴现率。

内含收益率法的基本原理是:在计算方案的净现值时,以必要投资收益率作为贴现率计算,净现值的结果往往是大于或小于零,这就说明方案实际可能达到的投资收益率大于或小于必要投资收益率;而当净现值为零时,说明两种收益率相等。根据这个原理,内含收益率法就是要计算出使净现值等于零时的贴现率,这个贴现率就是投资方案实际可能达到的投资收益率。

(1)未来每年现金净流量相等时。

每年现金净流量相等是一种年金形式,通过查年金现值系数表,可计算出未来现金净流量现值,令其净现值为零,有

$$未来每年现金净流量 \times 年金现值系数 - 原始投资额现值 = 0$$

计算出净现值为零时的年金现值系数后,通过查年金现值系数表,利用插值法即可计算出相应的贴现率 i,该贴现率就是方案的内含收益率。

例 6-4

某酒店拟购入一台新型厨房设备,购价为 320 万元,使用年限 10 年,无残值。该方案的最低投资收益率要求为 12%。使用新设备后,估计每年产生现金净流量 60 万元。

要求:用内含收益率指标评价该方案是否可行?

令

$$600\ 000 \times 年金现值系数 - 3\ 200\ 000 = 0$$

得

$$年金现值系数 = 5.333$$

现已知方案的使用年限为 10 年,查年金现值系数表,可查得:时期 10,系数 5.333 所对应的贴现率在 13%~14%,与 5.333 相近的现值系数为 5.426 和 5.216 分别指向 13% 和 14%。采用插值法求得,该方案的内含收益率为

$$内含收益率 = 13\% + 1\% \times \frac{5.426 - 5.333}{5.426 - 5.216} = 13.44\%$$

该方案的内含收益率为 13.44%,大于最低投资收益率 12%,方案可行。

（2）未来每年现金净流量不相等时。

如果投资方案的未来每年现金净流量不相等,各年现金净流量的分布就不是年金形式,不能采用直接查年金现值系数表的方法来计算内含收益率,而需采用逐次测试法。

逐次测试法的具体做法是:根据已知的有关资料,先估计一次贴现率,来试算未来现金净流量的现值,并将这个现值与原始投资额现值相比较,如净现值大于零,为正数,表示估计的贴现率低于方案实际可能达到的投资收益率,需要重估一个较高的贴现率进行试算;如果净现值小于零,为负数,表示估计的贴现率高于方案实际可能达到的投资收益率,需要重估一个较低的贴现率进行试算。如此反复试算,直到净现值等于零或基本接近于零,这时所估计的贴现率就是希望求得的内含收益率。

2. 对内含收益率法的评价

（1）内含收益率法的主要优点在于:第一,内含收益率反映了投资项目可能达到的收益率,易于被高层决策人员所理解。第二,对于独立投资方案的比较决策,如果各方案原始投资额现值不同,可以通过计算各方案的内含收益率,反映各独立投资方案的获利水平。

（2）内含收益率法的主要缺点在于:第一,计算复杂,不易直接考虑投资风险大小;第二,在互斥投资方案决策时,如果各方案的原始投资额现值不相等,有时无法作出正确的决策。某一方案原始投资额低,净现值小,但内含收益率可能较高;而另一方案原始投资额高、净现值大,但内含收益率可能较低。

二、非贴现的分析评价方法

非贴现的方法不考虑时间价值,把不同时间的货币收支看成是等效的。这些方法在选择方案时起辅助作用。

（一）回收期

回收期是指投资项目的未来现金净流量与原始投资额相等时所经历的时间,即原始投资额通过未来现金流量回收所需的时间。

投资者希望投入的资本能以某种方式尽快地收回来,收回的时间越长,所担风险就越大。因而,投资方案回收期的长短是投资者十分关心的问题,也是评价方案优劣的标准之一。用回收期指标评价方案时,回收期越短越好。

1. 未来每年现金净流量相等时

这种情况是一种年金形式,因此:

$$回收期＝原始投资额÷每年现金净流量$$

例 6-5

根据例 6-2 中阳光旅游公司的资料(表 6-2),计算 C 方案的回收期。

$$回收期(C)＝12\,000÷4\,600≈2.61(年)$$

2. 未来每年现金净流量不相等时

在这种情况下,应把未来每年的现金净流量逐年加总,根据累计现金流量来确定回收期。可依据如下公式进行计算(设 M 是收回原始投资额的前一年):

静态回收期＝M＋第 M 年的尚未收回额/第(M＋1)年的现金净流量

例 6-6

根据例 6-2 中阳光旅游公司的资料(表 6-2),计算 A、B 方案的回收期。

回收期(A)＝1＋(20 000－11 800)÷13 240≈1.62(年)

回收期(B)＝2＋(9 000－1 200－6 000)÷6 000＝2.30(年)

3. 对回收期法的评价

回收期法计算简便,并且容易为决策人所正确理解。它的缺点在于不仅忽视时间价值,而且没有考虑回收期以后的收益。事实上,有战略意义的长期投资往往早期收益较低,而中后期收益较高。回收期法优先考虑急功近利的项目,可能导致放弃长期成功的方案。它是过去评价投资方案最常用的方法,目前作为辅助方法使用,主要用来测定方案的流动性而非营利性。

(二)会计收益率法

会计收益率方法计算简便,应用范围很广。它在计算时使用会计报表上的数据,以及普通会计的收益和成本观念。其计算公式为

$$会计收益率＝\frac{年平均净收益}{原始投资额}×100\%$$

例 6-7

根据例 6-2 中阳光旅游公司的资料(表 6-2),计算 A、B、C 方案的会计收益率。

$$会计收益率(A)＝\frac{(1\ 800＋3\ 240)÷2}{20\ 000}×100\%＝12.6\%$$

$$会计收益率(B)＝\frac{(-1\ 800＋3\ 000＋3\ 000)÷3}{9\ 000}×100\%≈15.6\%$$

$$会计收益率(C)＝\frac{600}{12\ 000}×100\%＝5\%$$

A、B、C 三个方案的会计收益率分别为 12.6%、15.6% 和 5%,可见 B 方案的会计收益率最高。

三、投资决策评价指标的应用

在对投资项目进行评价的过程中,通常用贴现的评价方法来判断项目是否可行。对任何项目用净现值指标、现值指数和内部收益率指标进行分析,它们的分析结果是不是都一致呢? 答案是否定的,必须根据具体情况分析。

（一）独立投资方案的决策

独立投资方案是指两个或两个以上项目互相独立，互不依赖，可以同时存在，各方案的决策也是独立的。独立投资方案的决策属于筛分决策，评价各方案本身是否可行，即方案本身是否达到某种要求的可行性标准。独立投资方案之间比较时，决策要解决的问题是如何确定各种可行方案的投资顺序，即各独立方案之间的优先次序。排序分析时，以各独立方案的获利程度作为评价标准，一般采用内含收益率法进行比较决策。

例 6-8

某旅游企业有足够的资金准备投资于三个独立投资项目。D 项目投资额 10 000 元，期限 5 年；E 项目原始投资额 18 000 元，期限 5 年；F 项目原始投资额 18 000 元，期限 8 年。贴现率为 10%，其他有关资料如表 6-3 所示。问：如何安排投资顺序？

表 6-3　独立投资方案的可行性指标

项　　目	D 项目	E 项目	F 项目
原始投资额/元	−10 000	−18 000	−18 000
每年现金净流量/元	4 000	6 500	5 000
期限/年	5	5	8
净现值（NPV）/元	5 164	6 642	8 675
现值指数（PVI）	1.52	1.37	1.48
内含收益率（IRR）/%	28.68	23.61	22.28

将上述三个方案的各种决策指标加以对比，见表 6-4。从两表数据可以看出以下内容。

（1）D 项目与 E 项目比较，两项目原始投资额不同但期限相同，尽管 E 项目净现值大于 D 项目，但 E 项目原始投资额高，获利程度低。因此，应优先安排内含收益率和现值指数较高的 D 项目。

（2）E 项目与 F 项目比较，两项目原始投资额相等但期限不同，尽管 F 项目净现值和现值指数高，但它需要经历 8 年才能获得。E 项目 5 年项目结束后，所收回的投资可以进一步投资于其他后续项目。因此，应该优先安排内含收益率较高的 E 项目。

（3）D 项目与 F 项目比较，两项目的原始投资额和期限都不相同，D 项目内含收益率较高，但净现值和年金净流量都较低。F 项目净现值高，但期限长；F 项目年金净流量也较高，但它是依靠较大的投资额取得的。因此，从获利程度的角度来看，D 项目是优先方案。

表 6-4　独立投资方案的比较决策

净现值（NPV）	F＞E＞D
现值指数（PVI）	D＞F＞E
内含收益率（IRR）	D＞E＞F

综上所述，在独立投资方案比较性决策时，内含收益率指标综合反映了各方案的获利程度，在各种情况下的决策结论都是正确的。本例中，投资顺序应该按 D、E、F 顺序实施投资。

现值指数指标也反映了方案的获利程度,除了期限不同的情况外,其结论也是正确的。但在项目的原始投资额相同而期限不同的情况下(如 E 项目和 F 项目的比较),现值指数实质上就是净现值的表达形式。净现值指标反映的是各方案的获利数额,要结合内含收益率指标进行决策。

(二)互斥投资方案的决策

互斥投资方案,是指方案之间互相排斥,不能并存,因此决策的实质在于选择最优方案,属于选择决策。选择决策要解决的问题是应该淘汰哪个方案,即选择最优方案。从选定经济效益最大的要求出发,互斥决策以方案的获利数额作为评价标准。因此,一般采用净现值法进行选优决策。

互斥方案选优决策的前提是,各方案本身都是可行的,均有正的净现值,表明各方案均收回了原始投资,并有超额收益。进一步在互斥方案中选优,方案的获利数额成为选优的评价标准。无论方案的原始投资额大小如何,能够获得更大的获利数额即净现值的,即为最优方案。所以,互斥投资方案的选优决策中,原始投资额的大小并不影响决策的结论,无须考虑原始投资额的大小。

? 思考

(1)贴现评价方法和非贴现评价方法有什么区别?

(2)对比净现值法和现值指数法的优缺点。

(3)回收期法能否评价项目的收益性?

(4)多个互斥方案的投资决策应选用什么指标评价?

(5)多个独立方案的投资决策应如何排列顺序?

第四节　旅游企业投资项目的风险处置

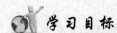 学习目标

(1)掌握确定当量法。

(2)掌握风险调整折现率法。

(3)了解项目风险处理两种方法的优缺点。

前面的分析都是假设项目的现金流量可以确知的,但实际上真正意义上的投资项目总是有风险的,项目未来现金流量总会具有某种程度的不确定性。如何处置项目的风险是一个很复杂的问题,必须非常小心。

对项目的风险有两种处置方法:一种是调整现金流量法;另一种是风险调整折现率法。前者是缩小净现值模型的分子,使净现值减少;后者是扩大净值模型的分母,也可以使净现值减少。

一、调整现金流量法

调整现金流量法是把不确定的现金流量调整为确定的现金流量,然后用无风险的报酬率作为折现率计算净现值。这里介绍最常用的确定当量法。

确定当量法就是把不确定的各年现金流量,按照一定的系数(通常称为约当系数)折算为大约相当于确定的现金流量的金额,然后利用无风险折现率来评价风险投资项目的决策分析方法。约当系数是将不确定的现金流量折算为确定的现金流量时所采用的系数,等于确定的现金流量同与之相当的不确定现金流量的比值,通常用 d 表示。对投资项目进行评价时,可根据各年现金流量风险的大小,选取不同的约当系数。

当现金流量无风险时,可取 $d=1$;当现金流量的风险很小时,可取 $0.8<d<1$;当现金流量的风险一般时,可取 $0.4<d<0.8$;当现金流量风险很大时可取 $0<d<0.4$。

约当系数的选取因人而异,敢于冒险的决策者会选用较高的约当系数,保守的决策者则可能选用较低的约当系数。为了防止因决策者的偏好不同而造决策失误,有些企业会根据现金流量的标准离差率来确定约当系数。标准离差是衡量风险大小的一个客观指标,用它来确定约当系数是合理的。标准差率与约当系数的经验对照关系如表 6-5 所示。

表 6-5　标准离差率与约当系数的经验对照关系表

标准离差率	约当系数
0.01~0.07	1
0.08~0.15	0.9
0.16~0.23	0.8
0.24~0.32	0.7
0.33~0.42	0.6
0.43~0.54	0.5
0.55~0.70	0.4
……	……

例 6-9

白云旅游公司准备进行一项投资,其各年的现金流量和分析人员确定的约当系数列示在表 6-6 中,无风险折现率为 10%,试判断此项目是否可行。

表 6-6　白云旅游公司投资项目各年的现金流量和约当系数表

时间	0	1	2	3	4
现金净流量/元	−20 000	8 000	8 000	8 000	8 000
约当系数	1.0	0.95	0.9	0.8	0.8

$$净现值 = 8\,000 \times 0.95 \times (P/F,10\%,1) + 8\,000 \times 0.9 \times (P/F,10\%,2) + 8\,000 \times 0.8$$
$$\times (P/F,10\%,3) + 8\,000 \times 0.8 \times (P/F,10\%,4) + 1.0 \times (-20\,000)$$

$$=7\ 600\times0.909+7\ 200\times0.826+6\ 400\times0.751+6\ 400\times0.638-20\ 000$$
$$=2\ 033.2(元)$$

按风险程度对现金流量进行调整后,计算出的净现值大于零,可以进行投资。

采用确定当量法对现金流量进行调整,进而做出投资决策,克服了调整折现率法夸大远期风险的缺点,但是如何准确、合理地确定约当系数却是一个十分困难的问题。

二、风险调整折现率

风险调整折现率法是更为实际、更为常用的风险处置方法。这种方法的基本思路是对高风险的项目,应当采用较高的折现率计算净现值。

风险调整折现率是风险项目应当满足的投资人要求的报酬率。项目的风险越大要求的报酬率越高。这种方法的理论根据是资本资产定价模型。

在资本资产定价模型中,证券风险分为可分散风险和不可分散风险。可分散风险属于公司特别风险,可以通过合理的证券投资组合予以消除,不可分散风险由 β 值来测量。

在投资组合背景下进行投资决策时,可以类似地将投资项目的风险分为可分散风险和不可分散风险。这时,特定投资项目按风险调整的折现率可按下式计算:

项目要求的收益率＝无风险报酬率＋项目的 $\beta\times$（市场平均报酬率－无风险报酬率）

例 6-10

当前的无风险报酬率为 4％,市场平均报酬率为 12％,青山旅游公司计划投资一个旅游项目,有 A、B 两个项目可以选择,如表 6-7 所示。其中,A 项目的预期股权现金流量风险大,其 β 值为 1.5；B 项目的预期股权现金流量风险小,其 β 值为 0.75。计算 A、B 项目的净现值。

A 项目的风险调整折现率＝4％＋1.5×（12％－4％）＝16％

B 项目的风险调整折现率＝4％＋0.75×（12％－4％）＝10％

表 6-7　投资方案现金流量及净现值　　　　　　　　单位:元

年份	A 方案			B 方案		
	现金流量	现值系数（16％）	现值	现金流量	现值系数（10％）	现值
0	−40 000	1.000	−40 000	−47 000	1.000	−47 000
1	13 000	0.862	11 206	14 000	0.909	12 726
2	13 000	0.743	9 659	14 000	0.826	11 564
3	13 000	0.641	8 333	14 000	0.751	10 514
4	13 000	0.552	7 176	14 000	0.683	9 562
5	13 000	0.476	6 188	14 000	0.621	8 694
净现值			2 562			6 060

从表 6-7 中可以看出,B 项目的净现值大于 A 项目的净现值,B 项目更好。

调整现金流量法在理论上受到好评。该方法的时值价值和风险价值分别进行调整,先调整风险,然后把确定现金流量用无风险报酬率进行折现。对不同年份的现金流量,可以根据风险的差别使用不同的肯定当量系数进行调整。

风险调整折现率法在理论上受到批评,因其用单一的折现率同时完成风险调整和时间调整。这种做法意味着风险随时间推移而加大,可能与事实不符,夸大远期现金流量的风险。

从实务操作看,经常应用的是风险调整折现率法,主要原因是风险调整折现率比肯定当量系数容易估计。此外,大部分财务决策都使用报酬率决策,调整折现率更符合人们的习惯。

？思考

（1）确定当量系数法有什么优缺点？

（2）调整现金流量法和风险调整折现率法有什么区别？

 **案例分析**

腾飞旅游公司的投资决策

腾飞旅游公司准备购入一设备以扩充经营能力。现有甲、乙两个方案可供选择。甲方案需投资 20 000 元,寿命 5 年,采用直线法计提折旧,5 年后无残值,5 年中每年销售收入为 15 000 元,每年付现成本为 5 000 元。乙方案需投资 30 000 元,采用直线法计提折旧,使用寿命也是 5 年,5 年后有残值收入 4 000 元,5 年中每年销售收入为 17 000 元,付现成本第一年为 5 000 元,以后逐年增加修理费用 200 元,另需垫支营运资金 3 000 元,假设所得税税率为 40%,资金成本率为 12%。要求:

（1）计算两个方案的现金流量。

（2）计算两个方案的净现值。

（3）计算两个方案的现值指数。

（4）计算两个方案的内含收益率。

（5）计算两个方案的投资回收期。

（6）试判断应采用哪个方案。

课后习题

一、单项选择题

1. 甲公司对某投资项目的分析与评价资料如下:该投资项目适用的所得税税率为 25%,年税后营业收入为 625 万元,税后付现成本为 420 万元,税后营业利润为 55 万元。那么,该项目年营业现金净流量为(　　)万元。

　　A. 55　　　　　　　　B. 200　　　　　　　　C. 255　　　　　　　　D. 185

2. 下列各项中,其计算结果等于项目投资方案年等额净回收额的是(　　)。

A. 该方案净现值×年金现值系数

B. 该方案净现值×年金现值系数的倒数

C. 该方案每年相等的净现金流量×年金现值系数

D. 该方案每年相关的净现金流量×年金现值系数的倒数

3. 已知某投资项目的原始投资额现值为 100 万元,净现值为 25 万元,则该项目的现值指数为(   )。

    A. 0.25   B. 0.75   C. 1.05   D. 1.25

4. 下列选项中,关于企业投资分类的说法错误的是(   )。

A. 项目投资中的资产包括有形资产和无形资产

B. 发展性投资对企业的发展全局具有重大影响

C. 对外投资只能是间接投资

D. 生产技术革新的投资属于维持性投资

5. 下列各项中,不属于投资项目现金流出的是(   )。

    A. 固定资产投资   B. 折旧与摊销

    C. 无形资产投资   D. 营运成本

6. 某投资方案年营业收入为 500 万元,年销售成本为 540 万元,其中折旧为 100 万元。假定所得税税率为 25%,则该方案年营业现金净流量为(   )万元。

    A. 60   B. −40   C. 45   D. 0

7. 一般情况下,使某投资方案的净现值小于零的贴现率(   )。

A. 一定小于该投资方案的内含收益率

B. 一定大于该投资方案的内含收益率

C. 一定等于该投资方案的内含收益率

D. 可能大于也可能小于该投资方案的内含内益率

8. 下列关于投资方案回收期的说法中,错误的是(   )。

A. 用回收期指标评价投资方案时,回收期越短越好

B. 回收期法是一种比较保守的方法

C. 静态回收期的不足是无法计算出较为准确的投资经济效益

D. 回收期没有考虑了货币的时间价值,因此,它具有一定的局限性

9. 互斥方案比较决策中,原始投资额相同且项目寿命期相同的多方案比较决策,适合采用的评价方法是(   )。

    A. 净现值法   B. 现值指数   C. 内含收益率法   D. 会计收益率法

10. 某企业拟进行一项固定资产投资项目决策,设定贴现率为 12%,有 4 个方案可供选择:其中甲方案的项目计算期为 10 年,净现值为 1 000 万元;乙方案的净现值为 −15 万元;丙方案的项目计算期为 11 年,其年金净流量为 150 万元;丁方案的内含收益率为 10%。最优的投资方案是(   )。

    A. 甲方案   B. 乙方案   C. 丙方案   D. 丁方案

二、多项选择题

1. 下列关于企业投资的作用和特点的说法中,正确的有(   )。

A. 投资是获取利润的基本前提

B. 投资有助于企业分散风险,稳定收益来源,降低资产的流动性风险、变现风险,增强资产的安全性

C. 企业控制风险的唯一手段是投资

D. 投资管理属于战略决策,一般是无法复制的

2. 按照企业投资的分类,下列各项中属于生产性投资的有(　　)。

A. 开发新产品的投资

B. 更新替换旧设备的投资

C. 企业间兼并收购的投资

D. 大幅度扩大生产规模的投资

3. 下列说法中正确的有(　　)。

A. 证券投资属于间接投资

B. 设备更新属于日常的例行性活动

C. 投资管理属于程序化管理

D. 互斥方案投资属于非相容性投资

4. 在考虑所得税影响的情况下,下列可用于计算营业现金净流量的算式中,正确的有(　　)。

A. 税后营业利润+非付现成本

B. 营业收入-付现成本-所得税

C. (营业收入-付现成本)×(1-所得税税率)

D. 营业收入×(1-所得税税率)+非付现成本×所得税税率

5. 采用净现值法评价投资项目可行性时,贴现率选择的依据通常有(　　)。

A. 期望最低投资报酬率 　　　　　B. 企业平均资金成本率

C. 市场利率 　　　　　　　　　　D. 投资项目的内含报酬率

6. 下列关于营业现金净流量的表述中,正确的有(　　)。

A. 营业现金净流量等于营业收入减去付现成本再减去所得税

B. 营业现金净流量等于营业收入减去营业成本再减去所得税

C. 营业现金净流量等于税后净利润加上折旧

D. 营业现金净流量等于税后收入减去税后付现成本再加上折旧引起的税负减少额

7. 下列各项中,其计算结果等于项目投资方案年金净流量的有(　　)。

A. 该方案现金净流量总现值×资本回收系数

B. 该方案现金净流量总现值×年金现值系数的倒数

C. 该方案每年相等的现金净流量×年金现值系数

D. 该方案现金净流量总终值×偿债基金系数

8. 下列各项中,会对投资项目内含报酬率指标产生影响的因素有(　　)。

A. 原始投资额 　　　B. 现金流量 　　　C. 项目寿命期 　　　D. 设定贴现率

9. 下列关于项目投资决策的表述中,错误的有(　　)。

A. 两个互斥项目的原始投资额不一样,在权衡时选择内含收益率高的项目

B. 使用净现值法评估项目的可行性与使用内含收益率的结果是一致的

C. 使用现值指数法进行投资决策可能会计算出多个现值指数

D. 投资回收期主要测定投资方案的流动性而非营利性

10. 对于两个投资方案,计算期相同,如果原始投资额不相同,彼此相互排斥,此时不能采用( )进行选优决策。

    A. 净现值法　　　　B. 现值指数法　　　　C. 会计收益率　　　　D. 内含收益率法

三、判断题

1. 公司目前有两个投资额不同的备选方案,已测得:A方案的净现值为400万元,现值指数为1.16;B方案的净现值为300万元,现值指数为1.86,据此可以认定A方案较好。

                                                 ( )

2. 投资管理属于程序化管理,有明显的规律性可遵循。( )

3. 如果项目每年净现金流量相等,计算内含收益率可使用年金现值系数。( )

4. 静态回收期指标需要一个主观的标准作为项目取舍的依据。( )

5. A企业投资20万元购入一台设备,无其他投资,投资期为0,预计使用年限为20年,无残值。设备投产后预计每年可获得税后营业利润4万元,则该投资的投资回收期为5年。

                                                 ( )

6. 对于互斥投资方案决策,最恰当的方法是净现值法。( )

四、计算分析题

佳佳旅游公司计划购入一台设备以增强其经营能力。现有A、B两个方案可供选择。

A方案:投资200万元,使用寿命为5年,采用直线法计提折旧,5年后该设备的残值为零。甲公司预计使用寿命内每年的销售收入为120万元,每年的付现成本为40万元。

B方案:投资240万元,采用直线法计提折旧,使用寿命也为5年,5年后残值收入为40万元。甲公司预计每年的销售收入为160万元,第1年的付现成本为60万元,以后随着设备折旧,逐年将增加修理费8万元,另外需垫支营运资金60万元。假定甲公司的所得税税率为25%,预期的现金流量在每年年末实现。

要求:

(1) 计算A、B方案的现金流量。

(2) 假定贴现率为12%,计算甲公司A、B方案的净现值。

(3) 计算A方案和B方案的现值指数。

(4) 计算A方案的内含收益率。

第七章
旅游企业营运资金管理

 **引例**

全球旅游业"闹钱荒"

全世界都知道旅游企业 2020 年因为新冠疫情(以下简称"疫情")影响了业务而很缺钱,但究竟有多缺?

世界上最大的在线旅游集团 Booking Holdings,宁愿亏损 1.3 亿美元,也要卖掉携程的股票来换取现金,资金压力可见一斑。

虽然目前疫情在中国等地已逐渐得到控制,但未来旅游行业的复苏,仍将是漫长的过程。包括希尔顿 CEO、洲际 CEO、UBS 分析师等业界人士都认为,行业要恢复到 2019 年的业务水平,可能需要好几年的时间。

旅游公司只有掌握足够的流动现金,才能撑过黑夜,迎来复苏的光明。无论巨头公司还是初创企业都需要开源节流,在控制内部成本开销的同时,积极拓宽外部的借贷或融资渠道。

(资料来源:36 氪的朋友们. 全球旅游业"闹钱荒":当巨头和创业公司都开始融资. https://www.36kr.com/p/705481410690434.(2020-5-13)[2022-11-15].)

？思考

疫情期间的旅游业面临什么问题?

第一节 旅游企业营运资金管理概述

学习目标

(1)理解营运资金的概念。

(2)理解营运资金的筹集政策。

(3)理解营运资金的持有政策。

微课

一、旅游企业营运资金的概念和特点

(一)旅游企业营运资金的概念

营运资金从本质上包括了流动资产和流动负债的各个项目,体现了对旅游企业短期性财务活动的概括。在数量上,营运资金又称为营运资金净额或净营运资金,即企业流动资产减去流动负债的差额。营运资金在衡量旅游企业的资产流动性、流动资产变现能力和短期偿债能力方面有着重要意义。

(二)旅游企业营运资金的特点

为了有效管理旅游企业的营运资金,必须研究营运资金的特点,以便有针对性地进行管理。营运资金一般具有以下特点。

(1)周转快。流动资产和流动负债在一个正常运转经营的企业中,其周转循环的时间一般较短,如果营运资金周转很慢,那么企业的日常经营很可能出现了问题。

(2)易变现。现金和银行存款项目一般情况下可以随时供企业支配,不存在变现的问题。其他的非现金形态的营运资金,如存货、应收账款、短期有价证券等,相对固定资产等长期资产来说也比较容易变现,这一点对于企业应付临时性、突发性的资金需求有着重要意义。

(3)常波动。流动资产或流动负债项目容易受到企业内外条件的影响,数量的波动往往很大,企业必须能够有效地预测和控制这种波动,防止其影响企业正常的生产经营活动。

(4)多样化。营运资金的来源渠道多种多样。营运资金的需求问题既可通过长期筹资方式解决,也可通过短期筹资方式解决,仅短期筹资就有短期银行借款、商业信用等多种方式。

二、旅游企业营运资金的内容

营运资金管理是对旅游企业流动资产及流动负债的管理。旅游企业要想维持正常的运转就必须拥有适量的营运资金。因此,营运资金管理是旅游企业财务管理的重要组成部分。要搞好营运资金管理,就必须解决好流动资产和流动负债两个方面的问题。

(一)旅游企业流动资产管理

流动资产是指在一年内或一个营业周期内变现或运用的资产,流动资产负债表上主要包括以下项目:现金、银行存款、短期投资、应收及预付账款、存货等,是旅游企业全部资产中最活跃的部分。

流动资产的配置和管理是旅游企业管理的重要组成部分。流动资产过多,会增加企业的财务负担,影响企业的利润;相反,流动资产不足,资金周转不灵,会影响企业的经营。因此,合理配置流动资产需要量在财务管理中具有重要地位。旅游企业在一定生产周期内比较合理的流动资产占用量应既能保证生产经营的正常需要,又无积压和浪费。

（二）旅游企业流动负债管理

流动负债是指需要在一年内或者超过一年的一个营业周期内偿还的债务。流动负债又称短期融资,具有成本低、偿还期短的特点,必须认真进行管理,否则将使企业承受较大的风险。流动负债主要包括短期借款、应付票据、应付账款、应付职工薪酬、应交税费及应付股利等。

流动负债按不同标准可作不同分类,其中最常见的有以下两种分类方式。

（1）以应付金额是否确定为标准,可以把流动负债分成应付金额确定的流动负债和应付金额不确定的流动负债。应付金额确定的流动负债是指那些根据合同或法律规定,到期必须偿付,并有确定金额的流动负债,如短期借款、应付票据、应付账款等。应付金额不确定的流动负债是指那些要根据企业生产经营状况,到一定时期才能确定的流动负债,或应付金额需要估计的流动负债,如应交税费、应付股利等。

（2）以流动负债的形成情况为标准,可以把流动负债分成自发性流动负债和临时性流动负债。自发性流动负债是指产生于企业正常的持续经营活动中,不需要正式安排,由于结算程序的原因自然形成的那部分流动负债。在企业生产经营过程中,法定结算程序使一部分应付款项的支付时间晚于形成时间,这部分已经形成但尚未支付的款项便成为企业的流动负债,如商业信用、应付职工薪酬、应交税费等。临时性流动负债是因为临时的资金需求而发生的负债,由财务人员根据企业对短期资金的需求情况,通过人为的安排形成,如短期银行借款等。

三、营运资金管理策略

（一）营运资金持有政策

微课

营运资金持有量的确定实际上就是对收益和风险两者之间的关系进行权衡与选择。具体而言,就是要确定一个既能维持旅游企业正常生产经营活动,又能在减少或不增加风险的前提下,给旅游企业带来尽可能多的利润的营运资金水平。

营运资金持有量往往表示成实现一定数量的销售额所要求的流动资产数量,不同的流动资产数量体现了不同的风险与收益关系。根据流动资产和销售额之间的数量关系,企业的营运资金持有政策可以划分为以下三种。

（1）宽松的营运资金持有政策。宽松的营运资金持有政策要求企业在一定的销售水平上保持较多的流动资产,这种政策的特点是收益低,风险小。实施该政策的企业拥有较多的现金、短期有价证券和存货,能按期支付到期债务,并且为应付不确定情况保留了大量资金,使风险大大降低。但由于现金、短期有价证券的投资收益较低,存货占用也使资金的营运效率较低,从而降低了企业的盈利水平。

（2）适中的营运资金持有政策。适中的营运资金持有政策要求企业在一定的销售水平上保持适中的流动资产,既不过高也不过低,流入的现金恰好满足支付的需要,存货也恰好满足生产和销售所需。这种政策的特点是收益和风险相平衡。在企业能够比较准确地预测未来的各种经济情况时,可采用该政策。

（3）紧缩的营运资金持有政策。紧缩的营运资金持有政策要求企业在一定的销售水平上保持较低的流动资产。这种政策的特点是收益高,风险大。此时企业的现金、短期有价证券、存货和应收账款等流动资产降到最低限度,可降低资金占用成本,增加企业收益,但同时也可能会由于资金不足造成拖欠货款或不能偿还到期债务等不良情况,增加企业的风险。在外部环境相对稳定、企业能非常准确地预测未来的情况下,可采用该政策。

从理论上讲,如果企业面对的所有内外情况都是一定的,比如销售额、订货时间、付款时间等,那么企业只需持有能够满足需要的最低数量的流动资产。超过最低数量的流动资产不会增加企业利润,反而会降低资金的使用效率,发生不必要的筹资费用;低于这个最低数量的流动资产会使企业存货短缺、支付困难,或者要求企业必须制定过于严格的应收账款管理政策等。

但是,实际经济生活中往往存在许多不确定性。营运资金的占用水平是由企业的内外条件等多种因素共同作用形成的,这些因素都是不断变化的,因此很难恰当地对适中政策的营运资金持有量加以量化。在财务管理的实际工作中,旅游企业应根据自身的具体情况和所处的环境条件,以适中的营运资金政策原则作指导,对未来进行合理预测,将流动资产与流动负债尽量相匹配,确定一个对企业来说较为适当的营运资金持有量。

(二)营运资金融资政策

1. 流动资产和流动负债的分析

营运资金融资政策是营运资金政策的重要内容。在确定营运资金的融资政策之前,我们先对营运资金的两大要素——流动资产和流动负债进行分析,然后考虑两者之间的匹配问题。

(1)流动资产的划分。流动资产按用途可分为临时性流动资产和永久性流动资产。临时性流动资产是指受季节性或周期性影响的流动资产,如季节性存货、销售高峰期增加的应收账款等;永久性流动资产是指为满足企业长期稳定的资金需要,即使处于经营低谷时也必须保留的流动资产。

(2)流动负债的划分。流动负债可划分为临时性流动负债和自发性流动负债。临时性流动负债是因为临时的资金需求而发生的负债,如为满足季节性销售时存货的大量增加而举借的临时债务等;而自发性流动负债则产生于企业正常的持续经营活动中,如商业信用、应付职工薪酬、应交税费等,自发性流动负债虽然是短期负债,但由于其数额一般比较稳定,因此成为企业一项比较稳定的资金来源。

2. 营运资金融资政策

旅游企业的营运资金融资政策就是如何对临时性流动资产、永久性流动资产和固定资产的资金来源进行管理。有三种可供企业选择的融资政策。

1)配合型筹资政策

配合型筹资政策的特点是:对于临时性流动资产,运用临时性负债筹集资金满足其资金需要;对于永久性流动资产和固定资产(统称为永久性资产,下同),运用长期负债、自发性负债和权益资本筹集资金满足其资金需要。配合型筹资政策如图7-1所示。

配合型筹资政策要求企业临时负债筹资计划严密,实现现金和预期安排相一致。在季节性低谷时,旅游企业应当除了自发性负债外没有其他流动负债;只有在临时性流动资产的需求高峰期,企业才举借各种临时性债务。

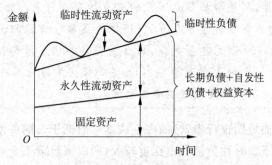

图 7-1　配合型筹资政策

例 7-1

　　某旅游企业在生产经营的淡季,需占用 300 万元的流动资产和 500 万元的固定资产;在生产经营的高峰期,会额外增加 200 万元的季节性存货需求。

　　配合型筹资政策的做法是:企业只在经营的高峰期才借入 200 万元的短期借款;无论何时,800 万元永久性资产(即 300 万元永久性流动资产和 500 万元固定资产之和)均由长期负债、自发性负债和权益资本解决其资金需要。

　　这种筹资政策的基本思想是将资产与负债的期间相配合,以降低企业不能偿还到期债务的风险和尽可能降低债务的资金成本。但是,事实上由于资产使用寿命的不确定性,往往达不到资产与负债的完全配合。在例 7-1 中,如果企业生产经营高峰期内的销售不理想,未能取得销售现金收入,便会发生偿还临时性负债的困难。因此,配合型筹资政策是一种理想的、对企业有着较高资金使用要求的营运资金筹集政策。

　　2) 激进型筹资政策

　　激进型筹资政策的特点是:临时性负债不但融通临时性流动资产的资金需要,还可解决部分永久性资产的资金需要。该筹资政策如图 7-2 所示。

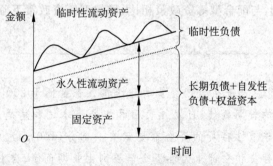

图 7-2　激进型筹资政策

　　从图 7-2 可以看到,激进型筹资政策下临时性负债在企业全部资金来源中所占比重大于配合型筹资政策。

例 7-2

　　沿用例 7-1,该旅游企业生产经营淡季占用 300 万元的流动资产和 500 万元的固定资产,在生产经营的高峰期,额外增加 200 万元的季节性存货需求。如果企业的权益资本、长期负债和自发性负债的筹资额低于 800 万元(即低于正常经营期的流动资产占用与固定资产占用之和),比如只有 700 万元甚至更少,那么就会有 100 万元或者更多的永久性资产和 200 万元的临时性流动资产(在经营高峰期内)由临时性负债筹资解决。

这种情况,表明企业实行的是激进型筹资政策。

由于临时性负债(如短期银行借款)的资金成本一般低于长期负债和权益资本的资金成本,而激进型筹资政策下临时性负债所占比重较大,所以该政策下企业的资金成本较低。但是另一方面,为了满足永久性资产的长期资金需要,企业必然要在临时性负债到期后重新举债或申请债务展期,这样企业便会更加经常地举债和还债,从而加大筹资困难和风险;还可能面临由于短期负债利率的变动而增加旅游企业资金成本的风险,所以激进型筹资政策是一种收益性和风险性均较高的营运资金筹资政策。

3) 稳健型筹资政策

稳健型筹资政策的特点是:临时性负债只融通部分临时性流动资产的资金需要,另一部分临时性流动资产和永久性资产,则由于长期负债、自发性负债和权益资本作为资金来源,如图 7-3 所示。

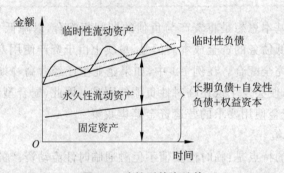

图 7-3　稳健型筹资政策

从图 7-3 可以看到,与配合型筹资政策相比,稳健型筹资政策下临时性负债占企业全部资金来源的比例较小。

例 7-3

沿用例 7-1,如果企业只是在生产经营的旺季借入资金低于 200 万元,比如 100 万元的短期借款,而无论何时的长期负债、自发性负债和权益资本之和总是高于 800 万元,比如达到 900 万元,那么旺季季节性存货的资金需要只有一部分(100 万元)靠当时的短期借款解决,其余部分的季节性存货和全部永久性资金需要则由长期负债、自发性负债和权益资本提供。而在生产经营的淡季,企业则可将闲置的资金(100 万元)投资于短期有价证券。

这种做法下由于临时性负债所占比重较小,所以企业无法偿还到期债务的风险较低,同时蒙受短期利率变动损失的风险也较低。然而,另外,却会因长期负债资金成本高于临时性负债的资金成本以及经营淡季时仍需负担长期负债利息降低企业的收益。所以,稳健型筹资政策是一种风险性和收益性均较低的营运资金筹集政策。

一般地说,如果企业能够驾驭资金的使用,采用收益和风险配合得较为适中的配合型筹资政策是有利的。

？思考

(1) 旅游企业营运资金的特点有哪些?

(2) 对比三种营运资金融资政策的特点。

第二节 旅游企业现金管理

学习目标

(1) 了解现金的持有动机。

(2) 了解现金的管理模式。

(3) 了解现金收支日常管理。

(4) 掌握现金持有量的确定方法。

现金有广义、狭义之分。广义上的现金是指在生产经营过程中以货币形态存在的资金,包括库存现金、银行存款和其他货币资金等。狭义的现金仅指库存现金。这里所讲的现金是指广义上的现金。现金是变现能力最强的资产,代表着企业直接的支付能力和应变能力,可以用来满足生产经营的各种需要,也是还本付息和履行纳税义务的保证。

有价证券是企业现金的一种转换形式。有价证券的变现能力强,可以随时兑换成现金。企业有多余现金时,常将现金兑换成有价证券;现金流出量大于流入量,即需要补充现金时,再出让有价证券换回现金。在这种情况下,有价证券就成了现金的替代品。

一、旅游企业持有现金的动机

持有现金是出于三种需求,即交易性需求、预防性需求和投机性需求。

(一)交易性需求

旅游企业的交易性需求是指企业为了维持日常周转及正常商业活动所需持有的现金额。企业每天都在发生许多支出和收入,这些支出和收入在数额上不相等,在时间上不匹配,旅游企业需要持有一定现金来调节,以使生产经营活动能持续进行。

在许多情况下,旅游企业向客户提供的商业信用条件和它从供应商那里获得的信用条件不同,使企业必须持有现金。如供应商提供的信用条件是 30 天付款,而企业迫于竞争压力,则向顾客提供 45 天的信用期,这样,旅游企业必须筹集满足 15 天正常运营的资金来维持企业运转。

(二)预防性需求

预防性需求是指旅游企业需要持有一定量的现金,以应付突发事件。这种突发事件可能是社会经济环境变化,也可能是企业的某大客户违约导致企业突发性偿付等。尽管财务人员试图利用各种方法来较准确地估算企业用到的现金数量,但是突发事件会使原本很好的财务计划失去效果。因此,旅游企业为了应付突发事件,有必要维持比日常正常运转所需金额更多的现金。

确定预防性需求的现金数额等,需要考虑以下因素:企业愿承担现金短缺风险的程度;企业预测现金收支的可靠的程度;企业临时融资的能力。通常,希望尽可能减少风险的企业倾向于保留大量的现金余额,以应付其交易性需求和大部分预防性资金需求。现金收支预测可靠性程度较高,信誉良好,与银行关系良好的企业,预防性需求的现金持有量一般较低。

(三) 投机性需求

投机性需求是旅游企业需要持有一定量的现金以抓住突然出现的获利机会。这种机会大多是一闪即逝的,如证券价格的突然下跌,企业若没有用于投资的现金,就会错过这一机会。

旅游企业的现金持有量一般小于三种需求下的现金持有量之和,因为为某一需求持有的现金可以用于满足其他需求。

二、现金管理模式

(一)"收支两条线"的管理模式

"收支两条线"原本是政府为了加强财政管理和整顿财政秩序对财政资金采取的一种管理模式。当前一些企业,特别是大型集团企业,也纷纷采用"收支两条线"资金管理模式。

1. 企业实行"收支两条线"管理模式的目的

企业作为追求价值最大化的营利组织,实施"收支两条线"主要出于两个目的:一是对企业范围内的现金进行集中管理,以减少现金持有成本,加速资金周转,提高资金使用效率;二是以实施"收支两条线"为切入点,通过高效的价值化管理来提高企业效益。

2. "收支两条线"资金管理模式的构建

构建企业"收支两条线"资金管理模式,可从规范资金的流向、流量和流程三个方面入手。

1) 资金的流向方面

企业"收支两条线"要求各部门或分支机构在内部银行或当地银行设立两个账户(收入户和支出户),并规定所有收入的现金都必须进入收入户(外地分支机构的收入户资金还必须及时、足额地回笼到总部),收入户资金由企业资金管理部门(内部银行或财务结算中心)统一管理,而所有的货币性支出都必须从支出户里支付,支出户里的资金只能根据一定的程序从收入户划拨而来,严禁现金坐支。

2) 资金的流量方面

在收入环节上要确保所有收入的资金都进入收入户,且不允许有私设的"账外小金库"。另外,还要加快资金的结算速度,尽量压缩资金在结算环节的沉淀量;在调度环节上通过动态的现金流量预算和资金收支计划实现对资金的精确调度;在支出环节上,根据"以收定支"和"最低限额资金占用"的原则从收入户按照支出预算安排将资金定期划拨到支出户,支出户平均资金占用额应压缩到最低限度。有效的资金流量管理将有助于确保及时、足额地收入资金,合理控制各项费用支出和有效调剂内部资金。

3)资金的流程方面

资金流程是指与资金流动有关的程序和规定。它是"收支两条线"内部控制体系的重要组成部分,主要包括以下几个部分:关于账户管理、货币资金安全性等规定;收入资金管理与控制;支出资金管理与控制;资金内部结算与信贷管理与控制;"收支两条线"的组织保障等。

需要说明的是,"收支两条线"作为一种企业的内部资金管理模式,与企业的性质、战略、管理文化和组织架构都有很大的关系。因此,企业在构建"收支两条线"管理模式时,一定要注意与实际相结合,以管理有效性为导向。

(二)集团企业资金集中管理模式

企业集团下属机构多,地域分布广,如果子(分)公司多头开户,资金存放分散,会大大降低资金的使用效率。通过资金的集中管理,统一筹集、合理分配、有序调度,能够降低融资成本,提高资金使用效率,确保集团战略目标的实现,实现整体利益的最大化。

资金集中管理也称司库制度,是指集团企业借助商业银行网上银行功能及其他信息技术手段,将分散在集团各所属企业的资金集中到总部,由总部统一调度、统一管理和统一使用。资金集中管理在各个集团的具体运用可能会有所差异,但一般包括以下主要内容:资金集中、内部结算、融资管理、外汇管理、支付管理等。其中资金集中是基础,其他各方面均建立在此基础之上。目前,资金集中管理模式逐渐被我国企业集团采用。

资金集中管理模式的选择,实质上是集团管理是集权还是分权管理体制的体现,也就是说,在企业集团内部所属各子企业或分部是否有货币资金使用的决策权、经营权,这是由行业特点和本集团资金运行规律决定的。现行的资金集中管理模式大致可以分为以下几种。

1. 统收统支模式

在该模式下,企业的一切现金收入都集中在集团总部的财务部门,各分支机构或子企业不单独设立账号,一切现金支出都通过集团总部财务部门付出,现金收支的批准权高度集中。统收统支模式有利于企业集团实现全面收支平衡,提高资金的周转效率,减少资金沉淀,监控现金收支,降低资金成本。但是该模式不利于调动成员企业开源节流的积极性,影响成员企业经营的灵活性,以致降低整个集团经营活动和财务活动的效率,而且在制度的管理上欠缺一定的合理性,如果每笔收支都要经过总部财务部门之手,那么总部财务部门的工作量就大了很多。因此,这种模式通常适用于规模比较小的企业。

2. 拨付备用金模式

拨付备用金模式是指集团按照一定的期限统拨给所有所属分支机构或子企业备用的一定数额的现金。各分支机构或子企业发生现金支出后,持有关凭证到集团财务部门报销以补足备用金。拨付备用金模式相比统收统支模式具有一定的灵活性,但这种模式也通常适用于那些经营规模比较小的企业。

3. 结算中心模式

结算中心通常是设立在企业集团内部,是办理内部各成员现金收付和往来结算业务的专门机构。结算中心通常设于财务部门内,是一个独立运行的职能机构。结算中心是企业集团发展到一定阶段,应企业内部资金管理需求而生的一个内部资金管理机构,是根据集团财务管理和控制的需要在集团内部设立的,为成员企业办理资金融通和结算,以降低企业成本、提高资金使用效率的服务机构。结算中心帮助企业集中管理各子公司的现金收入和支出。子公司收到现金后就直接转账存入结算中心在银行开立的账户。当需要资金的时候,再进行统一的拨付,这也有助于企业监控资金的流向。

4. 内部银行模式

内部银行是将社会银行的基本职能与管理方式引入企业内部管理机制而建立起来的一种内部资金管理机构,它将"企业管理""金融信贷""财务管理"三者融为一体,一般是将企业的自有资金和商业银行的信贷资金统筹运作,在内部银行统一调剂、融通运用。通过吸纳企业下属各单位闲散资金,调剂余缺,减少资金占用,活化与加速资金周转速度,提高资金使用效率、效益。内部银行通常具有三大职能:结算、融资信贷和监督控制。内部银行一般适用于具有较多责任中心的企事业单位。

5. 财务公司模式

财务公司是一种经营部分银行业务的非银行金融机构,它一般是集团公司发展到一定水平后,需要经过中国人民银行审核批准才能设立的。其主要职责是开展集团内部资金集中结算,同时为集团成员企业提供包括存贷款、融资租赁、担保、信用鉴证、债券承销、财务顾问等在内的全方位金融服务。集团设立财务公司是把一种市场化的企业关系或银企关系引入集团资金管理中,使得集团各子公司具有完全独立的财权,可以自行经营自身的现金,对现金的使用行使决策权。另外,集团对各子公司的现金控制是通过财务公司进行的,财务公司对集团各子公司进行专门约束,而且这种约束是建立在各自具有独立的经济利益基础上的。集团公司经营者(或最高决策机构)不再直接干预子公司的现金使用和取得。

三、现金收支日常管理

微课

(一)现金周转期

企业的经营周期是指从取得存货开始到销售存货并收回现金为止的时期,如图7-4所示。其中,从收到原材料,加工原材料,形成产成品,到将产成品卖出的这一时期,称为存货周转期;产品卖出后到收到顾客支付的货款的这一时期,称为应收账款周转期或收账期。

但是企业购买原材料并不用立即付款,这一延迟的付款时间段就是应付账款周转期或收账期。现金周转期是指介于企业支付现金与收到现金之间的时间段,它等于经营周期减去应付账款周转期。

如果要减少现金周转期,可以从以下方面着手:加快制造与销售产成品来减少存货周转期;加速应收账款的回收来减少应收账款周转期;减缓支付应付账款来延长应付账款周

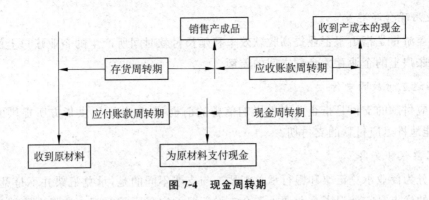

图 7-4　现金周转期

转期。

（二）收款管理

1. 收款系统

一个高效率的收款系统能够使收款成本和收款浮动期达到最小,同时能够保证与客户汇款及其他现金流入来源相关的信息的质量。

（1）收款成本包括浮动期成本、管理收款系统的相关费用(如银行手续费等)及第三方处理费用或清算相关费用。在获得资金之前,收款在途使企业无法利用这些资金,也会产生机会成本。信息的质量包括收款方得到的付款人的姓名,付款的内容和付款时间。信息要求及时、准确地到达收款人一方,以便收款人及时处理资金,作出发货的安排。

（2）收款浮动期是指从支付开始到企业收到资金的时间间隔。收款浮动期主要是由纸基支付工具导致的,有下列三种类型。

① 邮寄浮动期,是指从付款人寄出支票到收款人或收款人的处理系统收到支票的时间间隔。

② 处理浮动期,是指支票的接受方处理支票和将支票存入银行以收回现金所花的时间。

③ 结算浮动期,是指通过银行系统进行支票结算所需的时间。

2. 收款方式的改善

电子支付方式对比纸基(或称纸质)支付方式是一种改进。电子支付方式提供了以下好处。

（1）结算时间和资金可用性可以预计。

（2）向任何一个账户或任何金融机构的支付具有灵活性,不受人工干扰。

（3）客户的汇款信息可与支付同时传送,更容易更新应收账款。

（4）客户的汇款从纸基方式转向电子方式,减少或消除了收款浮动期,降低了收款成本,收款过程更容易控制,并且提高了预测精度。

（三）付款管理

现金支出管理的主要任务是尽可能延缓现金的支出时间。当然,这种延缓必须是合理合法的。控制现金支出的目标是在不损害企业信誉条件下,尽可能推迟现金的支出。

1．使用现金浮游量

现金浮游量是指由于企业提高收款效率和延长付款时间所产生的企业账户上的现金余额和银行账户上的企业存款余额之间的差额。

2．推迟应付款的支付

推迟应付款的支付是指企业在不影响信誉的前提下，充分运用供货方所提供的信用优惠，尽可能地推迟应付款的支付期。

3．汇票代替支票

汇票分为商业承兑汇票和银行承兑汇票。与支票不同的是，承兑汇票并不是见票即付。这一方式的优点是它推迟了企业调入资金支付汇票的实际所需时间。这样企业就只需在银行中保持较少的现金余额。它的缺点是某些供应商可能并不喜欢用汇票付款，银行也不喜欢处理汇票，它们通常需要耗费更多的人力。同支票相比，使用汇票时，银行会收取较高的手续费。

4．改进员工工资支付模式

企业可以为支付工资专门设立一个工资账户，通过银行向职工支付工资。为了最大限度地减少工资账户的存款余额，企业要合理预测开出支付工资的支票到职工去银行兑现的具体时间。

5．透支

企业开出支票的金额大于活期存款余额。它实际上是银行向企业提供的信用。透支的限额，由银行和企业共同商定。

6．争取现金流出与现金流入同步

企业应尽量使现金流出与流入同步，这样可以降低交易性现金余额，同时可以减少有价证券转换为现金的次数，提高现金的利用效率，节约转换成本。

7．使用零余额账户

使用零余额账户，即企业与银行合作，保持一个主账户和一系列子账户。企业只在主账户保持一定的安全储备，而在一系列子账户不需要保持安全储备。当从某个子账户签发的支票需要现金时，所需要的资金立即从主账户划拨过来，从而使更多的资金可以用作他用。

微课

四、最佳现金持有量

除了做好日常收支和加速现金流转速度外，旅游企业现金的管理还需要控制好现金持有规模，即确定适当的现金持有量。下面是几种确定最佳现金持有量的方法。

（一）成本模型

成本模型强调的是，持有现金是有成本的，最优的现金持有量是使得现金持有成本最小化的持有量。成本模型考虑的现金持有总成本包括以下项目。

1. 机会成本

现金的机会成本是指旅游企业因持有一定现金余额而丧失的再投资收益。再投资收益是企业不能同时用该现金进行有价证券投资所产生的机会成本,这种成本在数额上等于资金成本。例如,某企业的资金成本为 10%,年均持有现金 50 万元,则该企业每年持有现金的机会成本为 5 万元(50×10%)。放弃的再投资收益即机会成本属于变动成本,它与现金持有量的多少密切相关,即现金持有量越大,机会成本越大,反之就越小。

2. 管理成本

现金的管理成本是指旅游企业因持有一定数量的现金而发生的管理费用。例如管理人员工资、安全措施费用等。一般认为,这是一种固定成本,这种固定成本在一定范围内和现金持有量之间没有明显的比例关系。

3. 短缺成本

现金的短缺成本是指在现金持有量不足,又无法及时通过有价证券变现加以补充所给旅游企业造成的损失,包括直接损失与间接损失。现金的短缺成本随现金持有量的增加而下降,随现金持有量的减少而上升,即与现金持有量负相关。

成本分析模式是根据持有现金的各项成本,分析预测其总成本最低时现金持有量的一种方法。其计算公式为

最佳现金持有量下的现金持有总成本 = min(管理成本+机会成本+短缺成本)

式中:管理成本属于固定成本;机会成本是正相关成本;短缺成本是负相关成本。

因此,成本分析模式是要找到机会成本、管理成本和短缺成本所组成的总成本曲线中最低点所对应的现金持有量,把它作为最佳现金持有量,如图 7-5 所示。

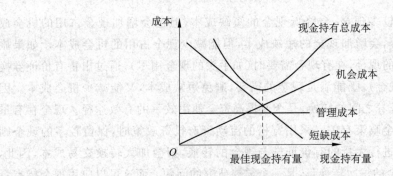

图 7-5 成本模型的现金持有总成本

在实际工作中运用成本分析模式确定最佳现金持有量的具体步骤如下。

(1) 根据不同现金持有量测算并确定现金成本数值。

(2) 按照不同现金持有量及其相关成本资料编制最佳现金持有量测算表。

(3) 在测算表中找出现金持有总成本最低时的现金持有量,即最佳现金持有量。

例 7-4

某旅游企业有四种现金持有方案,它们各自的持有量(平均)、管理成本、短缺成本如表 7-1 所示。假设现金的机会成本率为 12%,要求确定现金最佳持有量。

表 7-1 现金持有方案   单位:元

项 目	方 案			
	甲方案	乙方案	丙方案	丁方案
现金持有量	25 000	50 000	75 000	100 000
机会成本	3 000	6 000	9 000	12 000
管理成本	20 000	20 000	20 000	20 000
短缺成本	12 000	6 750	2 500	0

这四种方案的总成本计算结果见表 7-2。

表 7-2 现金持有总成本   单位:元

项 目	方 案			
	甲方案	乙方案	丙方案	丁方案
机会成本	3 000	6 000	9 000	12 000
管理成本	20 000	20 000	20 000	20 000
短缺成本	12 000	6 750	2 500	0
总成本	35 000	32 750	31 500	32 000

将以上各方案的总成本加以比较可知,丙方案的总成本最低,故 75 000 元是该旅游企业的最佳现金持有量。

(二)存货模型

旅游企业平时持有较多现金,会降低现金的短缺成本,但也会增加现金占用的机会成本;平时持有较少的现金,会增加现金的短缺成本,但能减少现金占用的机会成本。如果旅游企业平时只持有较少的现金,在有现金需要时(如手头的现金用尽),通过出售有价证券换回现金(或从银行借入现金),既能满足现金的需要,避免短缺成本,又能减少机会成本。因此,适当的现金与有价证券之间的转换,是企业提高资金使用效率的有效途径。现金存有量也与企业奉行的营运资金政策有关。采用宽松的流动资产投资政策时,保留较多的现金则转换次数少。如果经常进行大量的有价证券与现金的转换,则会加大转换交易成本,因此,如何确定有价证券与现金的每次转换量,是一个需要研究的问题。而这可以应用现金持有量的存货模式解决。

有价证券转换回现金所付出的代价(如支付手续费用),被称为现金的交易成本。现金的交易成本与现金转换次数、每次的转换量有关。假定现金每次的交易成本是固定的,在企业一定时期现金使用量确定的前提下,每次以有价证券转换回现金的金额越大,企业平时持有的现金量便越高,转换的次数便越少,现金的交易成本就越低;反之,每次转换回现金的金额越低,企业平时持有的现金量便越低,转换的次数会越多,现金的交易成本就越高。即,现金交易成本与持有量成反比。现金的交易成本与现金的机会成本所组成的现金持有总成本曲线,如图 7-6 所示。

在图 7-6 中,现金的机会成本和交易成本是两条随现金持有量呈不同方向发展的曲线,

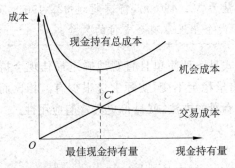

图 7-6　存货模型的现金持有总成本

两条曲线交叉点相应的现金持有量,即相关总成本最低的现金持有量。

于是,企业需要合理地确定现金持有量 C,以使现金的相关总成本最低。解决这一问题先要明确三点。

(1) 一定期间的现金需求量,用 T 表示。

(2) 每次出售有价证券以补充现金所需的交易成本,用 F 表示。一定时期内出售有价证券的总成本为

$$交易成本 = \frac{T}{C} \times F$$

(3) 持有现金的机会成本率,用 K 表示。一定时期内持有现金的总机会成本,表示为

$$机会成本 = \frac{C}{2} \times K$$

则

$$现金持有总成本 = 机会成本 + 交易成本 = \frac{C}{2} \times K + \frac{T}{C} \times F$$

从图 7-6 可知,最佳现金持有量 C^* 是机会成本线与交易成本线交叉点所对应的现金持有量(数学推理过程与本章"经济订货基本模型"中经济订货批量的计算一致),因此 C^* 应当满足:机会成本 = 交易成本,即

$$\frac{C}{2} \times K = \frac{T}{C} \times F$$

整理可知:

$$C^{*2} = \frac{2T \times F}{K}$$

等式两边分别取平方根,有

$$C^* = \sqrt{\frac{2T \times F}{K}}$$

例 7-5

某旅游企业每年现金需求总量为 5 200 000 元,每次现金转换的成本为 1 000 元,持有现金的机会成本率约为 10%,则该企业的最佳现金持有量可以计算如下:

$$C^* = \sqrt{\frac{2 \times 5\ 200\ 000 \times 1\ 000}{10\%}} = 322\ 490(元)$$

该企业最佳现金持有量为 322 490 元,持有超过 322 490 元则会降低现金的投资收益率,低于 322 490 元则会加大企业正常现金支付的风险。

现金持有量的存货模式是一种简单且直观地确定最佳现金持有量的方法;但它也有缺点,主要是假定现金的流出量稳定不变,实际上这很少有。相比而言,那些适用于现金流量不确定的控制最佳现金持有量的方法,就显得更具普遍应用性。

(三)随机模型

在实际工作中,企业现金流量往往具有很大的不确定性。假定每日现金流量的分布接近正态分布,每日现金流量可能低于也可能高于期望值,其变化是随机的。由于现金流量波动是随机的,只能对现金持有量确定一个控制区域,即定出上限和下限。当企业现金余额在上限和下限之间波动时,表明企业现金持有量处于合理的水平,无须进行调整。当现金余额达到上限时,则将部分现金转换为有价证券;当现金余额下降到下限时,则卖出部分证券。

图 7-7 是现金管理的随机模型(米勒—奥尔模型),该模型有两条控制线和一条回归线。最低控制线 L 取决于模型之外的因素,其数额是由现金管理部经理在综合考虑短缺现金的风险程度、企业借款能力、企业日常周转所需资金、银行要求的补偿性余额等因素的基础上确定的。回归线 R 可按下列公式计算:

$$R = \sqrt[3]{\frac{3b \times \delta^2}{4i}} + L$$

式中:b 表示证券转换为现金或现金转换为证券的成本;δ 表示企业每日现金流量变动的标准差;i 表示以日为基础计算的现金机会成本。

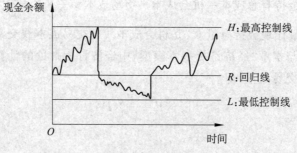

图 7-7　随机模型

最高控制线 H 的计算公式为

$$H = 3R - 2L$$

例 7-6

设某旅游企业现金部经理决定 L 值应为 10 000 元,估计企业现金流量标准差 δ 为 1 000 元,持有现金的年机会成本为 14.04%,换算为 i 值是 0.000 39,$b=150$ 元。根据该模型,可求得:

$$R = \sqrt[3]{\frac{3 \times 150 \times 1\,000^2}{4 \times 0.000\,39}} + 10\,000 = 16\,607(\text{元})$$

$$H = 3 \times 16\,607 - 2 \times 10\,000 = 29\,821\,(\text{元})$$

该企业目标现金余额为 16 607 元。若现金持有额达到 29 821 元,则买进 13 214 元的证券;若现金持有额降至 10 000 元,则卖出 6 607 元的证券。

运用随机模型求现金最佳持有量体现的是随机思想,即企业现金支出是随机的,收入是无法预知的,所以适用于所有企业现金最佳持有量的测算。另外,随机模型建立在企业的现金未来需求总量和收支不可预测的前提下,计算出来的现金持有量比较保守。

？思考

(1) "收支两条线"现金管理模式的作用是什么?

(2) 分析确定最佳现金持有量三种方法的优缺点。

第三节　旅游企业应收账款管理

学习目标

(1) 了解应收账款的作用。

(2) 掌握企业信用政策的制定。

(3) 了解应收账款的日常管理。

一、应收账款的作用

旅游企业通过提供商业信用,采取赊销、分期付款等方式可以扩大销售,增强竞争力,获得利润。应收账款作为企业为扩大销售和盈利的一项投资,也会发生一定的成本,所以企业需要在应收账款所增加的盈利和所增加的成本之间进行权衡。应收账款管理就是分析赊销的条件,使赊销带来的盈利增加大于应收账款投资产生的成本费用增加,最终增加企业利润,使企业升值。

应收账款的功能指其在生产经营中的作用。主要有以下两个方面。

1. 增加销售量

在激烈的市场竞争中,通过提供赊销可有效地促进销售。因为企业提供赊销不仅向顾客提供了商品,也在一定时间内向顾客提供了购买该商品的资金,顾客将从赊销中得到好处。所以赊销会带来企业销售收入和利润的增加,特别是在企业销售新产品、开拓新市场时,赊销更具有重要的意义。

2. 减少存货

企业持有一定产成品存货会相应地占用资金,形成仓储费用、管理费用等,从而产生成本;而赊销则可避免这些成本的产生。所以,无论是季节性生产企业还是非季节性生产企业,当产品存货较多时,一般会采用优惠的信用条件进行赊销,将存货转化为应收账款,减少产成品存货,存货资金占用成本、仓储与管理费用等会相应减少,从而提高企业收益。

旅行社的"应收账款"

　　旅游业是一个集食、住、行、游、购、娱于一体的综合性经济产业，为了满足旅游者的各种需求，客观上要求有饮食、住宿、交通、文化娱乐、景点以及旅游纪念品和其他日用商品的生产与销售等综合性设施来保证，即必须组成一个综合性的旅游服务系统。这一个综合性的客观要求，决定了旅行社的应收账款具有多面性。其一，旅行社除了在营业厅接收散客出游之外，一般情况下也需要开拓一些大型企业客户，这些大型企业为了给员工提供较好的福利政策，以体现企业的凝聚力，一般都会定期组织员工外出疗养，而旅行社为获得客源，同时也为了体现企业的实力和信誉，往往会采取先旅游、后收款——"君子游"，或先预收部分款，待旅游结束后，无质量问题再结清尾款的办法，从而形成企业的应收账款。其二，外地旅行社（简称组团社）组团到本地来旅游，交本地旅行社（简称地接社）接待，组团社往往让导游带部分备用金，先预付一些门票费、住宿费及交通费，余款待旅游行程结束后，再结清。有的时候组团社会借用各种理由，比如住宿不达标、餐饮不卫生、旅游车不够档次等，拒绝全部付款。地接旅行社为了稳定客源，增加市场份额，也只能"不得已而为之"，形成旅行社与旅行社之间的应收账款。据统计，这部分应收账款占旅行社应收账款总量的80%以上。

　　可见，旅行社的应收账款是旅游市场竞争的产物，是供大于求的买方市场竞争压力所致。随着我国市场经济的建立和发展，旅游市场竞争日益加剧，应收账款作为一种商业信用和促销手段，被旅行社广泛采用。但是，应收账款在收回之前的持有时间内，不但不会增值，相反，还会丧失部分时间价值；如果应收账款不能及时收回，企业资金就无法继续周转，正常的营运活动就会被梗阻，旅行社之间还可能引发相互拖欠，从而形成严重的三角债，造成"甩团"现象，甚至有的地接旅行社，为了收款而把游客当作"人质"，扣留在机场、火车站或旅游车上，严重损害了组团旅行社的信誉和形象。可见，应收账款对旅行社具有一些不利影响，其影响程度取决于应收账款的规模大小和应收账款的账龄长短。因此，加强应收账款的管理，加速它的周转，避免或减少损失的发生，使企业在市场竞争中能更好地发挥应收账款的商业信用作用，是十分重要的工作，企业应采取有效措施，认真加以预防和解决。

　　（资料来源：卢德湖，王美玉．旅游企业会计实务[M]．2版．大连：东北财经大学出版社，2015.）

微课

二、信用政策

　　在许多行业，信用条件和政策已经成为标准化的惯例。企业的信用条件、销售额和收账方式决定了其应收账款的水平。应收账款的占用必须要有相应的资金来源，因此，企业对客户提供信用的能力与其自身的借款能力相关。不适当地管理应收账款可能会导致顾客延期付款进而导致流动性问题。信用政策包括信用标准、信用条件和收账政策三个方面。

（一）信用标准

信用标准是指信用申请者获得企业提供信用所必须达到的最低信用水平,通常以预期的坏账损失率作为判别标准。如果企业执行的信用标准过于严格,可能会降低对符合可接受信用风险标准客户的赊销额,减少坏账损失,减少应收账款的机会成本,但不利于扩大企业销售量甚至会因此限制企业的销售机会;如果企业执行的信用标准过于宽松,可能会对不符合可接受信用风险标准的客户提供赊销,因此,会增加随后还款的风险并增加应收账款的管理成本与坏账成本。

1. 信息来源

企业进行信用分析时,必须考虑信息的类型、数量和成本。信息既可以从企业内部收集,也可以从企业外部收集。无论信用信息从哪里收集,都必须将成本与预期的收益进行对比。企业内部产生的最重要的信用信息来源是信用申请人执行信用申请(协议)的情况和企业自己保存的有关信用申请人还款历史的记录。

企业可以使用各种外部信息来帮助其确定申请人的信誉。申请人的财务报表是该种信息的主要来源之一。由于可以将这些财务报表及其相关比率与行业平均数进行对比,因此,它们都提供了有关信用申请人的重要信息。获得申请人付款状况的第二个信息来源是一些商业参考资料或申请人过去获得赊购的供货商。另外,银行或其他贷款机构(如商业贷款机构或租赁公司)可以提供申请人财务状况和可使用信用额度方面的标准化信息。最后,一些地方性和全国性的信用评级机构收集、评价和报告有关申请人信用状况的历史信息。这些信用报告包括诸如以下内容的信息:还款历史、财务信息、最高信用额度、可获得的最长信用期限和所有未决的债务诉讼。

2. 信用的定性分析

信用的定性分析是对申请人"质"的分析。常用的信用定性分析法是 5C 信用评价系统,即评估申请人信用品质的五个方面:品质、能力、资本、抵押和条件。

(1) 品质(character)是指个人或企业申请人的诚实和正直表现,反映了申请人在过去还款中体现出的还款意图和愿望,是 5C 中最重要的因素。企业必须设法了解申请人过去的付款记录,看其是否有按期如数付款的一贯做法。

(2) 能力(capacity)是指申请人的偿债能力。企业应着重了解申请人流动资产的数量、质量以及流动比率的高低,必要时还可实地考察申请人的日常运营状况。

(3) 资本(capital)是指如果申请人当期的现金流不足以还债,申请人在短期和长期内可以使用的财务资源,反映对于负债的保障程度。企业资本雄厚,说明企业具有强大的物质基础和抗风险能力。

(4) 抵押(collateral)是指当申请人不能满足还款条款时,可以用作债务担保的资产或其他担保物。信用分析必须分析担保抵押手续是否齐备、抵押品的估值和出售有无问题、担保人的信誉是否可靠等。

(5) 条件(condition)是指影响申请人还款能力和意愿的各种外在因素。

在信用等级方面,目前主要有两种:一种是三类九等,即将企业的信用状况分为 AAA、AA、A、BBB、BB、B、CCC、CC、C 九等,其中 AAA 为信用最优等级,C 为信用最低等级。另一种是三级制,即分为 AAA、AA、A 三个信用等级。

(二)信用条件

信用条件是指企业接受客户信用订单时在对客户等级进行评价的基础上所提出的付款要求,主要包括信用期限、折扣期限和现金折扣。信用期限是企业为顾客规定的最长付款时间,折扣期限是为顾客规定的可享受现金折扣的付款时间,现金折扣是在顾客提前付款时给予的优惠。例如,账单上的"2/10,N/30"就是一项信用条件,即在 10 天之内付款可以享受 2% 的折扣,而在 10 天之后 30 天之内付款则没有折扣。提供比较优惠的信用条件能增加销售量,但也会带来额外的负担,如增加应收账款机会成本、现金折扣成本等。

(三)收账政策

收账政策也称收账方针,是指客户违反信用条件,拖欠甚至拒付账款时企业所采取的收账策略与措施。企业如果采用较积极的收账政策,则可能会减少应收账款投资,减少坏账损失,但会增加收账成本;如果采用较为消极的收账政策,则可能会增加应收账款投资,增加坏账损失,但会减少收账费用。在实际工作中,可参照测算信用标准、信用条件的方法来制定收账政策。

一般而言,收账费用支出越多,坏账损失越少,但这两者并不一定存在线性关系。通常的情况是:开始时支出一些收账费用,应收账款和坏账损失有小部分降低;随着收账费用增加,应收账款和坏账损失明显减少;收账费用达到某一限度后,应收账款和坏账损失的减少就不再明显了,这个限度称为饱和点,如图 7-8 中的点 F 所示。在制定信用政策时,应权衡增加收账费用与减少应收账款机会成本和坏账损失之间的得失。

旅游企业对不同过期账款的收款方式,包括准备为此付出的代价,构成其收账政策,这是信用管理中一个重要的方面。一般的方式是对过期较短的客户,不予过多打扰,以免日后失去市场;对过期稍长的客户,可写信催款;对过期很长的顾客,应频繁催款,且措辞严厉。

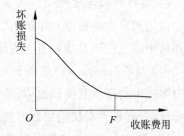

图 7-8 收账费用与坏账损失的关系图

A 酒店应收账款的难题

A 酒店为一家四星级酒店,前些年,由于某种原因,客房出租率不高。该酒店的销售经理召开了专题会议,布置落实销售人员全年及每月应完成的销售任务,承诺凡超过销售指标的部分按 2% 的比例兑现奖金。会后销售人员群情激奋,积极寻找客户。当年该酒店的客房出租率创造了历史新高,经营毛利率比上年同期增长了30%。然而财务主管却高兴不起来,因为考核不到半年,该酒店的应收账款周转天数急剧上升,加之各营业部门有着大量的进货需求,其感到资金告急,借贷困难,偿债更加困难。

（资料来源:陈安萍. 旅游财务管理实务[M]. 北京:中国旅游出版社,2017.）

三、旅游企业应收账款的监控

在任何情况下,有关应收账款恶化的提早警告,都可以促使旅游企业采取行动阻止其进一步恶化。有关应收账款质量提高的提早暗示,则可能激励企业在应收账款政策上更富有进取性。因此,对应收账款的密切监控是十分重要的。

旅游企业监控应收账款主要通过账龄分析、观察应收账款平均账龄等来实现。

（一）账龄分析表

账龄分析表是在把所有的应收账款按账龄分为几类后,列示每一类的金额和所占比例的表格。它描述了没有收回的应收账款的质量,可以使企业了解应收账款的回收情况,及时采取相应措施。这种表格通常将应收账款按账龄分为0～30天、30～60天、60～90天和90天以上并分别列示,如表7-3所示。

表7-3　A酒店的账龄分析表

账　龄	金额/元	百分比/%
0～30 天	50 000	62.5
30～60 天	20 000	25
60～90 天	10 000	12.5
90 天以上	0	0
合　计	80 000	100

（二）应收账款平均账龄

除了账龄分析表,财务经理还经常计算应收账款平均账龄,即该企业所有没有得到清偿的账款的平均账龄。对应收账款平均账龄的计算通常采用两种方法:一种是计算所有没有清偿的账款的加权平均账龄,使用的权数是这些账款各自占应收账款总额的比例;另一种是利用账龄分析表。这里,账龄在0～30天的所有应收账款其账龄被假设为15天(0天和30天的中点),账龄为30～60天的应收账款其账龄被假定为45天,账龄为60～90天的应收账款其账龄被假定为75天。于是,通过采用15天、45天和75天的加权平均数,平均账龄就被计算出来。权数是账龄为0～30天、30～60天、60～90天的应收账款各自占应收账款总额的比例。

? 思考

（1）企业应收账款的作用有哪些?

(2) 旅游企业信用政策包括哪些内容?

(3) 如何加强旅游企业应收账款的日常管理?

第四节　旅游企业存货管理

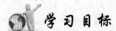 **学习目标**

(1) 了解旅游企业存货管理目标。

(2) 掌握旅游企业的存货成本。

(3) 掌握经济订货量的计算。

一、旅游企业存货管理目标

存货是指旅游企业在生产经营过程中为销售或者耗用而储备的物资,包括原材料、燃料、低值易耗品、在产品、半成品、协作件、外购商品等。

旅游企业持有存货一方面是为了保证生产或销售的经营需要,另一方面是出自价格的考虑,零购物资的价格往往较高,而整批购买通常能取得价格优惠。但是,过多的存货要占用较多资金,并且会增加包括仓储费、保险费、维护费、管理人员工资在内的各项开支。因此,存货管理的目标,就是在保证生产或销售需要的前提下,最大限度地降低存货成本。具体包括以下几个方面。

(一) 保证生产正常进行

生产过程中需要的原材料和在产品,是生产的物质保证。一定量的存货储备,可以有效避免生产中断、停工待料的发生,保证生产的正常进行。

(二) 提高销售机动性

一定数量的存货储备能够增加企业适应市场变化的能力,防止在市场需求量激增时,因产品储备不足而失去销售良机。同时,由于顾客为节约采购成本和其他费用,一般倾向于成批采购;企业为了达到运输上的最优批量也会组织成批发运,所以保持一定量的存货有利于市场销售。

(三) 维持均衡生产,降低产品生产成本

针对季节性产品或需求波动大的产品,若根据需求组织生产,可能导致生产能力有时得不到充分利用,有时又超负荷,使得生产成本上升。一定量的原材料和产成品储备,可以有效缓解这一问题,实现均衡生产,降低生产成本。

(四) 降低存货取得成本

企业大批量集中进货,可以减少订货次数,更容易享受价格折扣,降低购置成本和订货

成本,从而使总的进货成本降低。

（五）防止意外事件发生

企业在采购、运输、生产和销售过程中,都可能发生意料之外的事故,保持必要的存货保险储备,可以避免或减少意外事件带来的损失。

微课

二、存货的成本

（一）取得成本

取得成本是指为取得某种存货而支出的成本,通常用 TC_a 来表示,其又分为订货成本和购置成本。

1. 订货成本

订货成本是指取得订单的成本,如办公费、差旅费、邮资、电话费、运输费等支出。订货成本中有一部分与订货次数无关,如常设采购机构的基本开支等,称为订货的固定成本,用 F_1 表示;另一部分与订货次数有关,如差旅费、邮资等,称为订货的变动成本。每次订货的变动成本用 K 表示;订货次数等于存货年需要量 D 与每次进货量 Q 之商。订货成本的计算公式为

$$订货成本 = \frac{D}{Q}K + F_1$$

2. 购置成本

购置成本是指为购买存货本身所支出的成本,即存货本身的价值,经常用数量与单价的乘积来确定。年需要量用 D 表示,单价用 U 表示,于是购置成本为 DU。

订货成本加上购置成本,就等于存货的取得成本。其公式可表达为

取得成本＝订货成本＋购置成本

＝订货变动成本＋订货固定成本＋购置成本

即

$$TC_a = \frac{D}{Q}K + F_1 + DU$$

相关链接

万豪国际集团的物品集中采购法

万豪国际集团是世界上最著名的酒店管理公司之一。自第一座万豪酒店于 1957 年在华盛顿问世以来,在 40 余年的发展中,"万豪"以其出色的服务水准、先进的设施和技术以及优异的服务,赢得了公众的广泛赞誉和客户的高度信任及拥戴。截至 2017 年,万豪国际集团已发展成为拥有 3 000 多家酒店、18 个著名酒店品牌、年营业额近 130 亿美元的全球最大的跨国酒店集团。近年来,万豪一直以其优良业绩居于世界酒店集团之首,并多次被世界著名商界杂志和媒体评为首选的酒店业内最杰出的公司。

万豪国际集团采用集中采购的方法,使各酒店能尽可能获得物品采购的最优惠价格。

通过集中采购可使万豪酒店比其他酒店在获得某些商品或服务时得到 10%～15% 的优惠。在信用卡佣金、保险费额和其他服务的支付成本方面,通过集中合同协议,使万豪酒店所支付的款额大大低于其他同业者。

(资料来源:陈安萍. 酒店财务管理实务[M]. 北京:中国旅游出版社,2017.)

(二)储存成本

储存成本是指为保持存货而发生的成本,包括存货占用资金所应计的利息、仓库费用、保险费用、存货破损和变质损失等,通常用 TC_c 来表示。

储存成本也分为固定成本和变动成本。固定储存成本与存货数量的多少无关,如仓库折旧、仓库职工的固定工资等,用 F_2 表示。变动储存成本与存货的数量有关,如存货资金的应计利息、存货的破损和变质损失、存货的保险费用等,单位变动储存成本用 K_c 来表示。用公式表达的储存成本为

$$储存成本＝固定储存成本＋变动储存成本$$

即

$$TC_c = F_2 + K_c\frac{Q}{2}$$

(三)缺货成本

缺货成本是指由于存货供应中断而造成的损失,包括材料供应中断造成的停工损失、产成品库存缺货造成的拖欠发货损失和丧失销售机会的损失及造成的商誉损失等。如果生产企业以紧急采购代用材料解决库存材料中断之急,那么缺货成本表现为紧急额外购入成本。缺货成本用 TC_s 表示。

如果以 TC 来表示储备存货的总成本,它的计算公式为

$$TC = TC_a + TC_c + TC_s = \frac{D}{Q}K + F_1 + DU + F_2 + K_c\frac{Q}{2} + TC_s$$

企业存货的最优化,就是使旅游企业存货总成本 TC 值最小。

三、最优存货量的确定

微课

旅游企业存货的决策涉及四项内容:决定进货项目、选择供应单位、决定进货时间和决定进货批量。按照存货管理的目的,需要通过合理的进货批量和进货时间,使存货的总成本最低,这个批量就是经济订货量或经济批量,主要采取经济订货模型进行计算。

(一)经济订货基本模型

经济订货基本模型是建立在一系列严格假设基础上的。这些假设包括:存货总需求量是已知常数;不存在订货提前期,即可以随时补充存货;货物是一次性入库;单位货物成本为常数,无批量折扣;库存储存成本与库存水平呈线性关系;货物是一种独立需求的物品,不受

其他货物影响；不允许缺货，即无缺货成本，TC_s 为零。设立上述假设后，前述的总成本公式可以简化为

$$TC = \frac{D}{Q}K + F_1 + DU + F_2 + K_c\frac{Q}{2}$$

基于上面的假设，F_1、K、D、U、F_2、K_c 常数时，TC 的大小取决于 Q。

为了求出 TC 的极小值，对其进行求导演算，根据一阶导数等于 0，可以得出经济订货基本模型，公式如下：

$$Q^* = \sqrt{\frac{2KD}{K_c}}$$

式中：Q^* 表示经济订货批量；D 表示存货年需要量；K 表示每次订货的变动成本；K_c 表示单位变动储存成本。

另外，还可以得出下列结论：

$$每年最佳订货次数 = \frac{存货年需求总量}{经济订货批量}$$

$$最佳订货周期(年) = \frac{360\ 天}{每年最佳订货次数}$$

由于存货是陆续耗用的，所以：

$$经济订货量平均占用资金 = \frac{经济订货量}{2 \times 存货单价}$$

$$与批量相关的存货总成本\ TC = 变动订货成本 + 变动储存成本$$

$$= \frac{D}{Q}K + K_c\frac{Q}{2}$$

将 $Q^* = \sqrt{\dfrac{2KD}{K_c}}$ 代入 $\dfrac{D}{Q}K + K_c\dfrac{Q}{2}$，则

与批量相关的存货总成本 $TC = \sqrt{2KDK_c}$

在经济订货批量下，变动订货成本 = 变动储存成本 = $\dfrac{\sqrt{2KDK_c}}{2}$，如图 7-9 所示。

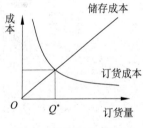

图 7-9　经济订货量模型

~~~~~~

例 7-7

假设某公司每年所需的原材料为 3 600 千克，单位成本为 10 元/千克。每次订货的变动成本为 25 元，单位变动储存成本为 2 元/千克。一年按 360 天计算。则

$$经济订货批量\ Q^* = \sqrt{\frac{2KD}{K_c}} = \sqrt{\frac{2 \times 25 \times 3\ 600}{2}} = 300(千克)$$

每年最佳订货次数 = 3 600 ÷ 300 = 12(次)

最佳订货周期 = 360 ÷ 12 = 30(天)

经济订货量平均占用资金 = 300 × 10 ÷ 2 = 1 500(元)

与经济订货批量相关的存货总成本 = $\sqrt{2 \times 25 \times 3\ 600 \times 2}$ = 600(元)

在经济订货批量下：

$$变动订货成本＝12×25＝300(元)$$
$$变动储存成本＝300÷2×2＝300(元)$$

(二) 经济订货基本模型的扩展

经济订货量的基本模型是在前述各假设条件下建立的,但现实生活中能够满足这些假设条件的情况比较少。为使模型更接近于实际情况,具有较高的可用性,需逐一放宽假设,同时改进模型。

一般情况下,企业的存货不能做到随用随补充,因此需要在没有用完时提前订货。再订货点就是在提前订货的情况下,为确保存货用完时订货刚好到达,企业再次发出订货单时应保持的存货库存量,它的数量等于平均交货时间和每日平均需用量的乘积:

$$R＝L×d$$

式中:R 表示再订货点;L 表示平均交货时间;d 表示每日平均需用量。

例如,订货日至到货期日的时间为 5 天,每日存货需用量为 20 千克,那么:

$$R＝L×d＝5×20＝100(千克)$$

企业在尚存 100 千克存货时,就应当再次订货,等到下批订货到达时(再次发出订货单 5 天后),原有库存刚好用完。此时,订货提前期的情形如图 7-10 所示。这就是说,订货提前期对经济订货量并无影响,每次订货批量、订货次数、订货间隔时间等与瞬时补充相同。

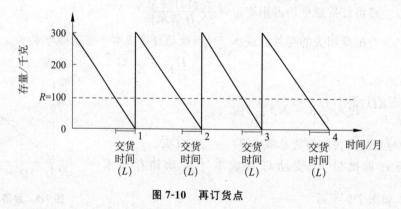

图 7-10　再订货点

四、存货的控制系统

存货管理不仅需要各种模型帮助确定适当的存货水平,还需要建立相应的存货控制系统。传统的存货控制系统有定量控制系统和定时控制系统两种。定量控制系统是指当存货下降到一定水平时即发出订货单,订货数量是固定的和事先决定的。定时控制系统是每隔一固定时期,无论现有存货水平多少,即发出订货申请。这两种系统都较简单和易于理解,但不够精确。现在许多大型企业都已采用了计算机存货控制系统。当存货数据输入计算机后,计算机即对这批货物开始跟踪。此后,每当有该货物被取出时,计算机就会及时作出记录并修正库存余额。当存货下降到订货点时,计算机自动发出订单,并在收到订货时记下所有的库存量。计算机系统能对大量种类的存货进行有效管理,这也是为什么大型企业愿意采用这种系统的原因之一。对于大型企业而言,其存货种类数以十万计,要使用人力及传统方法来对如此众多的库存进行有效管理,及时调整存货水平,避免出现缺货或浪费现象简直是不可能的,但计算机系统对此却能作出迅速有效的反应。

随着业务流程重组的兴起以及计算机行业的发展,存货管理系统也得到了很大的发展。从物料资源规划(MRP)发展到制造资源规划(MRPⅡ),再到企业资源规划(ERP),以及后来的柔性制造和供应链管理,甚至是外包等管理方法的快速发展,都提高了企业存货管理方法的发展。这些新的生产方式把信息技术和管理融为一体,提高了企业的整体运作效率。以下将对两个典型的存货控制系统进行介绍。

（一）ABC 控制系统

ABC 控制系统就是把企业种类繁多的存货,依据其重要程度、价值大小或者资金占用等标准分为三大类:A 类高价值存货,品种数量占整个存货的 10%~15%,但价值占全部存货的 50%~70%;B 类中等价值存货,品种数量占全部存货的 20%~25%,价值占全部存货的 15%~20%;C 类低价值存货,品种数量多,占整个存货的 60%~70%,价值占全部存货的 10%~35%。针对不同类别的存货分别采用不同的管理方法,A 类存货应作为管理的重点,实行重点控制、严格管理;而对 B 类和 C 类存货的重视程度则可依次降低,采取一般管理。

（二）适时制库存控制系统

适时制库存控制系统又称零库存管理、看板管理系统。它最早由丰田公司提出并将其应用于实践,是指制造企业事先和供应商及客户协调好:只有当制造企业在生产过程中需要原料或零件时,供应商才会将原料或零件送来;每当产品生产出来就被客户拉走。这样,制造企业的存货持有水平就可以大大下降,企业的物资供应、生产和销售形成连续的同步运动过程。显然,适时制库存控制系统需要的是稳定而标准的生产程序以及诚信的供应商,否则任何一环出现差错都将导致整个生产线的停止。目前,已有越来越多的企业利用适时制库存控制系统减少甚至消除对存货的需求,即实行零库存管理,如沃尔玛、海尔等。适时制库存控制系统经过进一步的发展,被应用于企业整个生产管理的过程中——集开发、生产、库存和分销于一体,大大提高了企业运营管理效率。

？思考

(1) 企业持有存货的目的有哪些?

(2) 持有存货的成本有哪些?

(3) 企业存货的经济订货量如何确定?

第五节　旅游企业流动负债管理

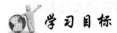 **学习目标**

(1) 了解流动负债的特点。

（2）掌握短期借款的信用条件。

（3）掌握放弃现金折扣的成本计算。

（4）了解商业信用筹资的优缺点。

一、旅游企业短期借款

企业的借款通常按其流动性或偿还时间的长短,划分为短期借款和长期借款。短期借款是指旅游企业向银行或其他金融机构借入的期限在1年以内(含1年)的各种借款。

短期借款可以随企业的需要安排,便于灵活使用,但其突出的缺点是短期内要归还,且可能会附带很多附加条件。

（一）短期借款的信用条件

微课

银行等金融机构对企业贷款时,通常会附带一定的信用条件。短期借款所附带的一些信用条件主要有以下几个。

1. 信贷额度

信贷额度即贷款限额,是借款企业与银行在协议中规定的借款最高限额,信贷额度的有限期限通常为1年。一般情况下,在信贷额度内,企业可以随时按需要支用借款。但是,银行并不承担必须支付全部信贷数额的义务。如果企业信誉恶化,即使在信贷限额内,企业也可能得不到借款。此时,银行不会承担法律责任。

2. 周转信贷协定

周转信贷协定是银行具有法律义务地承诺提供不超过某一最高限额的贷款协定。在协定的有效期内,只要企业借款总额未超过最高限额,银行就必须满足企业任何时候提出的借款要求。企业要享用周转信贷协定,通常要对贷款限额的未使用部分付给银行一笔承诺费用。

例 7-10

某酒店与银行商定的周转信贷额度为5 000万元,年度内实际使用了2 800万元,承诺费率为0.5%,该公司应向银行支付的承诺费为

$$信贷承诺费＝(5\ 000－2\ 800)×0.5\%＝11(万元)$$

周转信贷协定的协议期通常超过1年,但实际上贷款每几个月就发放一次,所以这种信贷具有短期借款和长期借款的双重特点。

3. 补偿性余额

补偿性余额是银行要求借款企业在银行中保持按贷款限额或实际借用额一定比例(通常为10%~20%)计算的最低存款余额。对于银行来说,补偿性余额有助于降低贷款风险,补偿其可能遭受的风险损失;对借款的企业来说,补偿性余额则提高了借款的实际利率,加重了企业负担。

例 7-11

某旅游公司向银行借款 800 万元,利率为 6%,银行要求保留 10% 的补偿性余额,则该公司实际可动用的贷款为 720 万元,该借款的实际利率为

$$借款实际利率 = \frac{800 \times 6\%}{720} = \frac{6\%}{1-10\%} = 6.67\%$$

4. 借款抵押

为了降低风险,银行发放贷款时往往需要有抵押品担保。短期借款的抵押品主要有应收账款、存货、应收票据、债券等。银行将根据抵押品面值的 30%~90% 发放贷款,具体比例取决于抵押品的变现能力和银行对风险的态度。

5. 偿还条件

贷款的偿还有到期一次偿还和在贷款期内定期(每月、季)等额偿还两种方式。一般来讲,企业不希望采用后一种偿还方式,因为这会提高借款的实际年利率;而银行不希望采用前一种偿还方式,是因为这会加重企业的财务负担,增加企业的拒付风险,同时会降低实际贷款利率。

6. 其他承诺

银行有时还会要求企业为取得贷款而作出其他承诺,如及时提供财务报表、保持适当的财务水平(如特定的流动比率)等。如企业违背所作出的承诺,银行可要求企业立即偿还全部贷款。

(二)短期借款的成本

短期借款的成本主要包括利息、手续费等。短期借款成本主要取决于贷款利率的高低和利息的支付方式。短期贷款利息的支付方式有收款法、贴现法和加息法三种,付息方式不同,短期借款成本计算也有所不同。

1. 收款法

收款法是在借款到期时向银行支付利息的方法。银行向企业贷款一般都是采用这种方法收取利息。采用收款法时,短期贷款的实际利率就是名义利率。

2. 贴现法

贴现法又称折价法,是指银行向企业发放贷款时,先从本金中扣除利息部分,到期时借款企业偿还全部贷款本金的一种利息支付方法。在这种利息支付方式下,企业可以利用的贷款只是本金减去利息部分后的差额。因此,贷款的实际利率要高于名义利率。

例 7-12

某旅行社从银行取得借款 200 万元,期限 1 年,利率 6%,利息 12 万元。按贴现法付息,该公司实际可动用的贷款为 188 万元,该借款的实际利率为

$$借款实际利率 = \frac{200 \times 6\%}{200 \times (1-6\%)} = \frac{6\%}{1-6\%} = 6.38\%$$

3. 加息法

加息法是银行发放分期等额偿还贷款时采用的利息收取方法。在分期等额偿还贷款情况下,银行将根据名义利率计算的利息加到贷款本金上,计算出贷款的本息和,要求企业在贷款期内分期偿还本息之和。由于贷款本金分期均衡偿还,借款企业实际上只平均使用了贷款本金的一半,却支付了全额利息。这样企业所负担的实际利率便要高于名义利率大约1倍。

例 7-13

某旅游景区借入(名义)年利率为 12% 的贷款 20 000 元,分 12 个月等额偿还本息。该项借款的实际年利率为

$$\text{实际年利率} = \frac{20\,000 \times 12\%}{20\,000 \div 2} = 24\%$$

二、商业信用

商业信用是指旅游企业在商品或劳务交易中,以延期付款或预收货款方式进行购销活动而形成的借贷关系,是企业之间的直接信用行为,也是企业短期资金的重要来源。商业信用产生于企业生产经营的商品、劳务交易之中,是一种"自动性筹资"。

(一)商业信用的形式

1. 应付账款

应付账款是供应商给旅游企业提供的一种商业信用。由于购买者往往在到货一段时间后才付款,商业信用就成为企业短期资金来源。如企业规定对所有账单均见票后若干日付款,商业信用就成为随生产周转而变化的一项内在的资金来源。当企业扩大生产经营规模时,其进货和应付账款相应增长,商业信用就提供了扩大经营规模需要的部分资金。

商业信用条件通常包括以下两种。

第一,有信用期,但无现金折扣。如"N/30"表示 30 天内按发票金额全数支付。

第二,有信用期和现金折扣。如"2/10,N/30"表示 10 天内付款享受现金折扣 2%,若买方放弃折扣,30 天内必须付清款项。

供应商在信用条件中规定有现金折扣,目的主要在于加速资金回收。企业在决定是否享受现金折扣时,应仔细考虑。通常,放弃现金折扣的成本是很高的。

(1)放弃现金折扣的信用成本。倘若买方企业购买货物后在卖方规定的折扣期内付款,可以获得免费信用,这种情况下企业没有因为取得延期付款信用而付出代价。例如,某应付账款规定付款信用条件为"2/10,N/30",是指买方在 10 天内付款,可获得 2% 的付款折扣;若在 10~30 天内付款,则无折扣;允许买方付款期限最长为 30 天。

例 7-14

某旅游公司按"2/10,N/30"的付款条件购入货物 100 万元。如果在 10 天以后付款,便放弃了现金折扣 2 万元(100×2%),信用额为 98 万元(100—2)。放弃现金折扣的信用成本率为

$$放折扣的信用成本率 = \frac{折扣\%}{1-折扣\%} \times \frac{360天}{付款期-折扣期} = \frac{2\%}{1-2\%} \times \frac{360}{30-10} = 36.73\%$$

公式表明,放弃现金折扣的信用成本率与折扣百分比大小、折扣期长短和付款期长短有关系,与货款额和折扣额没有关系。企业在放弃折扣的情况下,推迟付款的时间越长,其信用成本便会越小,但展期信用的结果是企业信誉恶化导致信用度的严重下降,日后可能招致更加苛刻的信用条件。

(2) 放弃现金折扣的信用决策。旅游企业放弃应付账款现金折扣的原因,可能是企业资金暂时的缺乏,也可能是基于将应付的账款用于临时性短期投资,以获得更高的投资收益。如果企业将应付账款额用于短期投资,所获得的投资收益率高于放弃折扣的信用成本率,则是当放弃现金折扣。

2. 应付票据

应付票据是指旅游企业在商品购销活动和对工程价款进行结算中,因采用商业汇票结算方式而产生的商业信用。商业汇票是指由付款人或存款人(或承兑申请人)签发,由承兑人承兑,并于到期日向收款人或被背书人支付款项的一种票据,包括商业承兑汇票和银行承兑汇票。应付票据可以带息,也可以不带息,其利率一般低于银行贷款利率。

3. 预收货款

预收货款是指旅游企业按照合同和协议规定,在发出货物或提供服务之前向购货单位预先收取部分或全部货款的信用行为。购买单位对于紧俏商品往往倾向于采用这种方式购货;销货方对于生产周期长、造价较高的商品,往往采用预收货款方式销货,以缓和本企业资金占用过多的矛盾。

4. 应计未付款

应计未付款是旅游企业在生产经营和利润分配过程中已经计提但尚未以货币支付的款项,主要包括应付职工薪酬、应交税费、应付利润或应付股利等。以应付职工薪酬为例,旅游企业通常以半月或月为单位支付职工薪酬,在应付职工薪酬已计但未付的这段时间,就会形成应计未付款。它相当于职工给企业的一个信用,应交税费、应付利润或应付股利也有类似的性质。应计未付款随着企业规模扩大而增加,企业使用这些自然形成的资金无须付出任何代价。但企业不是总能控制这些款项,因为其支付是有一定时间的,企业不能总拖欠这些款项。所以,企业尽管可以充分利用应计未付款项,但并不能控制这些账目的水平。

(二) 商业信用筹资的优缺点

1. 商业信用筹资的优点

(1) 商业信用容易获得。商业信用的载体是商品购销行为,旅游企业总会一批既有供需关系又有相互信用基础的客户,所以对大多数企业而言,应付账款和预收账款是自然的、持续的信贷形式。商业信用的提供方一般不会对企业的经营状况和风险进行严格的考量,旅游企业无须办理像银行借款那样复杂的手续便可取得商业信用,有利于应对企业生产经营之急需。

（2）企业有较大的机动权。旅游企业能够根据需要,选择决定筹资的金额大小和期限长短,同样要比银行借款等其他方式灵活得多,甚至如果在期限内不能付款或交货时,一般还可以通过与客户的协商,请求延长时限。

（3）企业一般不用提供担保。通常,商业信用筹资不需要第三方担保,也不会要求筹资企业用资产进行抵押。这样,在出现逾期付款或交货的情况时,可以避免像银行借款那样面临抵押资产被处置的风险,企业的生产经营能力在相当长的一段时间内不会受到限制。

2. 商业信用筹资的缺点

（1）商业信用筹资成本高。在附有现金折扣条件的应付账款融资方式下,其筹资成本与银行信用相比较高。

（2）容易恶化企业的信誉。商业信用的期限短,还款压力大,对企业现金流量管理的要求很高。如果长期和经常性地拖欠账款,会造成企业的信誉恶化。

（3）受外部环境影响较大。商业信用筹资受外部环境影响较大,稳定性较差,即使不考虑机会成本,也是不能无限利用的。一是受商品市场的影响,当求大于供时,卖方可能停止提供信用。二是受资金市场的影响,当市场资金供应紧张或有更好的投资方向时,商业信用筹资就可能遇到障碍。

三、流动负债的利弊

（一）流动负债的经营优势

理解流动负债和长期负债的优势和劣势相当重要。除了成本和风险的不同外,为流动资产融资时使用短期和长期负债之间还存在经营上的不同。

流动负债的主要经营优势是,容易获得,具有灵活性,能够有效满足企业季节性信贷需求。这创造了需要融资和获得融资之间的同步性。另外,短期借款一般比长期借款具有更少的约束性条款。如果仅在一个短期内需要资金,以短期为基础进行借款可以使企业维持未来借款决策的灵活性。

流动负债的一个主要作用是为季节性流动资产进行融资。在销售旺季,为了满足增长的需要,旅游企业必须增加流动资产。流动负债是为流动资产中的临时性的、季节性的增长进行融资的主要工具。

（二）流动负债的经营劣势

流动负债的一个经营劣势是需要持续地重新谈判或滚动安排负债。贷款人由于旅游企业财务状况的变化或是整体经济环境的变化,可能在到期时不愿意滚动贷款或重新设定信贷限额。而且,提供信贷额度的贷款人一般要求,用于为短期营运资金缺口而筹集的贷款,必须每年支付至少 $1\sim3$ 个月的全额款项,这 $1\sim3$ 个月被称为结清期。贷款人这么做,是为了确认企业是否在长期负债是合适的融资来源时仍然使用流动负债。许多企业的实践证明,使用短期贷款来为永久性流动资产融资是一件危险的事情。

? 思考

(1) 短期借款与长期借款相比有什么优缺点?

(2) 什么是商业信用?

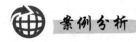 案例分析

华天酒店的应收账款管理

一、华天酒店概况

华天大酒店有限责任公司位于长沙市解放东路 300 号,是一家五星级酒店。它成立于 1996 年 8 月,注册资本为 71 892 万元。经营范围包括住宿、餐饮、烟酒销售、酒店资产经营和管理。截至 2017 年 12 月 31 日,该公司资产总额为 97 571 800 元,其中流动资产为 33 382 800 元,非流动资产 64 189 000 元。2017 年,公司实现 9 732.50 万元的营业收入,实现利润总额 510.80 万元。

二、华天酒店应收账款管理现状

(一) 销售方式

华天酒店销售产品的重要手段,主要是传统的销售手段(因为该集团有悠久的历史,在客户中拥有良好的口碑,有很多是合作多年的老客户,并且其销售额很大),移动互联网的应用,电子商务和其他新媒体的发展。通过使用制作室促销视频,开放客户群等,与"网络营销"等网络媒体洽谈合作,利用互联网平台的独特优势,增加市场份额。依托品牌战略的实施,公司向高端客户推出了"私人订阅"服务。

(二) 应收账款周转率

应收账款是公司流动资产的重要组成部分。加强应收账款管理可以提高流动资产的管理效率。应收账款周转率是指在一定时期内营业收入与应收账款的比率。华天大酒店过去三年的应收账款一直在上升,导致应收账款周转率下降。华天酒店 2015—2017 年的应收账款周转率明细如表 7-4 所示。

表 7-4　华天酒店 2015—2017 年的应收账款周转率

项　目	2014 年	2015 年	2016 年	2017 年
主营业务收入/万元		9 120.30	9 357.80	9 732.50
应收账款/万元	1 947.60	2 011.63	2 459.27	3 145.01
应收账款平均余额/万元		1 979.62	2 235.45	2 802.14
应收账款周转率		4.607	4.186	3.473

三、华天酒店应收账款信用标准

(一) 企业为客户制定的信用标准

华天酒店承担的应收账款风险,以公司的信用标准来衡量。公司制定的信用标准主要参照"五 C"评价系统,评估客户偿还欠款的可能性。华天酒店 2015—2017 年的信用标准如表 7-5 所示。

表 7-5　华天酒店 2015—2017 年信用标准

指　标	2015 年	2016 年	2017 年
对方偿债能力(资产负债率)	47％以下	56％以下	69％
对方获利能力(销售利润率)	9％以上	6％以下	3％以上
对方注册资本/万元	3 000 以上	2 800 以上	2 600 以上
抵押额度/万元	300 以上	250 以上	200 以上
履约情况(评级)	AA 级	A－级	BB 级

（二）企业为客户制定的信用期和折扣期

建立现金折扣政策的主要目的是让客户提前付款,从而提升应收账款周转率。华天酒店信用期和折扣期调整对相关收益的影响如表 7-6 所示。其中,2015 年的平均现金提取期为 25 天,2016 年的平均现金提取期为 30 天,2017 年的平均现金提取期为 40 天。

表 7-6　华天酒店 2015—2017 年应收账款相关收益　　　　　单位:元

项　目	2015 年 (信用期 N/30)	2016 年 (1/20,N/40)	2017 年 (2/20,N/60)
销售收入	9 120.30	9 357.80	9 732.50
减:变动成本	6 931.43	7 111.93	7 396.70
边际贡献	2 188.87	2 245.87	2 335.80
收账费用	109.44	112.36	121.73
坏账损失	182.41	232.95	291.98
折扣成本		46.79	97.32
机会成本(资金成本率10％)	48.13	59.27	82.19
税前收益	1 848.89	1 792.51	1 742.58

（资料来源:豆丁网.华天酒店股份有限公司应收账款存在的问题及对策[R/OL].https://www.docin.com/p-2580502903.html.(2021-01-16)[2022-11-15].收录时有所改动。）

？思考

（1）请分析华天酒店应收账款管理存在哪些问题?

（2）应收账款管理产生这些问题的原因是什么?

课 后 习 题

一、单项选择题

1. 下列流动资产融资策略中,收益和风险均较低的是(　　)。

　　A. 保守融资策略　　　　　　　　　　　B. 激进融资策略

C. 产权匹配融资策略　　　　　　　　D. 期限匹配融资策略

2. 某公司在营运资金管理中，为了降低流动资产的持有成本、提高资产的收益性，决定保持一个低水平的流动资产与销售收入比率，据此判断，该公司采取的流动资产投资策略是（　　）。

  A. 紧缩的流动资产投资策略　　　　　B. 宽松的流动资产投资策略

  C. 匹配的流动资产投资策略　　　　　D. 稳健的流动资产投资策略

3. 某企业以长期融资方式满足固定资产、永久性流动资产和部分波动性流动资产的需要，短期融资仅满足剩余的波动性流动资产的需要，该企业所采用的流动资产融资战略是（　　）。

  A. 激进融资战略　　　　　　　　　　B. 保守融资战略

  C. 折中融资战略　　　　　　　　　　D. 期限匹配融资战略

4. 运用成本模型计算最佳现金持有量时，下列公式中，正确的是（　　）。

  A. 最佳现金持有量＝min(管理成本＋机会成本＋转换成本)

  B. 最佳现金持有量＝min(管理成本＋机会成本＋短缺成本)

  C. 最佳现金持有量＝min(机会成本＋经营成本＋转换成本)

  D. 最佳现金持有量＝min(机会成本＋经营成本＋短缺成本)

5. 某公司存货周转期为160天，应收账款周转期为90天，应付款周转期为100天，则该公司现金周转期为（　　）天。

  A. 30　　　　　　　B. 60　　　　　　　C. 150　　　　　　　D. 260

6. 在其他条件相同的情况下，下列各项中，可以加速现金周转的是（　　）。

  A. 减少存货量　　　　　　　　　　　B. 减少应付账款

  C. 放宽赊销信用期　　　　　　　　　D. 利用供应商提供的现金折扣

7. 下列各项中，不属于现金支出管理措施的是（　　）。

  A. 推迟支付应付款　　　　　　　　　B. 提高信用标准

  C. 以汇票代替支票　　　　　　　　　D. 争取现金收支同步

8. 企业在进行商业信用定量分析时，应当重点关注的指标是（　　）。

  A. 发展创新评价指标　　　　　　　　B. 企业社会责任指标

  C. 流动性和债务管理指标　　　　　　D. 战略计划分析指标

9. 下列各项中，不属于存货储存成本的是（　　）。

  A. 存货仓储费用　　　　　　　　　　B. 存货破损和变质损失

  C. 存货储备不足而造成的损失　　　　D. 存货占用资金的应计利息

10. 根据经济订货批量的基本模型，下列各项中可能导致经济订货批量提高的是（　　）。

  A. 每期对存货的总需求降低　　　　　B. 每次订货费用降低

  C. 每期单位存货存储费降低　　　　　D. 存货的采购单价降低

11. 采用 ABC 控制法进行存货管理时，应该重点控制的存货类别是（　　）。

  A. 品种较多的存货　　　　　　　　　B. 数量较多的存货

  C. 库存时间较长的存货　　　　　　　D. 单位价值较大的存货

12. 某企业从银行获得附有承诺的周转信贷额度为 1 000 万元,承诺费率为 0.5%,年初借入 800 万元,年底偿还,年利率为 5%,则该企业负担的承诺费是(   )万元。

    A. 1   B. 4   C. 5   D. 9

13. 某公司向银行借款 100 万元,年利率为 8%,银行要求保留 12% 的补偿性余额,则该借款的实际年利率为(   )。

    A. 6.67%   B. 7.14%   C. 9.09%   D. 11.04%

14. 下列各项中,属于商业信用筹资方式的是(   )。

    A. 发行短期融资券   B. 应付账款筹资

    C. 短期借款   D. 融资租赁

二、多项选择题

1. 下列各项中,决定预防性现金需求数额的因素有(   )。

    A. 企业临时融资的能力   B. 企业预测现金收支的可靠性

    C. 金融市场上的投资机会   D. 企业愿意承担短缺风险的程度

2. 运用成本模型确定企业最佳现金持有量时,现金持有量与持有成本之间的关系表现为(   )。

    A. 现金持有量越小,总成本越大   B. 现金持有量越大,机会成本越大

    C. 现金持有量越小,短缺成本越大   D. 现金持有量越大,管理总成本越大

3. 下列各项措施中,能够缩短现金周转期的有(   )。

    A. 减少对外投资   B. 延迟支付货款

    C. 加速应收账款的回收   D. 加快产品的生产和销售

4. 下列各项关于现金周转期的表述中,正确的有(   )。

    A. 减慢支付应付账款可以缩短现金周转期

    B. 产品生产周期的延长会缩短现金周转期

    C. 现金周转期一般短于存货周转期与应收账款周转期之和

    D. 现金周转期是介于公司支付现金与收到现金之间的时间段

5. 运用应收账款余额控制模式进行应收账款管理可以发挥的作用有(   )。

    A. 预测公司的现金流量   B. 预计应收账款的水平

    C. 反映应付账款的周转速度   D. 评价应收账款的收账效率

6. 运用应收账款余额控制模式进行应收账款管理可以发挥的作用有(   )。

    A. 预测公司的现金流量   B. 预计应收账款的水平

    C. 反映应付账款的周转速度   D. 评价应收账款的收账效率

7. 在确定因放弃现金折扣而发生的信用成本时,需要考虑的因素有(   )。

    A. 数量折扣百分比   B. 现金折扣百分比

    C. 折扣期   D. 信用期

8. 一般而言,与短期筹资和短期借款相比,商业信用融资的优点有(   )。

    A. 融资数额较大   B. 融资条件宽松

    C. 融资机动权大   D. 无须提供担保

9. 下列成本费用中,一般属于存货变动储存成本的有(   )。

　　A. 库存商品保险费　　　　　　　　B. 存货资金应计利息

　　C. 存货毁损和变质损失　　　　　　D. 仓库折旧费

10. 下列关于随机模型的说法中,不正确的有(　　　)。

　　A. 企业现金余额偏离现金回归线时,需要进行现金和有价证券的转换

　　B. 当现金余额达到上限时,则将部分现金转换为有价证券

　　C. 当现金余额下降到下限时,则卖出部分证券

　　D. 随机模型计算出来的现金持有量比较激进

三、判断题

1. 如果销售额不稳定且难以预测,则企业应保持较高的流动资产水平。　　　　(　　　)

2. 根据期限匹配融资战略,固定资产比重较大的上市公司主要应通过长期负债和发行股票筹集资金。　　　　　　　　　　　　　　　　　　　　　　　　　　　(　　　)

3. 营运资金具有多样性、波动性、短期性、变动性和不易变现性等特点。　(　　　)

4. 在随机模型下,当现金余额在最高控制线和最低控制线之间波动时,表明企业现金持有量处于合理区域,无须调整。　　　　　　　　　　　　　　　　　　　(　　　)

5. 企业内部银行是一种经营部分银行业务的非银行金融机构,需要经过中国人民银行审核批准才能设立。　　　　　　　　　　　　　　　　　　　　　　　　　　(　　　)

6. 企业采用严格的信用标准,虽然会增加应收账款的机会成本,但能扩大商品销售额,从而给企业带来更多的收益。　　　　　　　　　　　　　　　　　　　　　(　　　)

7. 存货管理的目标是在保证生产和销售需要的前提下,最大限度地降低存货成本。　　　　　　　　　　　　　　　　　　　　　　　　　　　　　　　　(　　　)

8. 企业的存货总成本随着订货批量的增加而成正方向变化。　　　　　　(　　　)

9. 某企业年初从银行贷款 200 万元,期限为 1 年,年利率为 8%,按照贴现法付息,则年末应偿还的金额为 216 万元。　　　　　　　　　　　　　　　　　　(　　　)

第八章
旅游企业利润分配

贵州茅台酒股份有限公司 2020 年年度权益分派实施公告

重要内容提示：

· 每股分配比例

A 股每股现金红利 19.293 元(含税)

· 相关日期

股份类别	股权登记日	最后交易日	除权(息)日	现金红利发放日
A 股	2021/6/24	—	2021/6/25	2021/6/25

· 差异化分红送转：否

一、通过分配方案的股东大会届次和日期

本次利润分配方案经公司 2021 年 6 月 9 日的 2020 年年度股东大会审议通过。

二、分配方案

（一）发放年度

2020 年年度

（二）分派对象

截至股权登记日下午上海证券交易所收市后,在中国证券登记结算有限责任公司上海分公司(以下简称"中国结算上海分公司")登记在册的本公司全体股东。

（三）分配方案

本次利润分配以方案实施前的公司总股本 1 256 197 800 股为基数,每股派发现金红利 19.293 元(含税),共计派发现金红利 24 235 824 155.40 元。

三、相关日期

股份类别	股权登记日	最后交易日	除权(息)日	现金红利发放日
A 股	2021/6/24	—	2021/6/25	2021/6/25

四、分配实施办法

（一）实施办法

除公司自行发放现金红利的股东外,其他股东的现金红利委托中国结算上海分公司通过其资金清算系统向股权登记日上海证券交易所收市后登记在册并在上海证券交易所各会员办理了指定交易的股东派发。已办理指定交易的投资者可于红利发放日在其指定的证券营业部领取现金红利,未办理指定交易的股东红利暂由中国结算上海分公司保管,待办理指定交易后再进行派发。

（二）自行发放对象

股东中国贵州茅台酒厂（集团）有限责任公司、贵州茅台酒厂集团技术开发公司的现金红利由本公司自行发放。

（三）扣税说明

（1）对于持有公司股份的个人股东和证券投资基金,根据《关于上市公司股息红利差别化个人所得税政策有关问题的通知》（财税〔2015〕101 号）和《关于实施上市公司股息红利差别化个人所得税政策有关问题的通知》（财税〔2012〕85 号）的规定,从公开发行和转让市场取得的公司股票,持股期限超过 1 年的,股息红利所得暂免征收个人所得税,每股派发现金红利人民币 19.293 元;持股 1 年以内（含 1 年）的,公司暂不扣缴个人所得税,每股派发现金红利人民币 19.293 元,待转让股票时,中国结算上海分公司根据其持股期限计算应纳税额,由证券公司等股份托管机构从个人资金账户中扣收并划付中国结算上海分公司,中国结算上海分公司于次月 5 个工作日内划付本公司,本公司在收到税款当月的法定申报期内向主管税务机关申报缴纳。具体实际税负为:持股期限在 1 个月以内（含 1 个月）的,其股息红利所得全额计入应纳税所得额,实际税负为 20%;持股期限在 1 个月以上至 1 年（含 1 年）的,暂减按 50% 计入应纳税所得额,实际税负为 10%。

（2）对于合格境外机构投资者（QFII）股东,根据《关于中国居民企业向 QFII 支付股息、红利、利息代扣代缴企业所得税有关问题的通知》（国税函〔2009〕47 号）的规定,按 10% 的税率代扣代缴企业所得税后,每股派发现金红利人民币 17.363 7 元;如该类股东认为其取得的股息红利收入需要享受税收协定（安排）待遇的,可按照相关规定在取得股息红利后自行向主管税务机关提出申请。

（3）对于通过沪港通投资公司股份的中国香港市场投资者（包括企业和个人）,其股息红利将由公司通过中国结算上海分公司按股票名义持有人账户以人民币派发,根据《关于沪港股票市场交易互联互通机制试点有关税收政策的通知》（财税〔2014〕81 号）的规定,按照 10% 的税率代扣代缴所得税后,每股派发现金红利人民币 17.363 7 元。

（4）对于其他机构投资者和法人股东,公司将不代扣代缴企业所得税,每股派发现金红利人民币 19.293 元。

五、有关咨询办法

联系部门:公司董事会办公室

联系电话:0851-22386002

特此公告。

贵州茅台酒股份有限公司董事会
2021 年 6 月 21 日

（资料来源:巨潮资讯网.贵州茅台酒股份有限公司 2020 年年度权益分派实施公告〔R/OL〕. http://static.cninfo.com.cn/finalpage/2021-06-21/1210293974.PDF.（2021-6-21）〔2022-11-15〕.）

第一节　旅游企业利润分配的内容

学习目标

（1）掌握旅游企业利润的构成。

（2）了解旅游企业利润分配项目。

（3）了解旅游企业利润分配的顺序。

一、旅游企业利润及其构成

（一）旅游企业利润

旅游企业利润是指旅游企业从事旅游经营活动所获得的收入扣除全部成本、费用和税金之后中的余额，包括营业利润、利润总额和净利润。

利润是旅游企业在一定时期内生产经营活动的最终财务成果，是用货币形式反映的旅游企业生产经营活动的效率和效益的最终体现。它不仅是反映旅游企业经营状况的一个基本指标，也是考核、衡量旅游企业经营成果与经济效益最重要的标准。旅游企业生产经营活动的主要目的，就是要不断提高旅游企业的盈利水平，增强获利能力，也只有最大限度地获取利润，才能在市场经济中求得生存发展。因此，旅游企业利润水平的高低不仅反映旅游企业的盈利水平，而且反映旅游企业在市场中的生存和竞争能力。

（二）旅游企业利润构成

旅游企业的利润有利润总额和净利润之分，利润总额一般包括营业利润、投资净收益、营业外收支净额、补贴收入和以前年度损益调整。净利润又称税后利润，是旅游企业纳税后形成的利润，是旅游企业所有者权益的组成部分，也是企业进行利润分配的依据。

1. 营业利润

营业利润是指旅游企业从事经营活动所产生的利润，是企业经营活动的主要经营成果，也是企业利润总额的主要组成部分，指企业营业收入减去营业成本，减去销售费用、管理费用和财务费用等期间费用，再扣除上交国家的各种流转税金（例如，营业税金及附加等）、资产减值损失以及加减公允价值变动损益、投资损益后的余额。通过营业利润指标，可以较为恰当地反映企业管理者的经营业绩，有助于投资者、债权人进行盈利预测，并做出正确决策。营业利润的计算公式为

营业利润＝营业收入－营业成本－营业税金及附加－销售费用－管理费用－财务费用
　　　　　－资产减值损失＋公允价值变动损益＋投资收益

式中：营业税金及附加是旅游企业应承担的流转税，包括增值税、消费税、城市维护建设税及教育费附加等。注意此项内容不含所得税。

销售费用是指旅游企业在销售产品、提供劳务等日常经营过程中发生的各项费用以及

专设销售机构的各项经费。管理费用是指旅游企业行政管理部门为管理和组织经营活动而发生的各项费用。财务费用是指旅游企业为筹集资金而发生的各项费用。

资产减值损失是指旅游企业在资产负债表日,经过对资产的测试,判断资产的可收回金额低于其账面价值而计提资产减值损失准备所确认的相应损失。企业所有的资产在发生减值时,原则上都应当对所发生的减值损失及时加以确认和计量,因此,资产减值包括所有资产的减值。

公允价值变动损益是指旅游企业以各种资产,如投资性房地产、债务重组、非货币交换、交易性金融资产等公允价值变动形成的应计入当期损益的利得或损失。即公允价值与账面价值之间的差额。该项目反映了资产在持有期间因公允价值变动而产生的损益。

投资收益是指旅游企业或个人对外投资所得的收入(所发生的损失为负数),如旅游企业对外投资取得股利收入、债券利息收入以及与其他单位联营所分得的利润等。是对外投资所取得的利润、股利和债券利息等收入减去投资损失后的净收益。

2. 利润总额

利润总额是企业经营成果的综合反映,是旅游企业在一定时期内已实现的全部利润,它反映了企业全部经济活动取得的成果。利润总额的计算公式为

$$利润总额＝营业利润＋营业外收入－营业外支出$$

营业外收入是指那些与旅游企业经营活动没有直接关系的各项收入,包括固定资产盘盈净收入、出售固定资产净收益、罚款收入以及教育费附加返还款等。

营业外支出是指那些与旅游企业生产经营活动没有直接关系的各项支出,包括固定资产盘亏、报废、毁损和出售的净损失、债务重组损失、非正常损失、公益救济性捐赠、赔偿金、违约金等。

3. 净利润

净利润是指利润总额减去所得税后的利润。净利润的计算公式为

$$净利润＝利润总额－所得税$$

相关链接

中国中免 2020 年度营利情况

中国免税品(集团)有限责任公司(简称中国中免)2020 年年归属于上市公司股东的净利润约为 61.40 亿元,同比增长 32.57%;营业收入约为 525.97 亿元,同比增长 8.2%;基本每股收益盈利利 3.14 元,同比增长 32.56%。2020 年度拟 10 派 10 元(含税)。

2020 年年报显示,中国中免的主营业务为商品销售业,占营收比例为:99.0%。

(资料来源:每日经济新闻．中国中免:2020 年度净利润约 61.40 亿元,同比增长 32.57%,拟 10 派 10 元[R/OL]. https://www.163.com/dy/article/G84IQ9AC0512B07B.html.(2021-4-21)[2022-11-15].)

二、旅游企业利润分配的项目

支付股利是一项税后净利润的分配,但不是利润分配的全部。按照我国

微课

的《中华人民共和国公司法》的规定,公司利润分配的项目包括以下部分。

第一,法定公积金。法定公积金从净利润中提取形成,用于弥补公司亏损、扩大公司生产经营或者转为增加公司资本。公司分配当年税后利润时应当按照10%的比例提取法定公积金;当公积金累计额达到公司注册资本的50%时,可不再继续提取。任意公积金的提取由股东会根据需要决定。

第二,股利(向投资者分配的利润)。公司由股东(投资者)支付股利(分配利润)要在提取公积金之后。股利(利润)的分配应以各股东(投资者)持有股份(投资额)的数额为依据,每一股东(投资者)取得的股利(分得的利润)与其持有的股份数(投资额)成正比。股份有限公司原则上应从累计盈利中分派股利,无盈利不得支付股利,即所谓"无利不分"的原则。但若公司用公积金抵补亏损以后,为维护其股票信誉,经股东大会特别决议,也可用公积金支付股利,不过这样支付股利后留存的法定公积金不得低于转增前公司注册资本的25%。

三、利润分配的顺序

公司向股东(投资者)分派股利(分配利润),应按一定的顺序进行。按照《中华人民共和国公司法》的有关规定,利润分配应按下列顺序进行。

第一,计算可供分配的利润。将本年净利润(或亏损)与年初未分配利润(或亏损)合并,计算出可供分配的利润。如果可供分配的利润为负数(即亏损),则不能进行后续分配;如果可供分配利润为正数(即本年累计盈利),则进行后续分配。

第二,计提法定公积金。按抵减年初累计亏损后的本年净利润计提法定公积金。提取公积金的基数不一定是可供分配的利润,也不一定是本年的税后利润。只有不存在年初累计亏损时,才能按年税后利润计算应提取数。这种"补亏"是按账面数字进行的,与所得税法的亏损后转无关,关键在于不能用资本发放股利,也不能在没有累计盈余的情况下提取公积金。

第三,计提任意公积金。

第四,向股东(投资者)支付股利(分配利润)。

公司股东会或董事会违反上述利润分配顺序,在抵补亏损和提取法定公积金之前向股东分配利润的,必须将违反规定发放的利润退还公司。

? 思考

(1) 利润分配的项目有哪些?

(2) 利润分配的顺序是什么?

第二节　旅游企业股利支付的程序和方式

微课

学习目标

(1) 了解旅游企业股利支付程序。

(2) 了解旅游企业股利支付方式。

一、旅游企业股利支付程序

股份有限公司向股东支付股利,其过程主要包括股利宣告日、股权登记日和股利支付日。

(1) 股利宣告日:即公司董事会将股利支付情况予以公告的日期。公告中将宣布每股支付的股利、股权登记期限、股利支付日期等事项。

(2) 股权登记日:即有权领取股利的股东有资格登记截止日期。只有在股权登记日前在公司股东名册上登记的股东,才有权分享股利。

(3) 股利支付日:即向股东发放股利的日期。

股利支付程序可举例说明。

例 8-1

假定东海旅游公司 20×8 年 11 月 15 日发布公告:"本公司董事会在 20×8 年 11 月 15 日的会议上决定,本年度发放每股为 5 元的股利;本公司将于 20×9 年 1 月 2 日将上述股利支付给已在 20×8 年 12 月 15 日登记为本公司股东的人士。"

20×8 年 11 月 15 日为东海旅游公司的股利宣告日;20×8 年 12 月 15 日为其股权登记日;20×9 年 1 月 2 日则为其股利支付日。

二、旅游企业股利支付方式

股利支付方式有多种,常见的有现金股利、财产股利、负债股利、股票股利等。

(1) 现金股利是以现金支付的股利,它是股利支付的主要方式。公司支付现金股利除了要有累计盈余(特殊情况下可用弥补亏损后的盈余公积金支付)外,还要有足够的现金,因此公司在支付现金股利前需筹备充足的现金。

(2) 财产股利是以现金以外的资产支付的股利,主要是以公司所拥有的其他企业的有价证券,如债券、股票等,作为股利支付给股东。

(3) 负债股利是公司以负债支付的股利,通常以公司的应付票据支付给股东,在不得已的情况下也有发行公司债券抵付股利的。财产股利和负债股利实际上是现金股利的替代。这两种股利方式目前在我国公司运营中很少使用,但并非法律所禁止。

(4) 股票股利是公司以增发的股票作为股利的支付方式。

相关链接

中国中免分红记录

分红年度	除权除息日	分　配　方　案
2020 年	2021/6/22	每 10 股派息 10.0 元

续表

分红年度	除权除息日	分 配 方 案
2019 年	2020/7/16	每 10 股派息 7.2 元
2018 年	2019/6/24	每 10 股派息 5.5 元
2017 年	2018/6/22	每 10 股派息 5.2 元
2016 年	2017/6/16	转增 10 股;每 10 股派息 10.0 元
2015 年	2016/6/3	每 10 股派息 5.0 元
2014 年	2015/7/14	每 10 股派息 4.6 元
2013 年	2014/6/24	每 10 股派息 4.0 元
2012 年	2013/5/22	每 10 股派息 3.5 元
2011 年	2012/6/6	每 10 股派息 1.0 元
2010 年	2011/6/22	每 10 股派息 1.0 元

(资料来源:搜狐证券. 中国中免分红送配记录[R/OL]. https://q. stock. sohu. com/cn/601888/fhsp. shtml. (2022-07-30)[2022-11-15].)

思考

(1) 股利支付的程序是什么?
(2) 股利支付的方式有哪几种?

第三节　股利分配政策

学习目标

(1) 理解股利分配理论。
(2) 掌握几种股利分配政策的优缺点。
(3) 理解股利分配的制约因素。

一、股利理论

股利分配作为财务管理的一部分,同样要考虑其对公司价值的影响。在股利分配对公司价值的影响这一问题上,存在不同的观点。

(一) 股利无关论

股利无关论认为股利分配对公司的市场价值(或股票价格)不会产生影响。这一理论建立在这样一些假定之上,例如,不存在个人或公司所得税;不存在股票的发行和交易费用(即不存在股票筹资费用);公司的投资决策与股利决策彼此独立(即投资决策不受股利分配的影响);公司的投资者和管理当局可相同地获得关于未来投资机会的信息。上述假定描述的是一种完美无缺的市场,因而股利无关论又被称为完全市场理论。股利无关论主要有以下两个观点。

1. 投资者并不关心公司股利的分配

若公司留存较多的利润用于再投资,会导致公司股票价格上升;此时尽管股利较低,但需用现金的投资者可以出售股票换取现金。若公司发放较多的股利,投资者又可以用现金再买入一些股票以扩大投资。也就是说,投资者对股利和资本利得并无偏好。

2. 股利的支付比率不影响公司的价值

既然投资者不关心股利的分配,公司的价值就完全由其投资的获利能力所决定,公司的盈余在股利和保留盈余之间的分配并不影响公司的价值(即使公司有理想的投资机会而又支付了高额股利,也可以募集新股,新投资者会认可公司的投资机会)。

(二) 股利相关论

与股利无关理论相反,股利相关理论认为,企业的股利政策会影响股票价格和公司价值。主要观点有以下几种。

(1) "手中鸟"理论。"手中鸟"理论认为,用留存收益再投资给投资者带来的收益具有较大的不确定性,并且投资的风险随着时间的推移会进一步加大,因此,厌恶风险的投资者会偏好确定的股利收益,而不是将收益留存在公司内部以承担未来的投资风险。该理论认为公司的股利政策与公司的股票价格是密切相关的,即当公司支付较高的股利时,公司的股票价格会随之上升,公司价值将得到提高。

(2) 信号传递理论。信号传递理论认为,在信息不对称的情况下,公司可以通过股利政策向市场传递有关公司未来获利能力的信息,从而会影响公司的股价。一般来讲,预期未来获利能力强的公司,往往愿意通过相对较高的股利支付水平把自己同预期获利能力差的公司区别开来,以吸引更多的投资者。对于市场上的投资者来讲,股利政策的差异或许是反映公司预期获利能力的有价值的信号。如果公司连续保持较为稳定的股利支付水平,那么,投资者就可能对公司未来的盈利能力与现金流量抱有乐观的预期。另外,如果公司的股利支付水平在过去一个较长的时期内相对稳定,而现在却有所变动,投资者将会把这种现象看作公司管理当局将要改变公司未来收益率的信号,股票市价将会对股利的变动做出反应。

(3) 所得税差异理论。所得税差异理论认为,由于普遍存在的税率以及纳税时间的差异,资本利得收益比股利收益更有助于实现收益最大化目标,因此,公司应当采用低股利政策。一般来说,对资本利得收益征收的税率低于对股利收益征收的税率;另外,即使两者没有税率上的差异,由于投资者对资本利得收益的纳税时间选择更具有弹性,投资者仍可以享受延迟纳税带来的收益差异。

(4) 代理理论。代理理论认为,股利政策有助于减缓管理者与股东之间的代理冲突,即股利政策是协调股东与管理者之间代理关系的一种约束机制。该理论认为,股利的支付能够有效地降低代理成本。首先,股利的支付减少了管理者对自由现金流量的支配权,这在一定程度上可以抑制公司管理者的过度投资或在职消费行为,从而保护外部投资者的利益;其次,较多的现金股利发放,减少了内部融资,导致公司进入资本市场寻求外部融资,从而公司将接受资本市场上更多的、更严格的监督,这样便通过资本市场的监督减少了代理成本。因此,高水平的股利政策降低了企业的代理成本,但同时增加了外部融资成本,理想的股利政策应当使两种成本之和最小。

微课

二、股利政策

股利政策是由企业在不违反国家有关法律、法规的前提下,根据企业具体情况制定的。股利政策既要保持相对稳定,又要符合公司财务目标和发展目标。在实际工作中,通常有以下几种股利政策可供选择。

(一)剩余股利政策

剩余股利政策就是在公司有着良好的投资机会时,根据一定的目标资本结构(最佳资本结构),测算出投资所需的权益资本,即先从盈余当中留用,然后将剩余的盈余作为股利予以分配。剩余股利政策的理论依据是股利无关理论,根据股利无关理论,在完全理想的资本市场中,公司的股利政策与普通股每股市价无关,故而股利政策只需随着公司投资、融资方案的制定而自然确定。因此,采用剩余股利政策时,公司要遵循如下四个步骤。

(1) 设定目标资本结构,在此资本结构下,公司的加权平均资金成本将达最低水平。

(2) 确定公司的最佳资本预算,并根据公司的目标资本结构预计资金需求中所需增加的权益资本数额。

(3) 最大限度地使用留存收益来满足资金需求中所需增加的权益资本数额。

(4) 留存收益在满足公司权益资本增加需求后,若还有剩余再用来发放股利。

例 8-2

某旅游公司 2019 年税后净利润为 2 000 万元,2020 年的投资计划需要资金 2 400 万元,公司的目标资本结构为权益资本占 60%,债务资本占 40%。

按照目标资本结构的要求,公司投资方案所需的权益资本数额为

$$2\,400 \times 60\% = 1\,440(万元)$$

公司当年全部可用于分旅的盈利为 2 000 万元,除了满足上述投资方案所需的权益资本数额外,还有剩余可用于发放股利。2019 年,公司可以发放的股利额为

$$2\,000 - 1\,440 = 560(万元)$$

假设该公司当年流通在外的普通股为 1 000 万股,那么,每股股利为

$$560 \div 1\,000 = 0.56(元/股)$$

剩余股利政策的优点是,留存收益优先满足再投资需要的权益资金,有助于降低再投资的资金成本,保持最佳的资本结构,实现企业价值的长期最大化。

剩余股利政策的不足是,若完全遵照执行剩余股利政策,股利发放额就会每年随着投资机会和盈利水平的波动而波动。在盈利水平不变的前提下,股利发放额与投资机会的多寡呈反方向变动;而在投资机会维持不变的情况下,股利发放额将与公司盈利呈同方向波动。剩余股利政策不利于投资者安排收入与支出,也不利于公司树立良好的形象,一般适用于公司初创阶段。

（二）固定或稳定增长的股利政策

固定或稳定增长的股利政策是指公司将每年派发的股利额固定在某一特定水平或是在此基础上维持某一固定逐年稳定增长。公司只有在确信未来盈余不会发生逆转时才会宣布实施固定或稳定增长的股利政策。在这一政策下，应首先确定股利分配额，而且该分配额一般不随资金需求的波动而波动。

1. 固定或稳定增长股利政策的优点

（1）稳定的股利向市场传递着公司正常发展的信息，有利于树立公司的良好形象，增强投资者对公司的信心和保持稳定股票的价格。

（2）稳定的股利额有助于投资者安排股利收入和支出，有利于吸引那些打算进行长期投资并对股利有很高依赖性的股东。

（3）固定或稳定增长的股利政策可能会不符合剩余股利理论，但考虑到股票市场会受多种因素影响（包括股东的心理状态和其他要求），为了使股利维持在稳定的水平上，即使推迟某些投资方案或者暂时偏离目标资本结构，也可能要比降低股利或降低股利增长率更为有利。

2. 固定或稳定增长股利政策的缺点

股利的支付与企业的盈利相脱节，即不论公司盈利多少，均要支付固定的或按固定增长的股利，这可能会导致企业资金紧缺，财务状况恶化。此外，在企业无利可分的情况下，若依然实施固定或稳定增长的股利政策，是违反《中华人民共和国公司法》的行为。

因此，采用固定或稳定增长的股利政策，要求公司对未来的盈利和支付能力能作出准确的判断。一般来说，公司确定的固定股利额不宜太高，以免陷入无力支付的被动局面。固定或稳定增长的股利政策通常适用于经营比较稳定或正处于成长期的企业，但很难被长期采用。

（三）固定股利支付率政策

固定股利支付率政策是指公司将每年净利润的某一固定百分比作为股利分派给股东，该百分比通常称为股利支付率。股利支付率一经确定，一般不得随意变更。在某一股利政策下，只要公司的税后利润一经计算确定，所派发的股利也就相应确定了。固定股利支付率越高，公司留存的净利润越少。

1. 固定股利支付率政策的优点

（1）采用固定股利支付率政策，股利与公司盈余紧密地配合，体现了"多盈多分、少盈少分、无盈不分"的股利分配原则。

（2）由于公司的获利能力在年度间是经常变动的，因此，每年的股利也应随着公司收益的变动而变动。采用固定股利支付率政策，公司每年按固定的比例从税后利润中支付现金股利，从企业的支付能力的角度看，这也是一种稳定的股利政策。

2. 固定股利支付率政策的缺点

（1）大多数公司每年的收益很难保持稳定不变，导致年度间的股利额波动较大，由于股利的信号传递作用，波动的股利很容易给投资者带来经营状况不稳定、投资风险较大的不良印象,成为影响股价的不利因素。

(2) 容易使公司面临较大的财务压力。这是因为公司实现的盈利多,并不能代表公司有足够的现金流用来支付较多的股利额。

(3) 合适的固定股利支付率的确定难度比较大。

由于公司每年面临的投资机会、筹资渠道都不同,而这些都可以影响公司的股利分派,所以,一成不变地奉行固定股利支付率政策的公司在实际中并不多见,固定股利支付率政策只是较适用于那些处于稳定发展且财务状况也较稳定的公司。

例 8-3

某旅游公司长期以来用固定股利支付率政策进行股利分配,确定的股利支付率为 40%。2019 年税后净利润为 2 500 万元,如果仍然继续执行固定股利支付率政策,公司 2019 年度将要支付的股利为

$$2\,500 \times 40\% = 1\,000(万元)$$

但公司 2020 年度有较大的投资需求,因此,准备 2019 年度采用剩余股利政策,如果公司 2020 年度的投资预算为 3 000 万元,目标资本结构为权益资本占 60%。按照目标资本结构的要求,公司投资方案所需的权益资本额为

$$3\,000 \times 60\% = 1\,800(万元)$$

公司 2019 年度可以发放的股利为

$$2\,500 - 1\,800 = 700(万元)$$

(四) 低正常股利加额外股利政策

低正常股利加额外股利政策,是指公司事先设定一个较低的正常股利额,每年除了按正常股利额向股东发放股利外,还在公司盈余较多、资金较为充裕的年份向股东发放额外股利。但是,额外股利并不固定化,不意味着公司永久地提高了股利支付额。可以用以下公式表示:

$$Y = a + bX$$

式中:Y 表示每股股利;X 表示每股收益;a 表示每股低正常股利;b 表示额外股利支付比率。

1. 低正常股利加额外股利政策的优点

(1) 赋予公司较大的灵活性,使公司在股利发放上留有余地,并具有较大的财务弹性。公司可根据每年的具体情况,选择不同的股利发放水平,以稳定和提高股价,进而实现公司价值的最大化。

(2) 使依靠股利度日的股东每年至少可以得到虽然较低但比较稳定的股利收入,从而吸引住这部分股东。

2. 低正常股利加额外股利政策的缺点

(1) 由于各年度之间公司盈利的波动使得额外股利不断变化,造成分派的股利不同,容易给投资者造成收益不稳定的感觉。

(2) 当公司在较长时间持续发放额外股利后,可能会被股东误认为"正常股利",一旦取消,传递出的信号可能会使股东认为这是公司财务状况恶化的表现,进而导致股价下跌。

相对来说,对那些盈利随着经济周期而波动较大的公司或者盈利与现金流量很不稳定

时,低正常股利加额外股利政策也许是一种不错的选择。

> **相关链接**

张家界旅游股份有限公司利润分配政策

张家界旅游股份有限公司报告期内利润分配政策特别是现金分红政策的制定、执行或调整情况现行公司章程对现金分红作了明确规定。根据公司章程第一百七十条、一百七十一条规定,公司重视对投资者的合理投资回报,公司的利润分配政策如下。

(1) 公司董事会根据实际经营情况,可以进行中期分配。非因特别事由(如公司进行重大资产重组等),公司不进行除年度和中期分配以外其他期间的利润分配。

(2) 公司现金分红政策、利润分配政策应保持连续性和稳定性,最近3年以现金方式累计分配的利润不少于最近3年实现的年均可分配利润的30%。

(3) 公司利润分配不得超过累计可分配利润的范围。

(4) 公司股东大会对利润分配方案作出决议后公司董事会须在股东大会召开后两个月内完成股利(或股份)的派发事项。纳税后的公司利润,按以下顺序分配。

① 弥补上一年度的亏损。

② 提取法定公积金10%。

③ 提取任意公积金。

④ 根据公司实际情况支付股东股利。

(根据中国证监会颁布的《上市公司监管指引第3号上市公司现金分红》规定,修改章程。)

(资料来源:王棣华. 财务管理案例解析[M]. 北京:中国市场出版社,2014.)

三、利润分配制约因素

企业的利润分配涉及企业相关各方的切身利益,受众多不确定因素的影响,在确定分配政策时,应当考虑各种相关因素的影响,主要包括法律、公司、股东及其他因素。

(一)法律因素

为了保护债权人和股东的利益,法律法规就公司的利润分配做出了以下规定。

1. 资本保全约束

规定公司不能用资本(包括实收资本或股本和资本公积)发放股利,目的在于维持企业资本的完整性,防止企业任意减少资本结构中的所有者权益的比例,保护企业完整的产权基础,保障债权人的利益。

2. 资本积累约束

规定公司必须按照一定的比例和基数提取各种公积金,股利只能从企业的可供股东分配利润中支付。此处可供股东分配利润包含公司当期的净利润按照规定提取各种公积金后的余额和以前累积的未分配利润。另外,在进行利润分配时,一般应当贯彻"无利不分"的原则,即当企业出现年度亏损时,一般不进行利润分配。

3. 超额累积利润约束

由于资本利得与股利收入的税率不一致,如果公司为了股东避税而使盈余的保留大大超过了公司目前及未来的投资需求时,将被加征额外的税款。

4. 偿债能力约束

偿债能力是企业按时、足额偿付各种到期债务的能力。如果当期没有足够的现金派发股利,则不能保证企业在短期债务到期时有足够的偿债能力,这就要求公司考虑现金股利分配对偿债能力的影响,确定在分配后仍能保持较强的偿债能力,以维持公司的信誉和借贷能力,从而保证公司正常的资金周转。

(二)公司因素

公司基于短期经营和长期发展的考虑,在确定利润分配政策时,需要关注以下因素。

1. 现金流量

由于会计规范的要求和核算方法的选择,公司盈余与现金流量并非完全同步,净收入的增加不一定意味着可供分配的现金流量的增加。公司在进行利润分配时,要保证正常的经营活动对现金的需求,以维持资金的正常周转,使生产经营得以有序进行。

2. 资产的流动性

企业现金股利的支付会减少其现金持有量,降低资产的流动性,而保持一定的资产流动性是企业正常运转的必备条件。

3. 盈余的稳定性

企业的利润分配政策在很大程度上会受盈利稳定性的影响。一般来讲,公司的盈余越稳定,其股利支付水平也就越高。对于盈利不稳定的公司,可以采用低股利政策。

4. 投资机会

如果公司的投资机会多,对资金的需求量大,那么很可能会考虑采用低股利支付水平的分配政策;相反,如果公司的投资机会少,对资金的需求量小,那就很可能倾向于采用较高的股利支付水平的分配政策。此外,如果公司将留存收益用于再投资所得报酬低于股东个人单独将股利收入投资于其他投资机会所得的报酬时,公司就不应多留留存收益,而应多发放股利,这样有利于股东价值的最大化。

5. 筹资因素

如果公司具有较强的筹资能力,随时能筹集到所需资金,那么它会具有较强的股利支付能力。另外,留存收益是企业内部筹资的一种重要方式,它同发行新股或举债相比,不需花费筹资费用,同时增加了公司权益资本的比重,降低了财务风险,便于以低成本取得债务资本。

6. 其他因素

由于股利的信号传递作用,公司不宜经常改变其利润分配政策,应保持一定的连续性和稳定性。此外,利润分配政策还会受其他因素的影响,如不同发展阶段、不同行业的公司股利支付比例会有差异,这就要求公司在进行政策选择时要考虑发展阶段以及所处行业状况。

(三)股东因素

股东在控制权、收入和税负方面的考虑也会对公司的利润分配政策产生影响。

1. 控制权

现有股东往往将股利政策作为维持其控制地位的工具。公司支付较高的股利会导致留存收益减少,当公司为有利可图的投资机会筹集所需资金时,发行新股的可能性增大,新股东的加入必然稀释现有股东的控制权。所以,股东会倾向于较低的股利支付水平,以便从内部的留存收益中取得所需资金。

2. 稳定的收入

如果股东依赖现金股利维持生活,他们往往要求公司能够支付稳定的股利,而反对留存过多的利润。还有一些股东认为通过增加留存收益引起股价上涨而获得的资本利得是有风险的,而目前的股利是确定的,即便是现在较少的股利,也强于未来的资本利得,因此他们往往也要求较多的股利支付。

3. 避税

政府对企业利润征收所得税以后,还要对自然人股东征收个人所得税,股利收入的税率要高于资本利得的税率。一些高股利收入的股东出于避税的考虑,往往倾向于较低的股利支付水平。

(四) 其他因素

1. 债务契约

一般来说,股利支付水平越高,留存收益越少,公司的破产风险加大,就越有可能损害债权人的利益。因此,为了保证自己的利益不受侵害,债权人通常都会在债务契约、租赁合同中加入关于借款公司股利政策的限制条款。

2. 通货膨胀

通货膨胀会带来货币购买力水平下降,导致固定资产重置资金不足,此时,企业往往不得不考虑留用一定的利润,以便弥补由于购买力下降而造成的固定资产重置资金缺口。因此,在通货膨胀时期,企业一般会采取偏紧的利润分配政策。

？思考

(1) 比较四种股利政策的优缺点。

(2) 股利分配受哪些限制因素影响?

第四节　股票股利和股票分割

学习目标

(1) 理解股票股利对公司的影响。

(2) 了解股票分割对公司的意义。

(3) 理解股票回购的含义与方式。

一、股票股利

股票股利是公司以增发股票的方式所支付的股利,我国实务中通常也称其为"红股"。发放股票股利对公司来说,并没有现金流出企业,也不会导致公司的财产减少,而只是将公司的未分配利润转化为股本和资本公积。但股票股利会增加流通在外的股票数量,同时降低股票的每股价值。它不改变公司股东权益总额,但会改变股东权益的构成。

例 8-4

某旅游上市公司在 2019 年发放股票股利前,其资产负债表上的股东权益账户情况如表 8-1 所示。

表 8-1　股东权益情况　　　　　　　　　　　　　单位:万元

股本(面值 1 元,发行在外 2 000 万股)	2 000
资本公积	3 000
盈余公积	2 000
未分配利润	3 000
股东权益合计	10 000

假设该公司宣布发放 10%的股票股利,现有股东每持有 10 股即可获赠 1 股普通股。若该股票当时市价为 5 元,那么随着股票股利的发放,需从"未分配利润"项目划转出的资金为

$$2\,000 \times 10\% \times 5 = 1\,000\,(万元)$$

由于股票面值(1 元)不变,发放 200 万股,"股本"项目应增加 200 万元,其余的 800 万元(1 000－200)应作为股票溢价转至"资本公积"项目,而公司的股东权益总额并未发生改交,仍是 10 000 万元,股票股利发放后资产负债表上的股东权益部分如表 8-2 所示。

表 8-2　发放股票股利后股东权益情况　　　　　　　单位:万元

股本(面值 1 元,发行在外 2 200 万股)	2 200
资本公积	3 800
盈余公积	2 000
未分配利润	2 000
股东权益合计	10 000

假设一位股东派发股票股利之前持有公司的普通股为 10 万股,那么,他所拥有的股权比例为

$$10 \div 2\,000 \times 100\% = 0.5\%$$

派发股利之后,他所拥有的股票数量和股份比例为

$$10×(1＋10\%)＝11(万股)$$
$$11÷2\ 200×100\%＝0.5\%$$

可见,发放股票股利不会对公司股东权益总额产生影响,但会引起资金在各股东权益项目间的再分配,而且股票股利派发前后每一位股东的持股比例也不会发生变化。需要说明的是,本例中股票股利以市价计算价格的做法,是很多西方国家所通行的,但在我国,股票股利价格则是按照股票面值来计算的。

发放股票股利虽不直接增加股东的财富,也不增加公司的价值,但对股东和公司都有特殊意义。

1. 股票对股东的意义

(1)理论上,派发股票股利后,每股市价会成反比例下降,但实际中这并非必然结果。因为市场和投资者普遍认为,发放股票股利往往预示着公司会有较大的发展和成长,这样的信息传递会稳定股价或使股价下降比例减小,甚至不降反升,股东便可以获得股票价值相对上升的好处。

(2)由于股利收入和资本利得税率的差异,如果股东把股票股利出售,还会给他带来资本利得纳税上的好处。

2. 股票股利对公司的意义

(1)发放股票股利不需要向股东支付现金,在再投资机会较多的情况下,公司就可以为再投资提供成本较低的资金,从而有利于公司的发展。

(2)发放股票股利可以降低公司股票的市场价格,既有利于促进股票的交易和流通,又有利于吸引更多的投资者成为公司股东,进而使股权更为分散,有效地防止公司被恶意控制。

(3)股票股利的发放可以传递公司未来发展前景良好的信息,从而增强投资者的信心,在一定程度上稳定股票价格。

二、股票分割与股票回购

(一)股票分割

1. 股票分割的概念

股票分割又称拆股,即将一股股票拆分成多股股票的行为。股票分割一般只会增加发行在外的股票总数,但不会对公司的资本结构产生任何影响。股票分割与股票股利非常相似,都是在不增加股东权益的情况下增加了股份的数量,所不同的是,股票股利虽不会引起股东权益总额的改变,但股东权益的内部结构会发生变化,而股票分割之后,股东权益总额及其内部结构都不会发生任何变化,变化的只是股票面值。

2. 股票分割的作用

(1)降低股票价格。股票分割会使每股市价降低,买卖该股票所需资金量减少,从而可以促进股票的流通和交易。流通性的提高和股东数量的增加,会在一定程度上加大对公司股票恶意收购的难度。此外,降低股票价格还可以为公司发行新股做准备,因为股价太高会使许多潜在投资者力不从心而不敢轻易对公司股票进行投资。

(2)向市场和投资者传递"公司发展前景良好"的信号,有助于提高投资者对公司股票的信心。

(二)股票回购

1. 股票回购的含义及方式

股票回购是指上市公司出资将其发行在外的普通股以一定价格购买回来予以注销或作为库存股的一种资本运作方式。《中华人民共和国公司法》规定,公司有下列情形之一的,可以收购本公司股份。

(1)减少公司注册资本。

(2)与持有本公司股份的其他公司合并。

(3)将股份用于员工持股计划或者股权激励。

(4)股东因对股东大会做出的公司合并、分立决议持异议,要求公司收购其股份。

(5)将股份用于转换上市公司发行的可转换为股票的公司债券。

(6)上市公司为维护公司价值及股东权益所必需。

属于减少公司注册资本收购本公司股份的,应当自收购之日起 10 日内注销;属于与持有本公司股份的其他公司合并和股东因对股东大会做出的公司合并、分立决议持异议,要求公司收购其股份的,应当在 6 个月内转让或者注销;属于其余三种情形的,公司合计持有的本公司股份数不得超过本公司已发行股份总额的 10%,并应当在 3 年内转让或者注销。

上市公司将股份用于员工持股计划或者股权激励、将股份用于转换上市公司发行的可转换为股票的公司债券以及上市公司为维护公司价值及股东权益所必需情形收购本公司股票的,应当通过公开的集中交易方式进行。上市公司以现金为对价,采取要约方式、集中竞价方式回购股份的,视同上市公司现金分红,纳入现金分红的相关比例计算。

公司不得接受本公司的股票作为质押权的标的。

2. 股票回购的动机

在证券市场上,股票回购的动机多种多样,主要有以下几点。

(1)现金股利的替代。现金股利政策会对公司产生未来的派现压力,而股票回购不会。当公司有富余资金时,通过购回股东所持股票将现金分配给股东,这样,股东就可以根据自己的需要选择继续持有股票或出售以获得现金。

(2)改变公司的资本结构。无论是现金回购还是举债回购股份,都会提高公司的财务杠杆水平,改变公司的资本结构。当公司认为权益资本在资本结构中所占比例较大时,为了调整资本结构而进行股票回购,可以在一定程度上降低整体资金成本。

(3)传递公司信息。由于信息不对称和预期差异,证券市场上的公司股票价格可能被低估,而过低的股价将会对公司产生负面影响。一般情况下,投资者会认为股票回购意味着公司认为其股票价值被低估而采取的应对措施。

(4)基于控制权的考虑。控股股东为了保证其控制权不被改变,往往采取直接或间接的方式回购股票,从而巩固既有的控制权。另外,股票回购使流通在外的股份数变少,股价上升,从而可以有效地防止敌意收购。

3. 股票回购的影响

股票回购对上市公司的影响主要表现在以下几个方面。

(1)符合股票回购条件的多渠道回购方式允许公司选择适当时机回购本公司股份,将进一步提升公司调整股权结构和管理风险的能力,提高公司整体质量和投资价值。

(2)因实施持股计划和股权激励的股票回购,形成资本所有者和劳动者的利益共同体,有助于提高投资者回报能力;将股份用于转换上市公司发行的可转换为股票的公司债券实施的股票回购,也有助于拓展公司融资渠道,改善公司资本结构。

(3)当市场不理性,公司股价严重低于股票内在价值时,为了避免投资者损失,适时进行股份回购,减少股份供应量,有助于稳定股价增强投资者信心。

(4)股票回购若用大量资金支付回购成本,一方面,容易造成资金紧张,降低资产流动性,影响公司的后续发展;另一方面,在公司没有合适的投资项目又持有大量现金的情况下,回购股份也可以更好地发挥货币资金的作用。

(5)上市公司通过履行信息披露义务和公开的集中交易方式进行股份回购有利于防止操纵市场、内幕交易等利益输送行为。

？思考

(1)股票股利和股票分割有什么区别?

(2)股票回购对公司和股东的意义是什么?

 案例分析

股 票 股 利

某旅游上市公司 2020 年发放股票股利前,其资产负债表上的股东权益账户情况如表 8-3 所示。

表 8-3　股东权益情况　　　　　　　　　　　　　单位:元

股本(面值 1 元,发行在外 200 000 股)	200 000
资本公积	400 000
未分配利润	2 000 000
股东权益合计	2 600 000

假设发放 10% 的股票股利,即规定现有股东每持 10 股可得 1 股新发放股票。当时股票市价为每股 20 元。

请重新编制发放股票股利后股东权益情况表。

课 后 习 题

一、单项选择题

1. 下列净利润分配事项中,根据相关法律法规和制度,应当最后进行的是( )。
   A. 向股东分配股利
   B. 提取任意公积金
   C. 提取法定公积金
   D. 弥补以前年度亏损

2. 下列各项中,受企业股票分割影响的是( )。
   A. 股东持股比例
   B. 股东权益总额
   C. 企业资本结构
   D. 每股股票价值

3. 下列各项中,受企业股票分割影响的是( )。
   A. 每股股票价值
   B. 股东权益总额
   C. 企业资本结构
   D. 股东持股比例

4. 当公司宣布高股利政策后,投资者认为公司有充足的财务实力和良好的发展前景,从而使股价产生正向反应。持有这种观点的股利理论是( )。
   A. 所得税差异理论
   B. 信号传递理论
   C. 代理理论
   D. "手中鸟"理论

5. 根据股利无关理论制定的是( )。
   A. 剩余股利政策
   B. 固定股利支付率政策
   C. 稳定增长股利政策
   D. 低正常股利加额外股利政策

6. 下列各项股利支付形式中,不会改变企业资本结构的是( )。
   A. 财产股利
   B. 股票股利
   C. 负债股利
   D. 现金股利

7. 固定或稳定增长的股利政策的缺点包括( )。
   A. 不利于公司树立良好的形象
   B. 股利支付与盈利相脱离
   C. 不利于投资者安排收入与支出
   D. 股利派发缺乏稳定性

8. 在下列股利分配政策中,能保持股利与收益之间一定的比例关系,并体现多盈多分、少盈少分、无盈不分原则的是( )。
   A. 剩余股利政策
   B. 固定或稳定增长股利政策
   C. 固定股利支付率政策
   D. 低正常股利加额外股利政策

9. 企业投资并取得收益时,必须按一定的比例和基数提取各种公积金,这一要求体现的是( )。
   A. 资本保全约束
   B. 资本积累约束
   C. 超额积累利润约束
   D. 偿债能力约束

10. 关于发放股票股利,下列说法不正确的是( )。
    A. 不会导致股东权益总额发生变化,但会导致股东权益内部结构发生变化,会增加普通股股数,减少未分配利润
    B. 会引起企业现金流出
    C. 可以降低公司股票的市场价格,促进公司股票的交易和流通,可以有效地防止

公司被恶意控制

    D. 可以传递公司未来发展前景良好的信息,增强投资者的信心

11. 在下列各项中,能够增加发行在外的普通股股数,但不改变公司资本结构的行为是( )。

    A. 支付现金股利   B. 增发普通股

    C. 股票分割   D. 股票回购

12. 下列关于股票分割的叙述中,不正确的是( )。

    A. 改善企业资本结构   B. 使公司每股市价降低

    C. 有助于提高投资者对公司的信心   D. 股票面值变小

13. 下列各项中,不影响股东权益额变动的股利支付形式是( )。

    A. 现金股利   B. 股票股利   C. 负债股利   D. 财产股利

二、多项选择题

1. 处于初创阶段的公司,一般不宜采用的股利分配政策有( )。

    A. 固定股利政策   B. 剩余股利政策

    C. 固定股利支付率政策   D. 稳定增长股利政策

2. 下列各项股利政策中,股利水平与当期盈利直接关联的有( )。

    A. 固定股利政策   B. 稳定增长股利政策

    C. 固定股利支付率政策   D. 低正常股利加额外股利政策

3. 下列各项中,属于剩余股利政策优点的有( )。

    A. 保持目标资本结构   B. 降低再投资资金成本

    C. 使股利与企业盈余紧密结合   D. 实现企业价值的长期最大化

4. 下列关于发放股票股利的表述中,正确的有( )。

    A. 不会导致公司现金流出   B. 会增加公司流通在外的股票数量

    C. 会改变公司股东权益的内部结构   D. 会对公司股东总额产生影响

5. 下列关于公司净利润分配的说法中,错误的有( )。

    A. 公司从税后利润中提取法定公积金后,经董事会批准,还可以从税后利润中提取
任意公积金

    B. 公司向投资者分配股利(利润)时,股份有限公司股东按照实缴出资比例分红

    C. 法定公积金可用于弥补亏损或转增资本

    D. 税后利润弥补亏损必须用当年实现的净利润

6. 下列关于股利政策的说法中,错误的有( )。

    A. 剩余股利政策的理论依据是股利相关理论

    B. 固定或稳定增长的股利政策通常适用于经营比较稳定或正处于成长期的企业,
且可以长期采用

    C. 固定股利支付率政策容易给投资者带来公司经营状况不稳定的不良印象

    D. 低正常股利加额外股利政策的优点之一是可以吸引依靠股利度日的股东

7. 下列属于制约股利分配的公司因素的有( )。

    A. 控制权   B. 筹资因素   C. 盈余的稳定性   D. 资产的流动性

8. 发放股票股利会带来的变化有( )。

    A. 未分配利润减少   B. 股本增加

    C. 股数减少   D. 股东权益总额增加

9. 股票股利与股票分割的共同点包括( )。

    A. 面值不变   B. 普通股股数增加

    C. 股东权益内部结构不变   D. 每股市价下降

三、判断题

1. 根据"无利不分"原则,当企业出现年度亏损时,一般不进行利润分配。   ( )

2. 在股利支付程序中,除息日是指领取股利的权利与股票分离的日期,在除息日购买股票的股东有权参与当次股利的分配。   ( )

3. 当公司处于经营稳定或成长期,对未来的盈利和支付能力可做出准确判断并具有足够把握时,可以考虑采用稳定增长的股利政策,增强投资者信心。   ( )

4. 股票分割会使股票的每股市价下降,可以提高股票的流动性。   ( )

5. 剩余股利政策的优点是有利于保持最佳的资本结构,降低企业再投资的资金成本。

              ( )

6. 股东为防止控制权稀释,往往希望公司提高股利支付率。   ( )

7. 发放股票股利可以促进公司股票的交易和流通。   ( )

8. 股票分割不仅有利于促进股票流通和交易,而且有助于提高投资者对公司股票的信心。   ( )

9. 在其他条件不变的情况下,股票分割会使发行在外的股票总数增加,进而降低公司资产负债率。   ( )

10. 公司将其拥有的子公司的股票作为股利支付给股东,这属于股票股利。   ( )

旅游企业税费篇

第九章
旅游企业税费

 **引例**

税收红利落地见效 乡村振兴"蹚出"新路子

全国人大代表、重庆市劳动模范、酉阳县桃花源街道天山堡村村委会主任冉慧所在的天山堡村紧挨酉阳土家族苗族自治县桃花源景区,坐落在海拔1 100～1 600米的高山上,是土家族聚集的村落。

多年前,该村因地处高山、交通不便、基础条件落后,进村如同上"天山"一样,因此得名天山堡村。2014年,冉慧被选为天山堡村村委会主任后,带领村民们在盘活山水资源,探索乡村旅游,发展蔬菜、水果、中药材等特色产业,带动当地群众增收。

"我们有4户村民经营农家乐,在旺季每户日均收入上千元。他们都是个体户,国家通过税收减免最大程度让利给这类市场主体。"冉慧向记者介绍,天山堡村目前有2户集体经济、4户农家乐,发展了200亩高山蔬菜、200亩经果林、200亩中药材等经济作物,这些涉农企业增值税基本全免,这是对乡村产业发展最直接的支持。

2021年8月,国家税务总局印发《关于在巩固脱贫攻坚成果同乡村振兴有效衔接中积极贡献税务力量的通知》,从六个方面对税务系统巩固拓展脱贫攻坚成果、促进脱贫攻坚同乡村振兴有效衔接提出明确要求。

各地税务部门积极发挥税收职能作用,不断落实落细一系列支持乡村振兴的税费优惠政策,持续深化税收领域"放管服"改革,通过政策扶持、上门服务和"银税互动"等方式,积极发挥税收助农惠农作用,为巩固拓展脱贫攻坚成果同乡村振兴有效衔接贡献税务力量。

在广西壮族自治区,六堡茶产业发展迅速,从昔日偏居一隅的"侨销茶"发展为如今"畅销茶",呈现产销两旺、量价齐升、高速发展的良好势头。

"国家出台的涉农税费优惠政策针对性强,为企业发展和乡村振兴做出了很大贡献。"全国人大代表、苍梧县六堡镇山坪村党支部书记祝雪兰表示,税务部门对六堡镇、对六堡茶产业发展提供的良好营商环境以及各项优惠政策的扶持,让瑶乡茶农有了更好的种植和发展六堡茶的机会,使得六堡镇的茶产业稳健蓬勃发展。

据了解,2021年,梧州市税务部门全力开展"春雨润苗"专项行动,将税费优惠政策"大礼包"送到茶企,为茶农茶企增资减负,梧州市苍梧县辖区共160多户茶企享受税费优惠政策减免税费累计 100 多万元。

全国人大代表、重庆谭妹子金彰土家香菜加工有限公司(以下简称"谭妹子"公司)董事长谭建兰被人亲切地称为土家"辣妹子"。

2004 年,她看准石柱县大力发展辣椒产业的时机,开始经销辣椒,最初是进行辣椒的初级加工,以家庭作坊式进行生产。2008 年,随着国家不断加大"三农"支持力度,她决定改变经营模式,成立了谭妹子金彰土家香菜加工有限公司和三红辣椒专业合作社,以"公司+合作社+基地+农户"的模式扩大规模。合作社主要负责辣椒种植,为农户提供技术指导、从农户处保底收购辣椒。"谭妹子"公司则将收购的辣椒加工成干辣椒、辣椒酱、火锅底料等调味产品。就这样,"辣妹子"蹚出新路子,实现新布局。

"从脱贫攻坚到乡村振兴,产业发展是关键。税收优惠等各类政策支持,让乡村营商环境越来越好,我们扎根乡村发展的信心也更足。"谭建兰表示,自创业以来,企业享受到农业项目所得减免征收企业所得税、西部大开发企业所得税优惠、重点群体创业就业等各类税费优惠政策。仅 2021 年,谭建兰经营的 3 家企业累计享受各项税费优惠 41.3 万元。

全国人大代表、普安县茶源街道细寨布依人家合作社理事韦波的家乡在贵州省普安县曾是国家级贫困县。

2013 年,韦波与妻子创办了全县第一家纯手工布依族服饰加工厂,并带领众乡亲发展布依族服饰刺绣产业和茶产业等特色产业,助力家乡脱贫脱困,助推乡村振兴。

"创办企业以来,我们享受到西部大开发、农业项目所得减免企业所得税、重点群体创业就业、更大规模减税降费等多项税费优惠政策,仅在 2021 年,税收优惠政策就为我们省下近 10 万元。"韦波表示。

(资料来源:车柯蒙. 税收红利落地见效　乡村振兴"蹚出"新路子[EB/OL]. http://finance.people.com.cn/n1/2022/0227/c1004-32360598.html. (2022-02-27)[2022-3-22].)

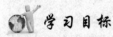? 思考

(1) 案例中提及的减税降费主要涉及哪几个税种?

(2) 对企业来说,税属于成本还是费用?

第一节　税　收　概　述

学习目标

(1) 理解税收的概念。

(2) 了解税收的特点。

(3) 了解税收分类。

微课

一、税收的概念

税收是指以国家为主体,实现国家职能,凭借政治权力,按照法律规定的

标准和程序,强制、无偿地参与社会产品或国民收入分配,取得财政收入的一种特定分配形式。税收的含义包括以下四个方面。

(1) 税收的本质。国家征税只是从社会产品价值量中分割一部分集中到政府手中,因此税收的本质是分配。

(2) 征税的主体。除了国家之外,任何机构和团体都无权征税。

(3) 税收的依据。国家征税的依据是其政治权力,这种政治权力凌驾于财产权利之上。如果没有国家的政治权力为依托,征税就无法实现。

(4) 征税的目的。国家征税的目的是实现其公共职能,提供社会公共产品,满足社会公共需要。

二、税收的特征

与其他财政收入相比,税收具有强制性、无偿性和固定性三个特征。

(1) 税收的强制性是指国家凭借其政治权力,以法律的形式对税收征纳双方的权利与义务进行制约。在国家税法规定的限度内,纳税人必须依法纳税,否则就要受到法律的制裁。

(2) 税收的无偿性是指国家征税以后,税款一律纳入国家财政预算,由财政统一分配,并且不向纳税人支付任何报酬。税收的无偿性是对纳税人而言的,其享有的公共利益与其缴纳的税款并非一一对等,但就纳税人的整体而言则是对等的。政府使用税款的目的是向社会全体成员包括具体纳税人提供社会需要的公共产品和公共服务。

(3) 税收的固定性是指国家征税预先规定了统一的征税标准,包括纳税人、征税对象、税率、纳税期限、纳税地点等。这些标准一经确定,在一定时间内是相对稳定的。未经严格的立法程序,任何主体对征税标准都不得随意变更。

三、税收的分类

(一) 按照征税对象性质分类

按照征税对象性质的不同,税收可分为流转税、所得税、财产税、资源税、行为税、特定目的税、烟叶税等。

(1) 流转税是指以商品或劳务的流转为对象征收的一种税。该税种主要在生产、流通和服务领域发挥调节作用,包括增值税、消费税和关税等。

(2) 所得税是指以所得额为征税对象征收的一种税。该税种主要对生产经营者的利润和个人的纯收入发挥调节作用,包括企业所得税和个人所得税。

(3) 财产税是指以纳税人所拥有或支配的财产为征税对象征收的一种税。该税种主要对特定财产发挥调节作用,包括房产税、车船税等。

(4) 资源税是对开发、利用和占有国有自然资源的单位和个人征收的一种税。该税种主要对因开发和利用自然资源而形成的级差收入发挥调节作用,包括资源税、土地增值税、城镇土地使用税等。

（5）行为税是指为了调节某些行为，以这些行为为征税对象征收的一种税。该税种主要对特定行为发挥调节作用，包括印花税、契税、船舶吨税等。

（6）特定目的税是指为了达到特定目的而征收的一种税。该税种主要是为了特定目的，对特定对象发挥调节作用，包括城市维护建设税、车辆购置税、耕地占用税、环境保护税等。

（7）烟叶税是指国家对收购烟叶的单位按收购烟叶金额征收的一种税。

（二）按照税负能否转嫁分类

按照税负能否转嫁，税收可分为直接税和间接税。

（1）直接税是指税负不能转嫁，只能由纳税人承担的一种税，如所得税、财产税等。

（2）间接税是指纳税人能将税负全部或部分转嫁给他人的一种税，如流转税类。

（三）按照计税依据分类

按照计税依据的不同，税收可分为从量税、从价税和复合税。

（1）从量税是指以征税对象的自然实物量（如重量、容积等）为标准，采用固定单位税额征收的一种税，如啤酒的消费税。

（2）从价税是指以征税对象的价值量为标准，按比例税率征收的一种税，如高档手表的消费税。

（3）复合税是指同时以征税对象的自然实物量和价值量为标准征收的一种税，如卷烟和白酒的消费税。

（四）按照税收管理与使用权限分类

按照税收管理与使用权限的不同，税收可分为中央税、地方税和中央地方共享税。

（1）中央税是指管理权限归中央、税收收入归中央支配和使用的一种税，如关税、消费税、车辆购置税等。

（2）地方税是指管理权限归地方、税收收入归地方支配和使用的一种税，如车船税、房产税、土地增值税等。

（3）中央地方共享税是指主要管理权限归中央、税收收入由中央和地方按一定比例分享的一种税，如增值税、资源税、企业所得税、印花税等。

（五）按照税收与价格的关系分类

按照税收与价格的关系的不同，税收可分为价内税和价外税。

（1）价内税是指商品税金包含在商品价格之中，商品价格由"成本＋利润＋税金"构成的一种税，如消费税、关税等。价内税有利于国家通过对税负的调整，直接调节生产和消费，但往往容易造成对价格的扭曲。

（2）价外税是指商品价格中不包含商品税金，商品价格仅由"成本＋利润"构成的一种税，如增值税。价外税与企业的成本、利润、价格没有直接联系，能更好地反映企业的经营成果。

　　在我国目前征收的 18 个税种,与旅游企业息息相关的主要有:增值税、企业所得税、个人所得税、城市维护建设税、教育费及附加、印花税、城镇土地使用税,除此之外旅游企业经营中还有可能缴纳车辆购置税、车船税等。

相关链接

往后余生,最懂你的人,是税务?

　　2019 年 1 月 1 日起,随着个人所得税专项附加扣除政策的正式实行以及个人所得税应用程序的大力推广,人们仿佛一夜之间突然发现,此前只有财务人员和企业老板接触比较多的"税",原来与自己是如此之近。

　　所填资料极其详尽,将每个人以身份证号为唯一标记,同身边有紧密经济往来的个人和机构关联起来。关心你,关心你的房租是多少钱;关心你有几个孩子,关心你赡养几个老人;关心你的健康状况,关心你的继续教育,顺便关心了你的贷款。懂你,今后,税务局将是最懂你的人。你有多少财产,以什么形式存在,收益怎样;有多少收入,收入构成怎样;有哪些支出,支出分布怎样;有哪些困难,日子过得很好,还是日子过得很困难,困难是长期的还是暂时的;需要赡养几个老人、抚养几个孩子,负担是否沉重;是否一直在继续深造;是否一直在变动工作。不仅如此,今后二维码的电子发票随用随开,二维码替代纸质发票和大数据网络系统将彻底改变中国的征税系统。在征税系统中,每个人都将成为透明人,任何隐瞒都会因他人的申报或财产数额无法匹配而暴露。余生,最懂你的人,是税务。

　　实际上,即使是此前,我们每个人每天几乎都在与税收打交道。作为工薪阶层,我们每个人每月的工资都要由单位代扣个人所得税。作为消费者,我们购买的几乎所有商品和服务所支付的金额,都包含了税金。现代社会,在全世界范围内,税收无处不在。由于我国此前主要采用以间接税为主的税制,因此很多人对"税"的感觉比较模糊。

　　美国科学家、政治家、文学家本杰明·富兰克林说过这样一句名言:"世界上只有两件事是不可避免的,那就是税收和死亡。"

　　税收是人类文明的基石。我们知道,税收是因公共需要而产生的。有些物品可以由市场来提供,也就是说个人可以在市场上从私人或企业购买,比如我们日常所需要的衣食住行的物品;而有些物品不能由市场提供,个人无法从私人或企业那里购买,比如国防、公共安全、社会秩序、义务教育、社会保障等,这些物品属于公共物品,只能由国家来提供。因此,税收在本质上就是为我们享受的公共物品所支付的价格。通过对"税"字进行拆字讲解也可以知道,"税"的左面是"禾",代表农产品,右面是"兑",代表交换,组合到一起就是农民用农产品和国家交换,获得公共产品或公共服务。马克思说过:"税收是政府的奶娘。"税收是国家财政收入的主要来源,是国家参与收入分配的重要手段。我们国家税收的本质是"取之于民,用之于民",正是因为有税收的存在,我国的科、教、文、卫等各项公共事业才能快速发展。19 世纪美国大法官霍尔姆斯认为:"税收是我们为文明社会所付出的代价。"这句话凝练地道出了税收对于国家经济生活乃至文明世界的重要作用。

　　税和法历来是不可分割的,有税必有法,无法便无税,税法是税的表现形式,税收必须以法为依据和保障。税法是税制的核心,税法是税收的法律表现形式。税法是由国家权力机关或其授权的行政机关制定的调整税收关系的法律规范的总称,是国家税务征管机关和纳税人从事税收征收管理与缴纳活动的法律依据。对于我们每一个公民来说,知税懂税是基本要求,知法懂法、依法纳税是道德修养。因此,在法治中国的今天,每一个社会主义事业的接班人都应该自觉以法律为准绳,以道德为戒尺,学习税收法规,依法诚信纳税,这是修身齐家的内在素养,也是治国平天下的外在推动力。

(资料来源:高艳荣,李志风.税法[M].成都:西南财经大学出版社,2021.)

? **思考**

(1) 我国的税收有什么特征?

(2) 我国的税收是如何分类的?

第二节　旅游企业应纳增值税的计算

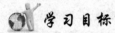 **学习目标**

(1) 了解增值税的概念。

(2) 掌握旅游企业应纳增值税的计算。

微课

一、增值税的概念

　　我国的增值税是以商品、应税劳务、应税服务在流转过程中产生的增值额作为征税对象而征收的一种流转税。按照《中华人民共和国增值税暂行条例》的规定,增值税是对在我国境内销售货物,提供加工、修理修配劳务(以下简称"应税劳务"),提供交通运输业、邮政业、电信业、金融保险业、建筑业、文化体育业、娱乐业、服务业服务(以下简称"应税服务"),转让无形资产,销售不动产以及进口货物的企业单位和个人,就其销售货物、提供应税劳务、提供应税服务、转让无形资产、销售不动产的增值额和货物进口金额为计税依据而课征的一种流转税。

二、增值税的特点

(一)征税范围广,税源充裕

　　增值税是对商品生产、流通过程中或提供劳务、应税服务时实现的增值额进行征税。因此,增值税可以课征于社会经济活动的各个部门、领域和环节,从而带来稳定的税收收入。

(二)避免重复征税,保持税收中性

　　增值税仅仅是对商品、劳务或服务在该流通环节的增值额进行征税,而对转移到销售额中在以前环节已征过税的部分不再征税,从而有效解决了重复征税问题,具有税收中性

效应。

（三）实行价外税，税负易转嫁

增值税税金不包含在销售价格内，把税款与商品价格分开，使企业的成本核算不受税收影响。这样可以更清楚地体现出，不是经营者创造了税收，而是消费者负担了税收。

（四）全链条抵扣

现行增值税征税范围已覆盖各个行业，因此增值税的进项税额抵扣制度在各个行业之间可正常运行，真正实现了全链条抵扣。

三、纳税义务人

增值税实行凭增值税专用发票（不限于增值税专用发票）抵扣税款的制度，客观上要求纳税人具备健全的会计核算制度和能力。在实际经济生活中，我国增值税纳税人众多，会计核算水平参差不齐，大量的小企业和个人还不具备用专用发票抵扣税款的条件。因此，《中华人民共和国增值税暂行条例》将增值税纳税人按会计核算水平和经营规模分为一般纳税人和小规模纳税人两类纳税人，分别采取不同的登记管理办法。

（一）一般纳税人

根据《增值税一般纳税人登记管理办法》的规定，增值税纳税人（以下简称"纳税人"），年应税销售额超过财政部、国家税务总局规定的小规模纳税人标准（以下简称"规定标准"）的，应当向主管税务机关办理一般纳税人登记。

年应税销售额是指纳税人在连续不超过 12 个月或 4 个季度的经营期内累计应缴增值税销售额。

年应税销售额未超过规定标准的纳税人，会计核算健全，能够提供准确税务资料的，可以向主管税务机关办理一般纳税人登记。

纳税人应当向其机构所在地主管税务机关办理一般纳税人登记手续，登记为一般纳税人后，不得转为小规模纳税人，国家税务总局另有规定的除外。

（二）小规模纳税人

小规模纳税人是指年销售额在规定标准以下，并且会计核算不健全的增值税纳税人。"会计核算不健全"是指不能够按照国家统一的会计制度规定设置账簿，根据合法、有效凭证核算。增值税小规模纳税人标准为年应征增值税销售额 500 万元及以下。

（三）扣缴义务人

中华人民共和国境外的单位或个人在境内发生应税行为，在境内未设有经营机构的，以购买方为扣缴义务人。财政部和国家税务总局另有规定的除外。

四、增值税的税率

根据《财政部　税务总局　海关总署关于深化增值税改革有关政策的公告》(财政部　税务总局　海关总署公告 2019 年第 39 号),自 2019 年 4 月 1 日起,增值税一般纳税人发生增值税应税销售行为或进口货物,原适用 16% 税率的,税率调整为 13%;原适用 10% 税率的,税率调整为 9%,如表 9-1 所示。根据《中华人民共和国增值税暂行条例》(国令第 691 号)第十二条规定:"小规模纳税人增值税征收率为 3%,国务院另有规定的除外。"

表 9-1　一般纳税人增值税税率表(自 2019 年 4 月 1 日起)

税　　率		适 用 范 围
基本税率	13%	销售或进口使用低税率或零税率以外的货物
		提供加工、修理修配劳务
低税率	9%	销售或进口粮食等农产品、使用植物油和食用盐
		销售或进口自来水、暖气、冷气、热水、煤气、石油液化气、天然气、沼气和居民煤炭用品、二甲醚
		销售或进口图书、报纸、杂志、音像制品和电子出版物
		销售或进口饲料、化肥、农药、农机和农膜
		销售交通运输服务、邮政服务、基础电信服务、建筑服务、不动产租赁服务
		销售不动产、转让土地使用权
	6%	销售增值电信服务、金融服务、现代服务(租赁服务除外)、生活服务
		销售无形资产(土地使用权除外)
零税率		销售出口货物,境内单位和个人跨境销售国务院规定范围内的服务、无形资产

五、增值税应纳税额计算

增值税的计税方法主要包括一般计税方法和简易计税方法。一般纳税人适用一般计税方法,小规模纳税人适用简易计税方法。

(一)简易计税方法

根据《中华人民共和国增值税暂行条例》第十一条规定:小规模纳税人发生应税销售行为,实行按照销售额和征收率计算应纳税额的简易办法,并不得抵扣进项税额。应纳税额计算公式如下:

$$应纳税额＝销售额×征收率$$

（二）一般计税方法

1. 一般计税方法的计算公式

我国目前对一般纳税人销售货物、提供应税劳务或发生应税行为适用一般计税方法计税,其计算方式为

$$当期应纳税额＝当期销项税额－当期进项税额$$

当期销项税额小于当期进项税额不足抵扣时,其不足部分可以结转下期继续抵扣。

一般纳税人销售、提供或发生财政部和国家税务总局规定的特定的货物、应税劳务、应税行为,也可以选择适用简易计税方法计税,但是不得抵扣进项税额,一经选择,36个月内不得变更。

2. 销项税额的计算

销项税额是指纳税人销售货物、提供应税劳务以及发生应税行为时,按照销售额、应税劳务收入,或者应税行为收入与规定税率计算并向购买方收取的增值税税额。计算公式为

$$销项税额＝销售额×适用税率$$

纳税人发生应税行为,将价款和折扣额在同一张发票上分别注明的,以折扣后的价款为销售额;未在同一张发票上分别注明的,以价款为销售额,不得扣减折扣额。

纳税人采用销售额与销项税额合并定价方法的,按照以下公式进行价税分离:

$$销售额＝含税销售额÷(1＋税率)$$

销售额应以人民币计算。纳税人以人民币以外的货币结算销售额的,应当折合成人民币计算。折合率可以选择销售额发生的当天或当月1日的人民币汇率中间价。纳税人应当事先确定采用何种折合率,确定后12个月内不得变更。

例 9-1

某旅行社为一般纳税人,其2021年7月不含税销售额为100万元,增值税税率为6%。请计算其增值税销项税额。

$$销项税额＝100×6\%＝6(万元)$$

对于开具在普通发票上的价税合并定价的含税销售额,应换算为不含税销售额,按下列公式计算:

$$不含税销售额＝含税销售额÷(1＋税率)$$

例 9-2

某酒店为增值税一般纳税人,其2021年8月取得含税销售收入为318万元,增值税税率为6%。请计算其当月销售收入的增值税销项税额。

$$不含税销售额＝318÷(1＋6\%)＝300(万元)$$
$$销项税额＝300×6\%＝18(万元)$$

3. 进项税额的计算

进项税额是指纳税人购进货物、加工修理修配劳务、服务、无形资产或不动产所支付或

负担的增值税额。进项税额是与销项税额相对应的一个概念。在开具增值税专用发票的情况下,它们之间的对应关系是,销售方收取的销项税额就是购买方支付的进项税额。增值税的核心就是用纳税人收取的销项税额抵扣其支付的进项税额,其余额为纳税人实际应缴纳的增值税税额。进项税额作为可抵扣的部分,对于纳税人实际纳税多少就产生了举足轻重的作用。然而,并不是纳税人支付的所有进项税额都可以从销项税额中抵扣。为体现增值税的配比原则,即购进项目金额与发生应税销售行为的销售额之间应有配比性,当纳税人购进的货物、劳务、服务、无形资产、不动产行为不是用于增值税应税项目,而是用于简易计税方法计税项目、免税项目或用于集体福利、个人消费等情况时,其支付的进项税额就不能从销项税额中抵扣。增值税法律法规对不能抵扣进项税额的项目做了严格的规定,如果违反规定,随意抵扣进项税额就将以逃避缴纳税款论处。

根据《中华人民共和国增值税暂行条例》和"营改增"规定,准予从销项税额中抵扣的进项税额,限于下列增值税扣税凭证上注明的增值税税额和按规定的扣除率计算的进项税额。

(1)从销售方取得的增值税专用发票(含税控机动车销售统一发票,下同)上注明的增值税额。

(2)从海关取得的海关进口增值税专用缴款书上注明的增值税额。

(3)从境外单位或个人购进服务、无形资产或不动产,为税务机关或扣缴义务人取得的解缴税款的完税凭证上注明的增值税额。

例 9-3

某酒店为增值税一般纳税人,2021年5月购进一批原材料,取得的增值税专用发票上注明的原材料价款为 20 000 元,增值税税额为 2 600 元。请计算其可抵扣的进项税额。

可抵扣的进项税额=增值税专用发票上注明的增值税额=2 600(元)

(4)购进农产品,除取得增值税专用发票或海关进口增值税专用缴款书外,按照农产品收购发票或销售发票上注明的农产品买价和扣除率计算进项税额。其计算公式为

进项税额=买价×扣除率(9%或10%)

取得(开具)农产品销售发票或收购发票的,以农产品销售发票或收购发票上注明的农产品买价和9%的扣除率计算进项税额。纳税人购进用于生产销售或委托加工13%的税率的农产品,按照10%的扣除率计算进项税额。买价是指纳税人购进农产品在农产品收购发票或销售发票上注明的价款和按照规定缴纳的烟叶税。纳税人从批发、零售环节购进适用免征增值税政策的蔬菜、部分鲜活肉蛋而取得的普通发票,不得作为计算抵扣进项税额的凭证。

纳税人购进农产品既用于生产销售或委托受托加工13%的税率的货物又用于生产销售其他货物服务的,应当分别核算用于生产销售或委托受托加工13%的税率的货物和其他货物服务的农产品进项税额;未分别核算的,统一以增值税专用发票或海关进口增值税专用缴款书上注明的增值税税额为进项税额,或者以农产品收购发票或销售发票上注明的农产品买价和9%的扣除率计算进项税额。

例 9-4

某酒店为增值税一般纳税人,从农业生产者购进农产品作为生产用原材料,收购发票上注明买价为 56 万元;购进其他材料,取得的增值税专用发票上注明的金额为 30 万元,税额为 3.9 万元。请计算 2021 年 4 月该企业增值税进项税额。

$$进项税额=56×10\%+3.9=9.5(万元)$$

(5) 增值税一般纳税人在资产重组过程中,将全部资产、负债和劳动力一并转让给其他增值税一般纳税人,并按程序办理注销税务登记的,其在办理注销登记前尚未抵扣的进项税额可结转至新纳税人处继续抵扣。

(6) 收费公路通行费增值税抵扣规定。

纳税人根据通行费增值税发票上标注的税款金额进行抵扣。如未标注税额,则高速公路按照 3% 的税率计算含税金额中的税款,一级公路和二级公路按 5% 的税率计算含税金额中的税款。

(7) 自 2018 年 1 月 1 日起,纳税人租入固定资产、不动产,既用于一般计税方法计税项目,又用于简易计税方法计税项目、免征增值税项目、集体福利或个人消费的,其进项税额准予从销项税额中全额抵扣。

(8) 国内旅客运输服务进项税额的抵扣规定。

国内旅客运输服务限于与本单位签订了劳动合同的员工以及本单位作为用工单位接受的劳务派遣员工发生的国内旅客运输服务。

纳税人允许抵扣的国内旅客运输服务进项税额是指纳税人在 2019 年 4 月 1 日及以后实际发生,并取得合法有效增值税扣税凭证注明的或依据其计算的增值税税额。以增值税专用发票或增值税电子普通发票为增值税扣税凭证的,为 2019 年 4 月 1 日及以后开具的增值税专用发票或增值税电子普通发票。

纳税人未取得增值税专用发票的,暂按照以下规定确定进项税额。

(1) 纳税人购进国内旅客运输服务,以取得的增值税电子普通发票上注明的税额为进项税额的,增值税电子普通发票上注明的购买方"名称""纳税人识别号"等信息,应当与实际抵扣税款的纳税人一致,否则不予抵扣。

(2) 取得注明旅客身份信息的航空运输电子客票行程单的,按照下列公式计算进项税额:

$$航空旅客运输进项税额=(票价+燃油附加费)÷(1+9\%)×9\%$$

(3) 取得注明旅客身份信息的铁路车票的,按照下列公式计算进项税额:

$$铁路旅客运输进项税额=票面金额÷(1+9\%)×9\%$$

(4) 取得注明旅客身份信息的公路、水路等其他客票的,按照下列公式计算进项税额:

$$公路、水路等其他旅客运输进项税额=票面金额÷(1+3\%)×3\%$$

增值税进项税额抵扣的条件及特殊情形如表 9-2 所示。

表 9-2 增值税进项税额抵扣的条件及特殊情形

购 进 事 项	扣 除 凭 证	应 纳 税 额
购进货物、服务、劳务、不动产或无形资产	增值税专用发票	注明的增值税税额
	机动车销售统一发票	注明的增值税税额
	进口增值税专用缴款书	注明的增值税税额
	完税凭证	注明的增值税税额
购进农产品	收购发票或者普通销售发票	农产品买价×扣除率
不动产及其在建工程	增值税专用发票	一次扣除(2019 年 4 月 1 日后)
国内旅客运输服务	增值税普通电子发票	注明的增值税税额
	航空运输电子客票行程单	(票价+燃油附加费)÷(1+9%)×9%
	铁路车票	票面金额÷(1+9%)×9%
	其他客票	票面金额÷(1+3%)×3%

4. 旅游企业增值税应纳税额计算

作为一般纳税人,旅游企业计算增值税应纳税额可以从销项税中抵扣进项税,抵扣项目及税率遵照增值税法律规定。

例 9-5

某酒店为增值税一般纳税人,2021 年 7 月购买适用 9%的税率的面粉、油等原材料20 万元,购买适用 13%的税率的酒水、饮料等原材料和燃料 10 万元。上述采购均取得合法增值税专用发票(进货款含税)。该餐馆 7 月获得含税餐饮服务、住宿服务收入 84.8 万元(税率6%)和迷你吧销售收入 2.26 万元(税率 13%),请计算该酒店应交增值税。

进项税额$=20\div(1+9\%)\times9\%+10\div(1+13\%)\times13\%\approx2.8$(万元)

销项税额$=84.8\div(1+6\%)\times6\%+2.26\div(1+13\%)\times13\%\approx5.06$(万元)

应交增值税$=5.06-2.8=2.26$(万元)

? **思考**

(1) 旅游企业购进免税农产品的增值税进项如何计算?

(2) 旅游企业应交增值税如何计算?

第三节 旅游企业所得税

微课

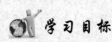 **学习目标**

(1) 了解企业所得税的概念。

(2) 掌握旅游企业所得税的计算。

一、企业所得税概述

（一）企业所得税的概念

企业所得税是对我国境内的企业和其他取得收入的组织的生产经营所得与其他所得征收的一种税。

（二）企业所得税的特点

企业所得税以企业的生产经营所得为计税基数。我国境内的企业和其他取得收入的组织都是企业所得税的纳税人。企业所得税与其他税种相比征税范围广，在普遍征收的基础上，能使各类企业税付较为公平。企业所得税属于企业的终端税种，纳税人缴纳的所得税一般不易转嫁，而由纳税人自己负担。

（三）企业所得税的作用

企业所得税在促进社会经济发展、实施宏观调控等方面具有重要的作用。企业所得税有利于推进产业结构调整，促进经济转型升级，加快经济发展方式转变。另外，企业所得税以所得额为课税对象，所得税的负担轻重与纳税人所得的多少有着内在联系，能够体现税收公平原则。

二、企业所得税纳税义务人

企业所得税的纳税义务人是指在中华人民共和国境内的企业和其他取得收入的组织。《中华人民共和国企业所得税法》第一条规定，除个人独资企业、合伙企业不适用企业所得税法外，凡在我国境内，企业和其他取得收入的组织（以下统称企业）为企业所得税的纳税义务人，依照法律规定缴纳企业所得税。根据居民税收管辖权原则，我国将企业所得税的纳税义务人分为居民企业和非居民企业。

（一）居民企业

居民企业是指依法在中国境内成立，或者依照外国（地区）法律成立但实际管理机构在中国境内的企业。

（二）非居民企业

非居民企业是指依照外国（地区）法律成立且实际管理机构不在中国境内，但在中国境内设立机构、场所的，或者在中国境内未设立机构、场所，但有来源于中国境内所得的企业。

三、征税对象和征税范围

（一）征税对象

企业所得税以纳税人取得的生产经营所得、其他所得和清算所得为征税对象。生产经营所得是指从事物质生产、交通运输、商品流通、劳务服务以及经国务院财政部门确认的其他营利事业取得的所得。

其他所得包括转让财产收入、股息、红利等权益性投资收益,利息收入,租金收入,特许权使用费收入,接受捐赠收入和其他收入。纳税人按照章程规定解散或破产以及因其他原因宣布终止时,其清算终了后的清算所得,也属于企业所得税的征税对象。

(二)征税范围

居民企业应当就其来源于中国境内、境外的所得缴纳企业所得税。

非居民企业在中国境内设立机构、场所的,应当就其所设机构、场所取得的来源于中国境内的所得,以及发生在中国境外但与其所设机构、场所有实际联系的所得,缴纳企业所得税。

非居民企业在中国境内未设立机构、场所的,或者虽设立机构、场所但取得的所得与其所设机构、场所没有实际联系的,应当就其来源于中国境内的所得缴纳企业所得税。

(三)所得来源的确定

企业所得的来源主要包括以下几种。

(1)销售货物所得,按交易活动发生地确定。

(2)提供劳务所得,按劳务发生地确定。

(3)转让财产所得。其中转让财务所得包括:不动产转让所得按照不动产所在地确定;动产转让所得按照转让动产的企业或机构、场所所在地确定;权益性投资资产转让所得按照被投资企业所在地确定;股息、红利等权益性投资所得,按照分配所得的企业所在地确定;利息所得、租金所得、特许权使用费所得,按照负担、支付所得的企业或机构、场所所在地确定,或者负担、支付所得的个人住所地确定;其他所得由国务院财政、税务主管部门确定。

四、企业所得税税率

(一)基本税率

企业所得税的基本税率为25%,适用于居民企业和在中国境内设立机构、场所且所得与机构、场所有关联的非居民企业。

(二)低税率

企业所得税的低税率为20%,适用于在中国境内未设立机构、场所的,或者虽设立机构、场所但取得的所得与其所设机构、场所没有实际联系的非居民企业,但实际减按10%的税率征收。

(三)优惠税率

国家需要重点扶持的高新技术企业减按15%的税率征收企业所得税。在全国范围内,税务机关对经认定的技术先进型服务企业,减按15%的税率征收企业所得税;小型微利企业减按 20％的税率征收企业所得税。

根据国家税务总局公告 2019 年第 2 号和国家税务总局公告 2021 年第 8 号规定,小型微利企业年应纳税所得额不超过 100 万元的部分,减按 12.5％计入应纳税所得额,按 20％的税率缴纳企业所得税;年应纳税所得额超过 100 万元但不超过 300 万元的部分,减按 50％计入应纳税所得额,按 20％的税率缴纳企业所得税。即小型微利企业年应纳税所得额不超过 100 万元的部分,按 2.5％计税;超过 100 万元但不超过 300 万元的部分,按 10％计税。

例 9-6

A 企业符合小型微利企业条件。2021 年第 1 季度应纳税所得额为 50 万元。A 企业在第 1 季度预缴申报时,可享受小型微利企业所得税优惠政策。

$$实际应纳所得税额＝50×12.5％×20％＝1.25(万元)$$
$$减免所得税额＝50×25％－1.25＝11.25(万元)$$

A 企业 2021 年第 1、2 季度累计应纳税所得额为 150 万元。A 企业第 2 季度预缴申报时,可继续享受小型微利企业所得税优惠政策。

$$实际应纳所得税额＝100×12.5％×20％＋(150－100)×50％×20％$$
$$＝2.5＋5＝7.5(万元)$$
$$减免所得税额＝150×25％－7.5＝30(万元)$$

五、旅游企业应纳税所得额的计算

旅游企业应纳税所得额的计算,以权责发生制为原则,属于当期的收入和费用,不论款项是否收付,均作为当期的收入和费用;不属于当期的收入和费用,即使款项已经在当期收付,均不作为当期的收入和费用。《中华人民共和国企业所得税法实施条例》和国务院财政、税务主管部门另有规定的除外。

按照《中华人民共和国企业所得税法实施条例》的规定,应纳税所得额为企业每一个纳税年度的收入总额,减除不征税收入、免税收入、各项扣除以及允许弥补的以前年度亏损后的余额。基本公式如下:

$$应纳税所得额＝收入总额－不征税收入－免税收入－各项扣除$$
$$－允许弥补的以前年度亏损$$

(一)收入总额

企业以货币形式和非货币形式从各种来源取得的收入,为收入总额。包括:销售货物收入;提供劳务收入;转让财产收入;股息、红利等权益性投资收益;利息收入;租金收入;特许权使用费收入;接受捐赠收入;其他收入。

(二)不征税收入

收入总额中的下列收入为不征税收入:财政拨款;依法收取并纳入财政管理的行政事业性收费、政府性基金;国务院规定的其他不征税收入。

(三) 各项扣除

旅游企业实际发生的与取得收入有关的、合理的支出,包括成本、费用、税金、损失和其他支出,准予在计算应纳税所得额时扣除。

(1) 企业发生的公益性捐赠支出,在年度利润总额 12% 以内的部分,准予在计算应纳税所得额时扣除;超过年度利润总额 12% 的部分,准予结转以后三年内在计算应纳税所得额时扣除。

(2) 在计算应纳税所得额时,下列支出不得扣除:向投资者支付的股息、红利等权益性投资收益款项;企业所得税税款;税收滞纳金;罚金、罚款和被没收财物的损失;《中华人民共和国企业所得税法》第九条规定以外的捐赠支出;赞助支出;未经核定的准备金支出;与取得收入无关的其他支出。

(3) 在计算应纳税所得额时,企业按照规定计算的固定资产折旧,准予扣除。

下列固定资产不得计算折旧扣除:房屋、建筑物以外未投入使用的固定资产;以经营租赁方式租入的固定资产;以融资租赁方式租出的固定资产;已足额提取折旧仍继续使用的固定资产;与经营活动无关的固定资产;单独估价作为固定资产入账的土地;其他不得计算折旧扣除的固定资产。

(4) 在计算应纳税所得额时,企业按照规定计算的无形资产摊销费用,准予扣除。

下列无形资产不得计算摊销费用扣除:自行开发的支出已在计算应纳税所得额时扣除的无形资产;自创商誉;与经营活动无关的无形资产;其他不得计算摊销费用扣除的无形资产。

(5) 在计算应纳税所得额时,企业发生的下列支出作为长期待摊费用,按照规定摊销的,准予扣除:已足额提取折旧的固定资产的改建支出;租入固定资产的改建支出;固定资产的大修理支出;其他应当作为长期待摊费用的支出。

(6) 企业对外投资期间,投资资产的成本在计算应纳税所得额时不得扣除。

(7) 企业使用或者销售存货,按照规定计算的存货成本,准予在计算应纳税所得额时扣除。

(8) 企业转让资产,该项资产的净值,准予在计算应纳税所得额时扣除。

(9) 企业纳税年度发生的亏损

企业在汇总计算缴纳企业所得税时,其境外营业机构的亏损不得抵减境内营业机构的盈利。

企业纳税年度发生的亏损,准予向以后年度结转,用以后年度的所得弥补,但结转年限最长不得超过五年。

(四) 非居民企业应纳税所得额计算

非居民企业取得《中华人民共和国企业所得税法》第三条第三款规定的所得,按照下列方法计算其应纳税所得额。

(1) 股息、红利等权益性投资收益和利息、租金、特许权使用费所得,以收入全额为应纳税所得额。

（2）转让财产所得以收入全额减除财产净值后的余额为应纳税所得额。

（3）其他所得,参照前两项规定的方法计算应纳税所得额。

？ 思考

（1）企业所得税的税率是多少?

（2）旅游企业应纳税所得额包括哪些项目?

第四节　城市维护建设税和教育费附加

学习目标

（1）掌握城市维护建设税的计算。

（2）掌握教育费附加的计算。

微课

一、城市维护建设税

（一）城市维护建设税概述

1. 城市维护建设税的概念

城市维护建设税是我国为了加强城市的维护建设,扩大和稳定城市维护建设资金的来源,而对有经营收入的单位和个人征收的一种行为税。

2. 城市维护建设税的特点

（1）城市维护建设税税款专门用于保证城市的公用事业和公共设施的维护建设。

（2）城市维护建设税以纳税人实际缴纳的增值税、消费税税额为计税依据,同时征收,本身不是一个独立的税种,而是一种税收附加。

（3）城市维护建设税根据纳税人所在城镇的规模及其资金需要设计税率。

（4）城市维护建设税作为增值税和消费税的附加税,从原则上讲,只要缴纳增值税、消费税中任一税种的纳税人都要缴纳城市维护建设税。

（二）纳税义务人

城市维护建设税的纳税义务人是指负有缴纳增值税、消费税义务的单位和个人,包括国有企业、集体企业、私营企业、股份制企业、其他企业和行政单位、事业单位、军事单位、社会团体、其他单位以及个体工商户及其他个人。

自 2010 年 12 月 1 日起,我国对外商投资企业和外国企业及外籍个人开始征收城市维护建设税。

（三）计税依据

根据 2021 年 9 月 1 日起施行的《中华人民共和国城市维护建设税法》,城市维护建设税以纳税人依法实际缴纳的增值税、消费税税额(以下简称两税税额)为计税依据。

依法实际缴纳的两税税额,是指纳税人依照增值税、消费税相关法律法规和税收政策规定计算的应当缴纳的两税税额(不含因进口货物或境外单位和个人向境内销售劳务、服务、无形资产缴纳的两税税额),加上增值税免抵税额,扣除直接减免的两税税额和期末留抵退税退还的增值税税额后的金额。

直接减免的两税税额,是指依照增值税、消费税相关法律法规和税收政策规定,直接减征或免征的两税税额,不包括实行先征后返、先征后退、即征即退办法退还的两税税额。

(四)税率

城市维护建设税采用地区差别比例税率。纳税人所在地在市区的,税率为7%。纳税人所在地在县城、镇的,税率为5%。纳税人所在地不在市区、县城或镇的,税率为1%。撤县建市后,纳税人所在地在市区的,城市维护建设税适用税率为7%。纳税人所在地在市区以外其他镇的,城市维护建设税适用税率仍为5%,如表9-5所示。

表9-5　城市维护建设税税率表

纳税人所在地	税率/%
市区	7
县城、镇	5
不在市区、县城或者镇	1

(五)应纳税额的计算

城市维护建设税是由纳税人实际缴纳的增值税和消费税税额决定的。计算公式如下:

应纳城市维护建设税税额＝纳税人实际缴纳的增值税、消费税税额×税率

例 9-18

某位于县城的卷烟厂2021年8月实际缴纳增值税30 000元,实际缴纳消费税20 000元。计算该卷烟厂应纳城市维护建设税税额。

应纳城市维护建设税税额＝(30 000＋20 000)×5%＝2 500(元)

(六)税收优惠

《中华人民共和国城市维护建设税法》已由第十三届全国人民代表大会常务委员会第二十一次会议于2020年8月11日通过,自2021年9月1日起施行。税法施行后继续执行的城市维护建设税优惠政策包括:对黄金交易所会员单位通过黄金交易所销售且发生实物交割的标准黄金,免征城市维护建设税;对上海期货交易所会员和客户通过上海期货交易所销售且发生实物交割并已出库的标准黄金,免征城市维护建设税;对国家重大水利工程建设基金免征城市维护建设税;对增值税小规模纳税人、小型微利企业、个体工商户可以在50%的税额幅度内城市维护建设税;实施扶持自主就业退役士兵创业就业城市维护建设税减免;自2019年

1月1日至2025年12月31日,实施支持和促进重点群体创业就业城市维护建设税减免。

二、教育费附加

(一)教育费附加的概念

教育费附加和地方教育附加是对缴纳增值税、消费税的单位和个人,就其实际缴纳的税额为计税依据征收的一种附加费。教育费附加是为加快地方教育事业,扩大地方教育经费的资金而征收的一种专项基金。地方教育附加是指各省、自治区、直辖市根据国家有关规定,为实施"科教兴省"战略,增加地方教育的资金投入,促进本省、自治区、直辖市教育事业发展,开征的一项地方政府性基金。

(二)纳税义务人

教育费附加和地方教育附加的纳税义务人是指负有缴纳增值税、消费税义务的单位和个人。农业、乡镇企业,由乡镇人民政府征收农村教育事业附加,不再征收教育费附加。凡代征增值税、消费税的单位和个人,也为代征教育费附加和地方教育附加的义务人。

(三)征税范围与计税依据

根据2021年9月1日起施行的《中华人民共和国城市维护建设税法》第二条,教育费附加、地方教育附加计征依据与城市维护建设税计税依据一致,以纳税人依法实际缴纳的增值税、消费税税额为计税依据。

(四)税率

按照《国务院关于修改〈征收教育费附加的暂行规定〉的决定》的规定,现行教育费附加征收比率为3%,地方教育附加征收率为2%,如表9-6所示。

表9-6 教育费附加税率表

税 种	税率/%
教育费附加	3
地方教育附加	2

应纳教育附加费的计算公式如下:

应纳教育费附加或地方教育附加=(实际缴纳的增值税、消费税)×3%(或2%)

例 9-19

某企业2021年6月实际缴纳增值税100 000元,缴纳消费税50 000元。计算该企业应缴纳的教育费附加和地方教育附加。

应纳教育费附加=(100 000+50 000)×3%=150 000×3%=4 500(元)

应纳地方教育附加=(100 000+50 000)×2%=150 000×2%=3 000(元)

? 思考

(1) 旅游企业应纳城建税如何计算?

(2) 旅游企业应纳教育费附加如何计算?

 案例分析

"税力量"助力留坝旅游走上"快车道"

酷夏来临,陕南避暑胜地留坝的各大景区迎来了旅游高峰。留坝县税务局持续做好"税收＋旅游"发展对接,全力落实好各项税收优惠政策,深化便民服务措施,优化税收营商环境,充分助力留坝旅游行业"牛气"翻盘。

汉中紫柏云旅文化旅游股份有限公司位于陕西省汉中市留坝县域内,该公司主要依靠开发建设和经营旅游项目营生。近三年公司受疫情冲击特别明显,严重影响了企业的发展,特别是今年3—4月,因省内疫情封控原因,各个景区禁止对外开放,企业经营遇到了前所未有的困难。

留坝县税务局采用"一对一""一户一策"服务方式,及时到企业调研走访,详细研判企业的具体情况,帮助企业精准享受增值税留抵退税政策,用暖心周到的服务和"真金白银"的支持帮助企业纾困破局。

"增值税留抵退税对我们公司来讲是真正意义上的及时雨,87万余元退税款划到企业账户的那一刻,我既欣喜又感动,这笔退税真的解了我们燃眉之急,及时缓解了我们公司的资金压力,为内部设施改造提升,打造更具吸引力的旅游景区,逐渐对外开放帮助很大。"汉中紫柏云旅文化旅游股份有限公司的负责人感慨道。

随着疫情防控形势转好、学生暑假即将来临,留坝县域内的旅游景区将会迎来旺季。为此,留坝县税务局将精准定位,持续提升对留坝文化旅游企业的税收服务,及时宣传税收优惠政策,让国家的利好政策成为旅游行业的坚实后盾,推动留坝全域旅游建设,让留坝县旅游产业走上发展"快车道"。

(资料来源:吴彬洁."税力量"助力留坝旅游走上"快车道"[N].三秦都市报,2022(6).)

? 思考

(1) 旅游企业需要缴纳哪些税?

(2) 国家的税收优惠政策对旅游企业有什么影响?

课 后 习 题

一、单项选择题

1. 关于税收描述不正确的是(　　)。

　A. 税收的本质是分配

　B. 除了国家之外,任何机构和团体都无权征税

C. 没有国家的政治权力为依托,征税依然可以实现

D. 国家征税的目的是实现其公共职能,提供社会公共产品,满足社会公共需要

2. 关于税收的分类描述错误的是(　　)。

A. 按照征税对象性质的不同,税收可分为流转税、所得税、财产税、资源税、行为税、特定目的税、烟叶税等

B. 按照税负能否转嫁,税收可分为直接税和间接税

C. 按照计税依据的不同,税收可分为从量税、从价税和复合税

D. 按照税收管理与使用权限的不同,税收可分为中央税和地方税

E. 按照税收与价格关系的不同,税收可分为价内税和价外税

3. 关于增值税描述错误的是(　　)。

A. 征税范围广,税源充裕　　　　　　B. 避免重复征税,保持税收中性

C. 实行价内税,税负易转嫁　　　　　D. 全链条抵扣

4. 关于企业所得税叙述错误的是(　　)。

A. 企业所得税是对我国境内的企业和其他取得收入的组织的生产经营所得与其他所得征收的一种税

B. 企业所得税以企业的生产经营所得为计税基数

C. 企业所得税与其他税种相比征税范围广,在普遍征收的基础上,能使各类企业税负较为公平

D. 企业所得税属于企业的终端税种,纳税人缴纳的所得税可以转嫁

二、判断题

1. 与其他财政收入相比,税收具有强制性、无偿性和固定性三个特征。　　　(　　)

2.《增值税暂行条例》将增值税纳税人按会计核算水平和经营规模分为一般纳税人和小规模纳税人两类纳税人,分别采取不同的登记管理办法。　　　　　　　(　　)

3. 增值税小规模纳税人标准为年应征增值税销售额 500 万元及以下。　　　(　　)

4. 增值税一般纳税人应纳税额计算公式是:应纳税额＝销售额×征收率。　　(　　)

5. 企业所得税是对我国境内的企业和其他取得收入的组织的生产经营所得与其他所得征收的一种税。　　　　　　　　　　　　　　　　　　　　　　　　　(　　)

6. 企业所得税的基本税率是 25%。　　　　　　　　　　　　　　　　　　(　　)

三、计算题

1. 某酒店是增值税一般纳税人。2021 年 10 月,酒店购进一批原材料,取得的增值税发票上注明增值税额为 12 000 元,当月该酒店提供住宿服务,取得收入 320 000 元(不含税),求该酒店 2021 年 10 月应缴纳的增值税额。

2. 某旅行社符合小型微利企业条件。2021 年第 1 季度应纳税所得额为 50 万元,该旅行社在第 1 季度企业所得税预缴申报时,应纳所得税额是多少?

参 考 文 献

[1] 王化成. 财务管理[M]. 5 版. 北京:中国人民大学出版社,2017.

[2] 中国注册会计师协会. 财务成本管理[M]. 北京:经济科学出版社,2020.

[3] 财政部会计资格评价中心. 财务管理[M]. 北京:经济科学出版社,2021.

[4] 赵素娟,苏玲朵. 旅游企业财务管理[M]. 北京:清华大学出版社,2016.

[5] 崔飚,黄辉. 财务管理案例[M]. 北京:经济科学出版社,2018.

[6] 陈安萍. 酒店财务管理实务[M]. 北京:中国旅游出版社,2017.

[7] 郝德鸿. 新编财务管理[M]. 北京:现代教育出版社,2011.

[8] 刘顺仁. 财报就像一本故事书[M]. 太原:山西人民出版社,2019.

[9] 周顾宇. 现代公司理财[M]. 北京:清华大学出版社,2011.

[10] 卢德湖,王美玉. 旅游企业会计实务[M]. 2 版. 大连:中国版本图书馆,2015.

[11] 王棣华. 财务管理案例解析[M]. 北京:中国市场出版社,2014.

[12] 高艳荣,李志风. 税法[M]. 成都:西南财经大学出版社,2021.

[13]《中华人民共和国增值税暂行条例》(根据 2017 年 11 月 19 日《国务院关于废止〈中华人民共和国营业税暂行条例〉和修改〈中华人民共和国增值税暂行条例〉的决定》第二次修订)

[14]《中华人民共和国企业所得税法实施条例》(2007 年 11 月 28 日国务院第 197 次常务会议通过,2019 年 4 月 23 日中华人民共和国国务院令第 714 号修订)

[15]《财政部　税务总局关于对增值税小规模纳税人免征增值税的公告》(2022 年第 15 号)

[16]《中华人民共和国个人所得税法》(根据 2018 年 8 月 31 日第十三届全国人民代表大会常务委员会第五次会议《关于修改〈中华人民共和国个人所得税法〉的决定》第七次修正)

[17]《中华人民共和国城市维护建设税法》(2020 年 8 月 11 日第十三届全国人民代表大会常务委员会第二十一次会议通过)

[18] 财政部　税务总局关于继续执行的城市维护建设税优惠政策的公告(财政部　税务总局公告 2021 年第 27 号)

[19]《国家税务总局关于进一步实施小微企业"六税两费"减免政策有关征管问题的公告》(2022 年第 10 号)